C000142959

Reihe **Internet** *Research*
herausgegeben von Patrick Rössler

Editorial Board:
Klaus Beck, Joachim Höflich, Klaus Kamps,
Friedrich Krotz, Wolfgang Schweiger, Werner Wirth

Band 42

Lena Hautzer | Marco Lünich | Patrick Rössler

Social Navigation

Neue Orientierungsmuster
bei der Mediennutzung im Internet

Redaktion der Reihe INTERNET Research:

Prof. Dr. Patrick Rössler
Universität Erfurt
Kommunikationswissenschaft/Empirische Kommunikationsforschung
Nordhäuser Str. 63
99089 Erfurt
Tel.: 0361/ 737-4181
E-mail: patrick.roessler@uni-erfurt.de

Die Deutsche Nationalbibliothek verzeichnet diese Publikation in
der Deutschen Nationalbibliografie; detaillierte bibliografische
Daten sind im Internet über http://dnb.d-nb.de abrufbar.

ISBN 978-3-8329-7840-2

1. Auflage 2012
© Nomos Verlagsgesellschaft, Baden-Baden 2012. Printed in Germany. Alle
Rechte, auch die des Nachdrucks von Auszügen, der fotomechanischen Wie-
dergabe und der Übersetzung, vorbehalten. Gedruckt auf alterungsbestän-
digem Papier.

Inhaltsverzeichnis

Vorwort

Was haben Spuren im Schnee, ein Eintrag auf *Facebook*, der 14 meiner Freunde ‚gefällt', und eine Liste der meistgelesenen Artikel auf *Spiegel Online* miteinander gemeinsam? – Sie zeigen uns, was andere Menschen vor uns getan haben, und sie helfen uns bei unserer Einschätzung der jeweiligen Situation. Vielleicht finden wir ja so den kürzesten Weg, wenn wir uns verlaufen haben, entdecken ein Video, dass uns noch lange in Erinnerung bleibt oder fühlen uns informiert, da wir (wie scheinbar alle anderen Menschen in unserer Umgebung) auch alles gelesen haben, was momentan wichtig ist. Wir orientieren uns an anderen und hinterlassen dabei selbst laufend Hinweise über das, was wir getan haben – und wir geben unsere Gedanken und unsere Meinung darüber preis.

Einen Versuch, das Verbindende all dieser Situationen zu beschreiben, stellt das Konzept der *Social Navigation* dar. Orientierung ist es, die wir in jeder Situation aufs Neue brauchen – und bei der wir uns so oft auf andere Personen konzentrieren, um uns Hilfe zu holen. Vor allen Dingen das World Wide Web (WWW) hilft uns mit vielen anderen in Kontakt zu treten oder einfach zu beobachten, was in der Welt da draußen vor sich geht; ein möglicherweise idealer Ort also für Anwendungen, die Social Navigation unterstützen.

Auch unser Medienkonsum stellt ein wichtiges Instrument dar, um sich in der eigenen Umwelt zurechtzufinden. Dabei spielt das, was andere sagen, was sie gelesen, gehört oder gesehen haben, eine nicht zu vernachlässigende Rolle. Doch was bedeutet es, wenn wir ohne all zu groß nachzudenken anderen folgen und am Ende doch in einer Sackgasse stecken? Was heißt es, wenn wir eine halbe Stunde am Tag mit Nachrichten verbringen, aber dafür keine Zeitung mehr lesen, sondern die *Facebook*-Timeline zur Quelle der Informationen wird? Welche Bedeutung haben die Daumen, die unter einem Video auf *Youtube* zum Bewerten einladen? Ist es wichtig für die Entscheidung, ein Video anzuschauen, ob die Mehrzahl der vergebenen Bewertungen positiv oder negativ ist? Oder reicht es, wenn 35 Millionen andere Nutzer das Video gesehen haben? Dann muss es doch wichtig sein, oder? All diese Fragen stellen sich, wenn wir die Auswirkungen der im WWW immer häufiger auftauchenden Informationen über das, was andere Menschen vor uns gemacht oder gedacht haben, untersuchen möchten. Welchen Einfluss hat die Orientierung an anderen für uns ganz persönlich – ja: warum macht man das überhaupt? Kann sich dadurch auch etwas im Freundeskreis oder auf gesellschaftlicher Ebene verändern?

Dies ist nur ein Ausschnitt aus jenen Fragen, die im Verlauf der vorliegenden Publikation behandelt werden sollen. Das Phänomen Social Navigation wird dabei zunächst erläutert und unter Rückgriff auf kommunikationswissenschaftliche Theorien in einen Gesamtzusammenhang eingeordnet. Einige wichtige Aspekte dieser theoretischen Modellierung werden dann in einer Pilotstudie mit Hilfe eines Mehrmethodendesigns empirisch untersucht, und die Ergebnisse dieser Analysen anschließend diskutiert.

Ein Projekt wie dieses realisiert sich dabei natürlich nicht von alleine, sondern ist auf die wertvolle Kooperation und Unterstützung weiterer Personen angewiesen, denen wir an dieser Stelle unseren Dank aussprechen wollen.

Zuallererst bedanken wir uns bei allen Mitgliedern der Forschungsgruppe *Pfadfinder 2.0* im Studiengang Kommmunikationswisnschaft der Universität Erfurt. Die Realisierung der Studie, auf der dieses Buch basiert, ist der unermüdlichen Anstrengung und Hingabe von Leonie Crayen, Katharina Füser, Anke Grünhaupt, Theresa Hofmann, Anne Müller und Sebastian Zeitler zu verdanken.

Für ihre wissenschaftliche Unterstützung und den persönlichen Einsatz danken wir Jun.-Prof. Dr. Sven Jöckel und Dr. Markus Seifert sowie Dr. Hannah Früh, die vor allem bei Fragen zur Empirie wesentliche Anregungen und viele gute Hinweise geliefert hat.

Für ihre finanzielle Unterstützung und die professionelle Betreuung danken wir unserem Projektpartner, der Thüringer Landesmedienanstalt, die dieses Projekt zum Thema Social Navigation erst ermöglicht hat. Prof. Angelika Heyen, Dr. Martin Ritter und Dr. Angelika Füting haben diese Arbeit bereichert und uns durch ihre praktischen Erfahrungen neue Blickwinkel eröffnet.

Zudem bedanken wir uns bei allen befragten Experten, die uns ihre Zeit und fachliche Expertise zur Verfügung gestellt haben: Prof. Dr. Wolfgang Schweiger von der Technischen Universität Ilmenau, Dr. Jan-Hinrik Schmidt vom Hans-Bredow Institut Hamburg, Medienjournalist und Blogger Peer Schader, *FOCUS-Online*-Journalist Björn Sievers, Albrecht Peltzer von der *Aachener Zeitung* und dort Leiter der Lokalredaktion, *Twitter*-Software-Engineer Florian Leibert und *studiVZ*-Chief Marketing Officer (CMO) Sven Markschläger. Sie lieferten viele wichtige und interessante Aspekte, die in alle Kapitel dieses Manuskripts eingeflossen sind.

Vielen Dank außerdem an Wolfgang Reißmann, an Claudia Behnke und das Team Hochschulmarketing der Universität Erfurt sowie an alle, die uns während der Erhebungsphase unterstützt haben. Mit Blick auf die Inhaltsanalyse bedanken wir uns außerdem bei Dr. Benjamin Fretwurst (Universität Zürich), der uns freundlicherweise bei Fragen zur Anwendung von Teilen seines Codebuchs zur Verfügung stand. Hinsichtlich der Online-Befragung gilt unser ganz besonderer Dank Dominik Leiner vom oFb-Team des Socio Scientific Panels (München), der unseren Fragebogen mit großer Akribie begutachtet und uns wertvollen Input gegeben hat.

Ein herzlicher Dank geht schließlich an Franziska Platz für ihre unverzichtbare Hilfe bei der Überarbeitung und Erstellung der Abbildungen und an Peter Seufert, der uns bei sämtlichen technischen Fragen unterstützt hat. Nele Heise vom Hans-Bredow-Institut in Hamburg danken wir für ihr offenes Ohr und ihre hilfreichen Ideen. Unseren Freunden und unseren Familien danken wir für den unermüdlichen Zuspruch und die so wichtige Unterstützung in allen Phasen der Arbeit an diesem Manuskript. Alle genannten Personen, Befragungsteilnehmer, Soziale Navigatoren und viele weitere Helfer im Hintergrund haben dazu beigetragen, dass die vorliegende Studie so werden konnte, wie wir sie uns erdacht haben. Vielen herzlichen Dank dafür!

Erfurt, im Sommer 2012   *Lena Hautzer, Marco Lünich & Patrick Rössler*

Dieses Buch ergänzt ein Online-Anhang, der unter www.nomos.de abrufbar ist. Dieser setzt sich aus folgenden Teilen zusammen:

- *Online-Anhang A: Halbstandardisierte Experteninterviews*
- *Online-Anhang B: Halbstandardisierte Nutzerinterviews*
- *Online-Anhang C: Online-Befragung*
- *Online-Anhang D (1-3): Online-Inhaltsanalyse*

Tabellenverzeichnis

Abbildungsverzeichnis

1 Einleitung

> *Marie: „Hast du schon vom Rücktritt Guttenbergs gehört?"*
> *Peter: „Klar, mein Bruder hat den ersten Beitrag dazu von Spiegel Online direkt bei Facebook gepostet, daraufhin habe ich mir dann noch die Übertragung des anschlie-ßenden Interviews im Radio angehört."*
> *Marie: „Mir hat mein Mitbewohner auch heute Nachmittag gleich den Link mit Ausschnitten der Rede von YouTube gemailt. Spannendes Thema [...]."* [1]

Vor ein paar Jahren hätte die Antwort vermutlich noch gelautet, dass der Befragte von dem politischen Ereignis aus der Tageszeitung oder dem Fernsehen erfahren hätte; mittlerweile erscheinen Dialoge wie oben jedoch nicht mehr unüblich. Social Communitys (bzw. Social Networking Sites) – d.h. Angebote, bei denen Nutzer[2] sich mit einem eigenen Profil anderen Personen vorstellen, miteinander vernetzen und auch Daten austauschen können – weisen eine stetig wachsende Nutzung auf (Gleich, 2011). Allein die Nutzerzahlen von *Facebook* steigen mit zuletzt knapp 24 Millionen Nutzern in Deutschland immer weiter an (Roth & Wiese, 2012). Zudem werden bei weitem nicht nur gängige Statusmeldungen wie „Schon wieder regnet es in Erfurt" veröffentlicht, sondern auch oft Artikel, Videos oder andere mediale Inhalte aufgegriffen, kommentiert, bewertet und im Bekanntenkreis verbreitet. *Facebook* ist dabei neben Online-Nachrichtenseiten wie *Spiegel Online* oder Blogs und Mikroblogs wie *Twitter* nur eine von vielen Plattformen für die Informationsverbreitung im Internet.[3]

Die neuesten Fußballergebnisse? – Hat der beste Freund per Link auf *Facebook* gepostet. Das Gegenargument zum Beitrag der *BILD*-Zeitung über

---

1   Unser fortlaufendes Beispiel, das den theoretischen Teil der Arbeit begleiten und veranschaulichen soll, bezieht sich auf die Plagiatsaffäre um die Dissertation von Karl Theodor zu Guttenberg (im Folgenden Guttenberg). Der CSU-Politiker legte aufgrund der Vorwürfe, die zum ersten Mal im Februar 2011 aufkamen, sein Amt als Verteidigungsminister nieder, sein Doktorgrad wurde ihm aberkannt.

2   In Zusammenhang mit Massenkommunikation sprechen Früh und Schönbach (1982) und zuvor Maletzke (1963) von ‚Rezipienten', in der Praxis wird jedoch heute meist der Begriff User oder Nutzer verwendet. Des Weiteren wird im Rahmen dieser Arbeit bei Personenbezeichnungen wegen der besseren Lesbarkeit jeweils nur die männliche Form angeführt, womit weibliche Personen selbstverständlich genauso angesprochen sind.

3   Zur Verbreitung und Nutzung von Social Networking Sites: ZDF-Studie Community 2010, zu finden in Frees & Fisch (2011). Des Weiteren ist mitzudenken, dass sich die Internetnutzung nicht nur zuhause am PC abspielt, sondern durch mobile Endgeräte (Laptop, Smartphone, Tablet-PCs) quasi überall stattfinden kann.

den neuen Verteidigungsminister? – Hat der Kommilitone längst auf seinem Blog veröffentlicht. Den witzigen Versprecher aus der *Tagesschau*? – Hat eine Bekannte schon bei *YouTube* eingestellt und per E-Mail verschickt. Unzählige weitere Beispiele könnten an dieser Stelle folgen, und sie alle verdeutlichen das Prinzip der ‚collective action‘, das beispielsweise Clay Shirky (2008) in seinem populären Sachbuch (‚Here comes everbody‘) illustriert hatte: das Teilen von Informationen (‚Sharing‘), als Grundprinzip einer auf ‚tagging‘ basierenden Orientierungsstruktur, die nur noch kaum an klassische Organisationen oder Institutionen gebunden ist, sondern sozial erfolgt.

Ganz gemäß der Aussage eines Studenten „If the news is that important, it will find me" (Stelter, 27. März 2008), die aus einem Beitrag der *New York Times* stammt, scheint es, dass die wichtigen Meldungen nicht nur in den Massenmedien veröffentlicht werden, sondern auch über Online-Plattformen zugänglich sind und dem Nutzer geradezu frei Haus geliefert werden. Die Meldungen können ihn dabei beispielsweise entweder personalisiert als Link in einer E-Mail oder aggregiert durch eine Kategorie ‚meist verschickt‘ auf einem Portal wie *Spiegel Online* erreichen. In den USA gehören, wie eine repräsentative Studie belegt, inzwischen speziell *Facebook* und *Twitter* – neben dem direkten Zugriff und Hinweise via Suchmaschinen – zu den wichtigen Verbreitungskanälen für Online-Nachrichten: 52% von deren Nutzern erhalten hierüber zumindest gelegentlich Nachrichten durch Empfehlungen von Freunden oder aus der Familie (Mitchell et al., 2012).

Nach Svensson (2000) lässt sich dieses Phänomen – ‚Social Navigation‘ – wie folgt beschreiben: „Social navigation is said to be navigation that is driven by the actions of others" (S. 1). Diese ‚Spuren‘, die auch ‚Footprints‘ genannt werden und die Nutzer beispielsweise im Internet durch ihre Aktivitäten in Form von Klickzahlen, Bewertungen, Weiterleitungen und Produktionen hinterlassen, zeichnet aus, dass sich die Internetnutzer nach ihnen richten, sprich: sich an ihnen orientieren (oder sie ggf. auch ignorieren) können. Bei dem Begriff Social Navigation (im Folgenden SN) handelt es sich demnach um die Orientierung am Verhalten Anderer (für eine nähere Erläuterung zum Begriff s. Kap. 2).

Der vorliegende Band sucht theoretische und empirische Antworten auf folgende Leitfragen:

1. Wie lässt sich der Social Navigation zugrundeliegende *Kommunikationsprozess* sinnvoll modellieren?
2. *Wer* nutzt SN *warum* und in *welcher Form*?
3. *Welche Inhalte* spielen bei SN eine Rolle?
4. *Welche Auswirkungen* hat SN?

Mangels systematischer kommunikationswissenschaftlicher Überlegungen zu SN bedarf es zur Beantwortung der hier aufgeworfenen Fragen in einem ersten Schritt der theoretischen Einbettung des Phänomens in die Wissensbestände des Fachs. Bislang liegen größtenteils Ergebnisse aus der Informatik vor, die zwar als Grundlage für die kommunikationswissenschaftliche Betrachtung dienen (s. Kap. 2), aber nicht ausreichen, um die verschiedenen Facettten von SN umfassend zu begreifen.

Da zusätzlich ein Großteil der Forschungsliteratur in den USA entstand, sei darauf hingewiesen, dass möglicherweise länderspezifische Unterschiede in den Nutzungsmustern zwischen Menschen in den USA und in Deutschland bestehen. Empirische Erkenntnisse können daher nicht unbesehen von der einen Kommunikationskultur auf die andere übertragen werden. Sie liefern aber wichtige Denkanstöße und sollen deswegen nicht nur aus Gründen der Vollständigkeit mit eingebunden werden.

Unsere Argumentation will also zunächst klären, was überhaupt unter dem Begriff SN zu verstehen ist, wo SN im Internet auftritt und wie sie ausgeführt wird (s. Kap. 2). Bevor wir SN in einem weiteren erklärenden Schritt aus kommunikationswissenschaftlicher Perspektive betrachten, geben wir zunächst einen ausführlichen Überblick über den Charakter von SN-Anwendungen, um dem Leser grundlegende Eigenschaften und Besonderheiten des Phänomens zu verdeutlichen. Für die anschließende theoretische Einbettung (Leitfrage 1) wurde der dynamisch-transaktionale Ansatz (im Folgenden DTA) nach Früh und Schönbach (1982; Schönbach & Früh, 1984) zugrunde gelegt, dessen Logik einen geeigneten Rahmen für unsere theoretische Modellierung bietet. Essentiell für das erarbeitete Modell ist dabei die Fokussierung auf eine rezipientenorientierte Forschung: Wie im Zuge der Theorieerläuterungen betont wird, befindet sich bei SN stets der Nutzer mit seinen Aktivitäten im Mittelpunkt der Betrachtung.

Der vorgeschlagene Entwurf greift wesentliche Theorien und Konzepte aus der Kommunikationswissenschaft für die Erklärung von SN auf, namentlich den Gatekeeping-Ansatz (s. Kap. 3.1.2), das Meinungsführer-Konzept und die Nachrichtenwerttheorie (s. Kap. 3.1.5). Ausgehend von einer solchen Modellierung von SN auf der *Mikroebene* werden anschließend mögliche theoretische Implikationen sowohl auf der *Mesoebene* (s. Kap. 3.2) als auch auf der *Makroebene* (s. Kap. 3.3) diskutiert (Leitfrage 4).

Aus den vorliegenden Erkenntnissen zu SN leiten sich weiterführend Forschungsfragen und forschungsleitende Annahmen ab (s. Kap. 4), die ausgewählte Elemente aus dem *Theoriemodell auf Mikroebene* untersuchen. Empirisch überprüft werden die Forschungsfragen mit zwei standardisierten Analysen: Zum einen einer Online-Befragung, die hauptsächlich auf Leitfrage 2 abzielt (s. Kap. 5); und zum anderen mit einer zweiteiligen Online-Inhaltsanalyse, die sich damit beschäftigt, welche Inhalte sozial navigiert werden (Leitfrage 3, s. Kap. 6). Für diese Inhaltsanalyse werden auf der einen Seite die Aufmacherbeiträge der Online-Nachrichtenseiten *Spiegel Online, sueddeut-*

sche.de und *Zeit Online* sowie die Beiträge der auf SN basierenden Kategorien ‚meist gelesen' ‚meist verschickt' und ‚meist kommentiert' untersucht. Auf der anderen Seite wird die Platzierung von sozial navigierten Beiträgen auf *Spiegel Online* innerhalb einer Woche im Zeitverlauf betrachtet, und diese anschließend mit den redaktionellen Aufmacherbeiträgen verglichen. Ergänzend zur Theoriearbeit wurden ferner Experteninterviews mit Vertretern aus Wissenschaft und Praxis geführt, deren Erkenntnisse an geeigneten Stellen in Form von Zitaten in die Argumentation einfließen.[4] Eine Schlussbetrachtung (s. Kap. 7) diskutiert und reflektiert die Ergebnisse sowohl im Hinblick auf die vorangegangenen theoretischen Überlegungen als auch durch Vorschläge für die weitere Forschung im Bereich von SN. Das Resümee bilanziert außerdem die grundsätzliche Frage dieses Bandes, inwiefern nämlich SN Auswirkungen auf die Mediennutzung und -selektion von Online-Nutzern zeitigen kann.

---

4   Insgesamt wurden sieben Interviews mit den folgenden Experten durchgeführt: Peer Schader (Blogger und freier Medienjournalist, am 24.01.2011), Sven Markschläger (CMO bei *studiVZ*, am 24.01.2011), Florian Leibert (Software Engineer, Research bei *Twitter*, am 04.02.2011), Prof. Dr. Wolfgang Schweiger (Professor für Public Relations mit dem Schwerpunkt Technikkommunikation an der TU Ilmenau, am 28.01.2011), Björn Sievers (stellvertretender Ressortleiter für Wirtschaft und Finanzen bei *FOCUS Online*, am 29.01.2011), Albrecht Peltzer (Redakteur bei der *Aachener Zeitung*, am 26.12.2010) und Dr. Jan-Hinrik Schmidt (Blogger und wissenschaftlicher Referent für digitale interaktive Medien und politische Kommunikation am Hans-Bredow-Institut für Medienforschung in Hamburg, am 08.02.2011). Die halb-standardisierten Experteninterviews ermöglichen zum einen eine Betrachtung von SN durch verschiedene wissenschaftliche Blickwinkel und zum anderen die Einbeziehung von praxisnahen Erfahrungen. Einer der verwendeten Leitfäden ist exemplarisch im Online-Anhang A einzusehen.

2 Social Navigation

Dieses Kapitel legt zunächst dar, was unter SN genau zu verstehen ist (s. Kap. 2.1 und 2.2), wo und in welcher Form SN auftritt (s. Kap. 2.3), und wie SN konkret angewandt wird (s. Kap. 2.4). Dazu ist es zunächst nötig, die Komplexität von SN zu durchdringen, um einen soliden Überblick über die einzelnen Facetten des Phänomens zu erhalten. Aus forschungsökonomischen Gründen war es zwar in der anschließenden Pilotstudie nicht möglich, SN auf allen Ebenen empirisch zu überprüfen; dennoch soll dieser Überblick das Verständnis für die Strukturen von SN schärfen. In diesem Zusammenhang wird in Kapitel 2.2 zunächst auf den Unterschied zwischen SN im Offline- und Online-Bereich eingegangen, um die Relevanz zu verdeutlichen, die SN gerade durch das Internet gewinnt. Abschließend werden mögliche Hindernisse für SN-Anwendungen aufgezeigt (s. Kap. 2.5). Wesentliche Anstöße kommen hier aus Forschungstätigkeiten in der Informatik, da es – wie erwähnt – bislang kaum kommunikationswissenschaftliche Studien zu SN gibt. Die Informatik hingegen beschäftigt sich bereits seit Beginn der 1990er Jahre intensiv damit, welche Gegebenheiten in technischen Netzwerken und bei der computervermittelten (interpersonalen) Kommunikation vorliegen und wie diese in Bezug auf die Kooperation der Nutzer optimiert werden können.

2.1 Einführung

Die Datenbestände, die über die technische Infrastruktur des Internets zugänglich sind, haben mittlerweile solch gigantische Dimensionen angenommen, dass es (neben allgemeinen technischen Organisationsprinzipien) auch für den Nutzer sinnvolle Wege geben muss, auf diese Daten zuzugreifen, sie zu ordnen und sie zu überblicken. So bemerken Freyne, Farzan, Brusilovsky, Smyth und Coyle (2007):

> „With information growing at an exponential pace the information access tools that have served us well in the past are now creaking under the weight of the Web. Navigating through the ever-changing information multiverse is becoming increasingly difficult and even the latest search engine technologies are struggling to cope with our limited ability to declare our information needs." (S. 52)

Diese Diagnose erklärt die hohe Bedeutung, die der Beschäftigung mit dem Informationsabruf (‚Information Retrieval') im Internet gegenwärtig zuteil wird (Baier, Weinreich & Wollenweber, 2004; Halavais, 2009). Der CMO von *studiVZ*, Sven Markschläger, bringt das Problem der Informationsflut prägnant auf den Punkt: „Mittlerweile gibt es so viel Inhalt da draußen, der Nutzer kann gar nicht mehr alles verarbeiten."[5] So gesehen findet der Nutzer seinen Weg durch das Internet nicht mehr allein, er benötigt Navigationshilfe.

Das Universalwörterbuch des Dudenverlags (Dudenredaktion, 2007) versteht unter Navigation „bei Schiffen, Luft- und Raumfahrzeugen [die] Gesamtheit der Maßnahmen zur Bestimmung des Standorts und zur Einhaltung des gewählten Kurses" (S. 1197). Diese Begriffsbestimmung hilft angesichts der vorliegenden metaphorischen Verwendung natürlich kaum weiter, weshalb an dieser Stelle auf Definitionen aus der einschlägigen Fachliteratur verwiesen sei. Unter Navigation versteht Svensson (2000) schlicht: *„the activity of going from one place to another"* (S. 8, Hervorh. im Original). Die Unterstützung von Navigation in Computersystemen hat daher, ähnlich wie bei der Navigation von Verkehrsmitteln, vorrangig ein Ziel: „finding the shortest path between two locations" (Svensson, 2000, S. 1). Um dieses Ziel zu erreichen, ist die hier untersuchte soziale (social) Navigation von der räumlichen (spatial) und semantischen (semantic) abzugrenzen:

> „In spatial navigation, a user will move from one item to another because of a spatial relationship – above, below, outside. In semantic navigation, this movement is performed because of a semantic relationship – bigger, alike, faster – even when that relationship is expressed through a spatial mapping." (Dourish & Chalmers, 1994, S. 1)

Sozial wird eine Navigation erst dann, wenn die Orientierung anhand anderer Personen stattfindet. Bezogen auf Computersysteme bedeutet das: „[to] enable users to navigate computer based information spaces much in the same way as they navigate the real world, i.e. by using others to find their way around" (Svensson, 2000, S. 1). SN wird das Potenzial zugeschrieben, Abhilfe gegen die Informationsflut zu bieten und „so die bisher rein menschliche Kompetenz zur inhaltlichen und qualitativen Wertung von Informationen in die Navigation in virtuellen Informationsräumen einbringen" (Baier et. al., 2004, S. 190) zu können. Sven Markschläger bestätigt diese Annahme: „Je mehr man von diesen [SN] Tools anbietet, umso aufgeräumter, umso besser wird die Plattform."[6]

Unter SN werden all jene Konzepte zusammengefasst, „in denen sich Benutzer bei ihrer Navigation am Verhalten und den Hinweisen anderer Nutzer orientieren können" (Baier et al., 2004, S. 190). Auch Purcell, Rainie,

---

5   Experteninterview mit Sven Markschläger am 24.01.2011.
6   Experteninterview mit Sven Markschläger am 24.01.2011.

Mitchell, Rosenstiel und Olmstead (2010) betonen die soziale Dimension von SN:

> „To a great extent, people's experience of news, especially on the internet, is becoming a shared social experience as people swap links in emails, post news stories on their social networking site feeds, highlight news stories in their Tweets, and haggle over the meaning of events in discussion threads." (S. 2)

Forsberg (1998) listet fünf Komponenten von SN auf, wobei die ersten vier für eine Navigation im Allgemeinen relevant sind, während der fünfte und letzte Aspekt die Besonderheit von SN darstellt:

> „A social navigation activity is basically composed of five, or more, elements: (1) a starting-point, (2) a destination, (3) the navigating agent, (4) the route and (5) other agents with whom the navigating agent interacts. The interaction between the navigating agent and other agents is what makes it social." (S. 3)

Es wird deutlich, dass zwei Arten von Personen in SN-Prozesse involviert sind: „The navigator is the person seeking navigational advice. The navigator is also referred to as the user or advice seeker. Conversely an advice provider is the person [...] providing navigational advice to a navigator" (Svensson, 2000, S. 14). Diese beteiligten Personen können über SN in einen Dialog treten, dessen Umstände näher zu untersuchen sind. Dr. Jan-Hinrik Schmidt vom Hans-Bredow-Institut in Hamburg betont diese interaktive Komponente von SN: „Es ist sozusagen eine technische Unterstützung oder technisch unterstützte Form, wie Menschen gemeinsam das für sie jeweils Relevante vom Unrelevanten filtern können."[7]

Letztendlich handelt es sich bei diesem Filtern durch SN um eine Strategie zur Selektion von Inhalten im Internet. Selektion, verstanden als Auswahlvorgang, findet auf Seiten des Internetnutzers zwingend statt. Wirth und Brecht (1999) weisen darauf hin, dass bei einer Selektionssituation im World Wide Web (WWW) Transparenz, Kontrollmöglichkeiten, Risiko und kognitiver Aufwand abgewogen werden (s. Kap. 2.2), wobei das Selektionsziel, die Selektionsorientierung und die Evaluation des Nutzers die zentrale Rolle spielen; u.a. macht es einen Unterschied, ob Selektion rational oder affektiv abläuft.[8]

---

7   Experteninterview mit Dr. Jan-Hinrik Schmidt am 08.02.2011.
8   Zum Thema Selektion (bzw. Selektivität) existieren zahlreiche Ansätze und Theorien, die an dieser Stelle nicht eingehender betrachtet, jedoch im jeweiligen Zusammenhang thematisiert werden; für einen Überblick vgl. beispielsweise Wirth & Schweiger (1999) und Schweiger (2007).

2.2 Relevanz von Social Navigation

Zunächst stellt sich in Bezug auf SN die allgemeine Frage, worin genau der Unterschied zwischen SN im Offline- und im Online-Bereich besteht. Gab es nicht schon immer Leser, die bestimmte Beiträge aufgehoben und an Andere weitergegeben haben? Ist nicht gerade ein Trampelpfad im Schnee, an dem man sich orientieren kann, das beste Beispiel dafür, dass SN wahrscheinlich so alt ist wie die Menschheit selbst? Die Antwort ist hier einfach: Natürlich ist SN keine Erfindung des Internets, jenseits dessen möglich und dort auch keine Seltenheit – Beiträge wurden bereits früher per Hand aus Zeitschriften ausgeschnitten und per Post verschickt, TV-Angebote wurden im Gespräch weiterempfohlen und es wurden Leserbriefe an die Redaktionen der klassischen Massenmedien geschrieben, die die publizierten Inhalte oft kritisch diskutierten. Peer Schader bekräftigt, dass es sich bei SN sowohl in klassischer als auch in virtueller Umgebung um gängige Praktiken unter Bekannten handelt: „Empfehlungen am Arbeitsplatz oder eben unter Studienkollegen hat es ja auch vorher schon gegeben. Das ist ritualisiert worden und standardisiert worden [...]. Empfehlungen hat es vorher auch schon gegeben, quasi von Mund zu Mund."[9] Es ist jedoch offensichtlich, dass SN gerade durch die technischen Gegebenheiten des Internets und dessen hohe Durchdringung eine besondere Tragweite erlangt – und zwar vor allem innerhalb der jüngeren Bevölkerungsschichten (van Eimeren & Frees, 2010). Mittlerweile gibt es auf den meisten Webseiten die Möglichkeit, Kommentare zu hinterlassen, Inhalte zu bewerten oder direkt weiterzuleiten.

Darüber hinaus ist davon auszugehen, dass das Internet u.a. im Hinblick auf den täglichen Nachrichtenkonsum der deutschen Bevölkerung einen immer größeren Stellenwert einnimmt und dadurch einen geeigneten Raum zur Anwendung von SN eröffnet. Studien zum Informationsverhalten im Wahlkampf (von Pape & Quandt, 2010) zeigen, dass das Internet mittlerweile eine feste Quelle zur politischen Information darstellt: Da fast 50 Prozent der Wahlberechtigten unter den knapp 50 Millionen Online-Nutzern ab 14 Jahren angeben, sich im Wahlkampf über das Internet zu informieren, wird deutlich, welches Potential allein die politische Information im Internet aufweist (von Pape & Quandt, 2010). Das bedeutet wiederum auch, dass immer mehr Nutzer mit Informationsmedien wie den Online-Nachrichtenseiten der traditionellen Massenmedien (und damit den diversen Anwendungsmöglichkeiten von SN) in Kontakt kommen – und diese auch nutzen. Vorausgegangene SN-Aktionen anderer Nutzer spielen dabei eine besondere Rolle: So ermittelten Knobloch-Westerwick, Sharma, Hansen und Alter (2005) für die USA, dass sich explizite Bewertungen positiv auf

---

9   Experteninterview mit Peer Schader am 24.01.2011.

die Häufigkeit der Auswahl von Online-Nachrichten auswirken, und gute
Bewertungen außerdem zu einer längeren Lesedauer der Beiträge führen.
Darüber hinaus konnten verschiedene Studien sogar belegen, dass neben
Nutzerkommentaren (Springer, 2011) auch andere SN-Informationen (wie
z. B. Informationen über Klickzahlen und aggregierte Bewertungen zu einem Beitrag) nicht nur als Orientierungshilfe dienen, sondern gar die Wahrnehmung des Beitrags selbst beeinflussen (Houston, Hansen & Nisbett,
2011; Sommer & Hofer, 2011; Thorson, Vraga & Ekdale, 2010; Walther,
DeAndrea, Kim, & Anthony, 2010); wobei natürlich zu berücksichtigen ist,
dass die inhaltlichen Merkmale eines Beitrags auch einen Einfluss auf den
Umfang und die Art der von den Nutzern generierten SN-Informationen –
wie beispielsweise Kommentaren (Weber, 2012) – haben (s. Kap. 6).

Erneut sei hier auf die zentrale Rolle von Social Networking Sites verwiesen, auf denen u.a. Links durch SN geteilt werden können. Eine repräsentative Studie aus den USA (Purcell, 2010) hat ergeben, dass beispielsweise
Online-Videos einen wichtigen Bestandteil von Social Networking Sites ausmachen; hier nutzen die jüngeren User neben Videos der Kategorie ‚Come-
dy und Humor' vor allem auch Nachrichten- und Informationsvideos, die
durch die Nutzer selbst verbreitet werden. Diese Art der Diffusion von Online-Videos (Entdeckung des Links durch Teilen mit Anderen) ist sogar die
häufigste in den USA (Bondad-Brown et al., 2011) und die zweithäufigste in
Deutschland (Busemann & Gscheidle, 2011). Schon 2007 zeigte Madden,
dass SN für Online-Video-Plattformen ein zentrales Nutzungsmuster repräsentiert: „Fully 57% of online video viewers share links to the videos they
find online with others" (S. 3). Mittlerweile erhalten sogar 75 Prozent der
amerikanischen Online-Nachrichten-Nutzer Hinweise via Mail und Sozialen
Netzwerken; 52 Prozent geben solche Hinweise selbst über dieselben Kanä-
le weiter (Purcell et al., 2010). Dass SN gerade auf Social Networking Sites
stattfindet, verdeutlicht auch eine Studie des MMB-Instituts für Medien-
und Kompetenzforschung (2010), laut der ein Nutzer durchschnittlich neun
Mal pro Monat fremde Inhalte auf Social Networking Sites weiterempfiehlt.
So posteten 2011 59 Prozent der Online-Nutzer ab 14 mit eigenem Profil in
Social Communitys zumindest selten und 12 Prozent bereits täglich Links
und Informationen. Immerhin knapp ein Drittel tauschte sich auf diesem
Wege gelegentlich über Inhalte aus Zeitungen und Zeitschriften aus (Busemann & Gscheidle 2011; Frees & Fisch, 2011). Mit der zunehmenden Nutzung von Internet und Social Networking Sites geht demnach auch die (po-
tenzielle) Steigerung der Ausführung und der Verbreitung von SN einher.

Prinzipiell kann durch die technische Infrastruktur des Internets fast jeder
Medieninhalt durch SN angereichert werden (s. Kap. 2.4). Der Aufwand,
sich am SN-Verhalten Anderer zu orientieren, ist je nach Aktion vergleichsweise gering. Beispielsweise erlaubt die technische Struktur, Daten über das

Nutzungsverhalten in den sogenannten ‚Logfiles' zu erheben und auf den betreffenden Webseiten anzuzeigen, wodurch zu erkennen ist, wie viele Leute diese besucht haben. Aber genauso erfordern auch bewusst ausgeführte Aktionen wie das Weiterleiten von Informationen vermutlich weniger Aufwand als ähnliche Handlungen im Offline-Bereich – vor allem dann, wenn ein Beitrag gleichzeitig an mehrere Personen verteilt werden soll.

Um den Beitrag über Guttenberg per Mail zu verschicken, braucht die Studentin Marie etwa zehn Sekunden; einen Artikel aus der Zeitung auszuschneiden und zu verschicken dauert mindestens vier Minuten. Marie geht davon aus, die Rücktrittserklärung Guttenbergs würde viele ihrer Kommilitonen interessieren, also postet sie den Link zur Rede innerhalb weniger Sekunden bei Facebook und erreicht somit sämtliche Kontakte, die, sobald sie online gehen, von der Nachricht erfahren. Das Verschicken des Beitrages per Post hätte hingegen deutlich länger gedauert und einen vergleichsweise höheren Aufwand verursacht.

Daher fallen bei SN via Internet vor allem ökonomische Faktoren und ‚Kosten' wie Zeit und kognitive Energie (s. Kap. 3.1.6) meist deutlich günstiger aus. Unter kognitiver Energie wird u.a. der erforderliche gedankliche Aufwand verstanden, um eine Handlung auszuführen; dieser wird durch Funktionen wie die des ‚Gefällt mir'-Buttons verringert. Monetäre Aufwendungen, die sich etwa aus der Anschaffung eines Computers oder aus den Kosten für den Internetanschluss ergeben, fallen nach der Entscheidung für die Anschaffung von Gerät und Zugang nicht mehr ins Gewicht – SN-Aktionen werden von den Webseiten-Betreibern meist kostenlos eingeräumt. Darüber hinaus ist das Datenangebot im Internet weitaus größer und zeichnet sich durch hohe Beständigkeit (weil viele Handlungen im Internet archiviert werden und lange Zeit darauf zurückgegriffen werden kann) und Sichtbarkeit für eine größere Personenanzahl aus.

Marie liest einen Beitrag über Guttenberg, weil dieser in der ‚meist gelesen'-Liste von Spiegel Online ausgewiesen war und somit offensichtlich vor ihr schon von vielen anderen Nutzern rezipiert wurde. Hätte sie im Café drei fremde Personen beobachtet, die in einer Printausgabe genau denselben Artikel lesen, hätte sie diese Informationen zu diesem Zeitpunkt zwar auch erhalten – allerdings beziehen sich die Angaben aus der ‚meist gelesen'-Liste auf eine viel größere Personenanzahl, sie sind für einen längeren Zeitraum und für mehr Personen sichtbar. Hätte Marie nämlich ihren Kaffee drei Stunden später getrunken, wäre ihr eben nicht aufgefallen, dass schon andere Personen diesen Beitrag aufmerksam gelesen haben und dieser somit für sie potentiell interessant ist. Und auch Peter, der gerne in einem anderen Café seinen Kaffee zu sich nimmt, hätte diese Information nicht erhalten.

Die Nutzung von SN stellt zwar gewisse Herausforderungen an die Medien-kompetenz[10], aber vermutlich reduziert sich diese Barriere durch die zunehmende Vereinfachung der Dienste und die Aneignung informations-technischer Fähigkeiten durch die Nutzer. Es ist insgesamt trotzdem davon auszugehen, dass SN vor allem unter jüngeren Menschen verbreitet ist, da die ältere Generation mit dem Internet und insbesondere mit Social Networking Sites oder anderen Plattformen, die SN-Funktionen anbieten, aktuell noch weniger vertraut ist (Busemann, Fisch & Frees, 2012).

Alles in allem kann also angenommen werden, dass die Nutzungsschwelle für SN im Hinblick auf ökonomische Kosten, Datenangebot und Medien-kompetenz insgesamt und über alle potenziellen Nutzer hinweg im Online-Bereich klar niedriger ist als im Offline-Bereich (s. Abb. 1). Dabei wirken sich das große Datenangebot im Internet positiv und eine ggf. mangelnde Medienkompetenz eher negativ auf SN aus. Die ökonomischen Faktoren können die Schwelle, die natürlich immer situativ und individuell zu betrachten ist, sowohl positiv als auch negativ beeinflussen.

Abbildung 1: Nutzungsschwellen für SN

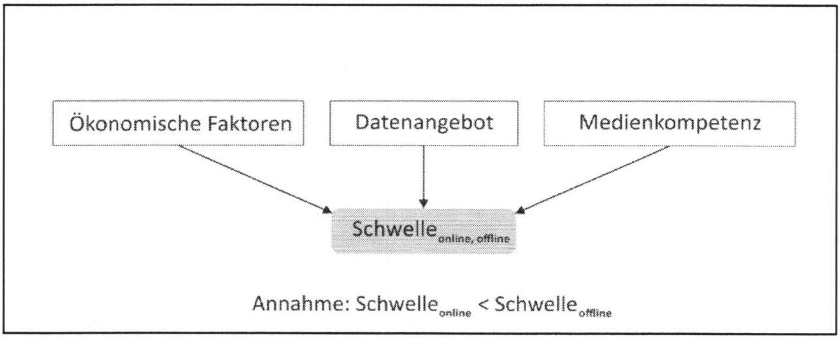

Ökonomische Faktoren   Datenangebot   Medienkompetenz

$Schwelle_{online, offline}$

Annahme: $Schwelle_{online} < Schwelle_{offline}$

Quelle: eigene Darstellung

Wenn wir uns im Folgenden nun auf SN im Internet konzentrieren, ist der Zusammenhang zwischen dem Internet als Interaktionsraum, SN und dem dazugehörigen Kommunikationsvorgang zu präzisieren. Erste Überlegungen gingen vor allem der Frage nach, wie Navigation in einer virtuellen Informationsumgebung überhaupt ablaufen kann. Dafür wurde zunächst auf die Erfahrungen aus der Architektur und der Stadtplanung zurückgegriffen, „da diese Bereiche eine sehr lange Tradition im Beobachten und Beeinflussen des Navigationsverhaltens von Personen haben" (Schmidt, 2007, S. 6). Die

---

10   Das ausgedehnte Forschungsfeld der Medienkompetenz kann hier nicht weiter behandelt werden, vgl. stattdessen beispielsweise Herzig (2010).

Planung und Konstruktion eines Raumes beinhaltet also stets Überlegungen, wie sich Menschen letztendlich in diesen Räumen orientieren und bewegen. „Die Architektur des Webs [sieht jedoch ursprünglich] keine Möglichkeiten der Kommunikation zwischen Anwendern vor" (Baier et al., 2004, S. 190): „In the digital realm, problem-solvers must approach situations as though they were the first and only people ever to make use of the information" (Wexelblat & Maes, 1999, S. 270). Dabei bewegen sich viele Nutzer gleichzeitig in den Angeboten, und es gibt häufig eine Vielzahl vorangegangener Kontakte mit den repräsentierten Objekten. Um in diesen Angeboten navigieren zu können und Daten zuverlässig zu finden, müssen Datenbestände zunächst sinnvoll in eine technische Umgebung eingebettet werden. Ziel von Navigationssystemen ist es also, die räumlichen Gegebenheiten so zu konstruieren, dass SN ermöglicht und unterstützt wird.

SN wird aus dieser Perspektive vor allem unter dem Vorzeichen einer erhöhten und verbesserten Kooperation der Nutzer und des Systems betrachtet, um eine Verbesserung des Informationszugangs zu erreichen. Insbesondere hinsichtlich der Zeit, die zum Auffinden von Informationen benötigt wird, geht die Informatik davon aus, dass sich durch SN die relevanten Daten schneller finden lassen: Gerade unter Zeitdruck scheinen sich User eher an SN-Informationen zu orientieren (Farzan, 2009). Dies spricht für die Nützlichkeit von SN im Datendschungel eines Internets, das – sich vor allem durch die Aneignungsweisen der Nutzer und durch technische Neuerungen permanent weiterentwickelnd – den Nutzern wichtige Möglichkeiten eröffnet, sich in ihrer Umwelt zurechtzufinden (Hartmann & Krotz, 2010). Welche Auswirkungen eine solche Unterstützung des Informationsverhaltens jedoch nach der Anwendung und in kumulierter Form hat, bleibt bisher offen und kann im weiteren Verlauf nur gemutmaßt werden (s. Kap. 3.3).

Zunächst sind jedoch einige Begrifflichkeiten zu erläutern, die für das Verständnis der nachfolgenden Ausführungen zentrale Bedeutung besitzen. So begreift die vorliegende Arbeit das Internet „nicht als ein Massenmedium, das man mit anderen Massenmedien vergleichen sollte, sondern als technische Infrastruktur, die soziale Kommunikation jeder Art ermöglicht" (Schweiger & Weihermüller, 2008, S. 545). Internet-Kommunikation (auch Online-Kommunikation; vgl. Schweiger & Beck, 2010) wird zunächst als technisch vermittelt betrachtet. SN lässt sich dabei nicht ausschließlich, aber hauptsächlich in der sozialen Kommunikation – als Form menschlichen Handelns – im Internet finden. Jede Handlung im Internet kann anderen Personen dann als Navigationshinweis dienen, wenn ihnen mindestens *eine* Information über diese Handlung technisch zur Verfügung steht. Dabei können diese Handlungsinformationen öffentlich zugänglich oder für einen privaten Kreis bestimmt sein, sowie unterschiedliche Abstufungen zwischen beiden Extrempolen einnehmen (Schweiger & Weihermüller, 2008).

SN wird im Internet daher über sämtliche Anwendungen ermöglicht, die einen Informationsaustausch zulassen; typischerweise sind dies E-Mail, Instant Messaging und insbesondere das WWW (Faulstich, 2004). In diesem Zusammenhang wird vor allem die soziale Komponente des Internets ausführlich betrachtet, die eng mit dem Begriff des ‚Social Webs‘ (Ebersbach, Glaser & Heigl, 2008) verknüpft ist und manchmal auch synonym als ‚Web 2.0‘ oder ‚Social Media‘ bezeichnet wird, in dessen Tradition SN steht. Folgende Definition der Merkmale des Social Webs nach Ebersbach et al. (2008) beschreiben die technischen Grundlagen und sozialen Rahmenbedingungen der vorliegenden Betrachtung:

> „Das ‚Social Web‘ besteht [demzufolge] aus:
> - (im Sinne des WWW) webbasierten Anwendungen,
>   - die für Menschen
>   - den Informationsaustausch, den Beziehungsaufbau und deren Pflege, die Kommunikation und die kollaborative Zusammenarbeit
>   - in einem gesellschaftlichen oder gemeinschaftlichen Kontext unterstützen, sowie
> - den Daten, die dabei entstehen und
> - den Beziehungen zwischen Menschen, die diese Anwendungen nutzen.“ (S. 31)

Neben vielfältigen Interaktionsmöglichkeiten (‚Rich User Experience‘) kennzeichnen das Web 2.0 außerdem die SN-relevanten Phänomene der kollektiven Intelligenz, datengetriebener Service-Plattformen, und einer leichtgewichtigen Programmierung von Software ohne Lebenszyklus, die so gut wie keine Gerätegrenzen mehr kennt (Trost & Schwarzer, 2012). Besonders die sozialen Online-Netzwerke rücken bei der wissenschaftlichen Betrachtung eines sozialen Phänomens wie SN in das Blickfeld des Interesses. Seit dem Siegeszug der Social Networking Sites vor wenigen Jahren wird untersucht, welche Auswirkungen diese auf die soziale Kommunikation und die Beziehungsstrukturen ihrer Mitglieder haben (Kneidinger, 2010). Wie bereits angedeutet ist zu vermuten, dass SN gerade hier verstärkt auftritt, was der Medienjournalist Peer Schader aus Journalistensicht bestätigt:

> „Ich sehe, dass einfach unfassbar viel über *Facebook* passiert und nicht nur über unsere Seite [das Fernsehblog von *faz.net*], sondern dass Leute einfach auch den Link ganz klassisch auf *Facebook* in ihrem Profil posten und ich sehe, dass sehr, sehr viel über *Twitter* passiert. Das ist, ich sage mal vor zweieinhalb Jahren [...], noch nicht so gewesen.“[11]

---

11   Experteninterview mit Peer Schader am 24.01.2011.

2.3 Beschreibungsdimensionen von Social Navigation

Analytisch lässt sich SN anhand von sieben Dimensionen näher beschreiben: (1) direkte vs. indirekte, (2) intentionale vs. unintentionale, (3) synchrone vs. asynchrone SN; außerdem anhand (4) der Anzahl der Beteiligten, (5) dem Grad der Anonymität und (6) der Aktivierung sowie (7) der Möglichkeit der Transformation (s. Tab. 1). Diese Unterscheidungen verdeutlichen zum einen die Vielschichtigkeit und Komplexität von SN, aber zum anderen helfen sie auch beim Verständnis der nachfolgenden theoretischen Modellierung (s. Kap. 3) und der empirischen Pilotstudie (s. Kap. 5 und 6).

Tabelle 1: Beschreibungsdimensionen von SN

Beschreibungsdimensionen von SN	
(1)	Direkt • Indirekt
(2)	Intentional • Unintentional
(3)	Synchron • Asynchron
(4)	One-to-one • One-to-many • Many-to-one • Many-to-many
(5)	Anonymität • Pseudoanonymität • Keine Anonymität
(6)	Push • Pull
(7)	Transformiert • Nicht-transformiert

Quelle: Eigene Darstellung

(1) Zunächst unterscheidet die Forschungsliteratur zwischen direkter und indirekter SN: „Navigationshinweise können [...] entweder im direkten Dialog ausgetauscht werden oder entstehen indirekt über die Spuren vergangener Navigationsaktivitäten bzw. im Informationsraum hinterlassene Artefakte" (Baier et al., 2004, S. 190). Der Unterschied besteht also darin, wie Aktionen umgesetzt werden (Svensson, 2000) – direkte SN ist wechselseitig, indirekte SN hingegen einseitig und nicht zielgerichtet (Forsberg, 1998).

(2) Weiterhin muss zwischen intentionaler und unintentionaler SN differenziert werden (Svensson, 2000; Forsberg, 1998): Intentionale SN ist mit der Absicht verbunden, Daten zu hinterlassen, die als SN-Informationen von Anderen genutzt werden können. Das unbewusste Zurücklassen von Footprints und Hinweisen auf die eigene Aktivität im Informationsraum ist hingegen unintentional; es geschieht ohne Absicht als ein Nebenprodukt der Nutzer-Aktivitäten. Daher scheint es auf den ersten Blick so, als wäre direkte SN immer intentional und indirekte SN unintentional. Direkte SN kann in der Tat per Definition nicht unintentional sein, jedoch existieren Fälle, in denen indirekte SN auch intentional erfolgt (Forsberg, 1998; s. Tab. 2).

Tabelle 2: Kombinationsmatrix (un-)intentionale und (in-)direkte SN

	Intentional	Unintentional
Direkt	Weiterleitung per Mail	
Indirekt	Aggregierte Bewertungen	Footprints

Quelle: Eigene Darstellung in Anlehnung an Forsberg, 1998

Es besteht die Möglichkeit, dass Peter den Link zum Rücktritt Guttenbergs direkt per E-Mail an seine besten Freunde mit der Aufforderung schickt, sich den Beitrag mal anzugucken. Bei diesem Versenden des Links handelt es sich nicht nur um direkte, sondern auch um intentionale SN, da Peter den Medieninhalt bewusst weiterleitet. Seine Freunde gehen nun auf die entsprechende Spiegel Online-Seite und können Peter dann wiederum direkt per E-Mail antworten. Alle Besucher des Beitrages, also Peter, seine Freunde und auch Unbekannte, hinterlassen dabei Spuren ihrer Nutzung, wodurch die gesamte Klickzahl nach oben geht, und die Beteiligten somit indirekte SN betreiben. Da sie dies bei ihren Handlungen jedoch nicht bedenken, handelt es sich gleichzeitig um unintentionale SN[12]. Bei der Möglichkeit, Artikel direkt über eine Funktion auf Spiegel Online weiterzuleiten, werden Informationen gesammelt und aggregiert ausgewiesen, welche Artikel letztendlich am meisten weitergeleitet wurden. Wechselseitigkeit wird dabei ausgeschlossen, da der User nicht darauf antworten kann. Versendet Peter also den Link über Spiegel Online an Marie, handelt es sich immer noch um intentionale SN. Diese SN ist im Fall von Marie direkt, der Beitrag zum Klick-Counter und zum Weiterleitungs-Counter jedoch indirekt.

(3) Die Unterscheidung in synchrone und asynchrone Navigation wird sowohl bezüglich SN als auch für Online-Kommunikation allgemein betont (Beck, 2010; Morris & Ogan, 1996). Bei synchroner SN werden SN-Informationen echtzeit-basiert übermittelt, d.h. es wird beispielsweise die gleichzeitige Anwesenheit der Kommunikationspartner angezeigt und Informationen werden unverzüglich übermittelt und wahrgenommen. Direkte SN kann im Gegensatz zu indirekter SN durch ihren wechselseitigen, einer Gesprächssituation ähnlichen Charakter synchron sein (Svensson, 2000). Asynchron hingegen heißt, dass die Informationsübertragung oder -wahrnehmung zwar zeitversetzt stattfindet, aber dennoch direkt sein kann.

---

12   In Ausnahmefällen können selbst Klickzahlen intentional hinterlassen werden, wenn z.B. ein Nutzer bewusst häufig auf einen Betrag klickt, um sie hochzutreiben. Im Folgenden wird dieser Ausnahmefall jedoch nicht weiter beachtet.

> *Marie, die bei Facebook auf ein YouTube-Video über Guttenberg verweist, kann andere Nutzer synchron erreichen, weil ihr beispielsweise angezeigt wird, dass der Kommunikationspartner (in diesem Fall ihr Nachbar) über den Plauderkasten-Chat online ist und sie den Link dort versendet. Wenn ihr Nachbar den Link kurz danach öffnet und sich eventuell mit Marie via Kurzbotschaften darüber unterhält, handelt es sich um synchrone SN. Schickt sie den Link morgens in einer persönlichen Nachricht an ihren Mitbewohner, der tagsüber arbeiten muss und erst abends seine Nachrichten liest, spräche man von asynchroner SN.*

(4) Klassisch wird Online-Kommunikation neben ihrer zeitlichen Abfolge vor allem im Hinblick auf die soziale Konstellation beschrieben (vgl. z.B. Morris & Ogan, 1996; Beck, 2010). So kann SN wie andere Kommunikationswege als one-to-one- oder auch one-to-many-SN erfolgen. Umgekehrt kann Kommunikation vor allem im WWW auch in many-to-one- oder many-to-many-SN münden. Diese einzelnen Konfigurationen gilt es zu berücksichtigen, denn sie können sich beispielsweise darauf auswirken, ob ein Link geöffnet wird oder nicht, je nachdem ob die Nachricht an viele Menschen gerichtet ist oder ob nur eine Person direkt angeschrieben wird.

> *Marie schickt den verlinkten Beitrag über Guttenberg nur an Peter (one-to-one-SN). Wenn sie unter den Beitrag bei Spiegel Online noch einen Kommentar schreibt, betreibt sie one-to-many-SN, da mehrere Nutzer dies lesen können. Um many-to-many-SN handelt es sich aber gleichzeitig auch, da Marie den Beitrag wie viele andere Nutzer auch, vorher angeklickt und gelesen hat und hierauf die Klickzahlen aggregiert ausgewiesen werden, sodass viele Personen diese sehen können. Lesen fünf Freunde von Peter diesen Beitrag, der ihm daraufhin bei Facebook zusammen mit dieser für ihn personalisierten Information angezeigt wird, könnte man von many-to-one-SN sprechen.*

(5) Vertrauen und Glaubwürdigkeit stellen auch wichtige Faktoren bei der Verbeitung von SN im Internet dar. Durch die dezentrale Struktur und die räumliche (und auch zeitliche) Abkopplung existieren häufig keine zuverlässigen Informationen darüber, wer die anderen Nutzer sind. Bei den Formen indirekter SN fehlen Hinweise darauf generell; hier lässt sich lediglich pauschal aus der eigenen Vorstellung über den Nutzerkreis einer Seite schließen, dass etwa ‚3.285 *Spiegel Online*-User, die einen Artikel positiv bewertet haben, nicht irren können'. SN scheint nach Baier et al. (2004) „nur dann möglich, wenn Vertrauen in die Qualität der Navigationsinformationen und in die positiven Absichten von deren Urhebern besteht" (S. 193). Der Kommunikationswissenschaftler Prof. Dr. Wolfgang Schweiger sieht vor allem unterschiedliche Einflüsse je nach Akteuren und den von ihnen produzierten bzw. gefilterten Medieninhalten: „Letztlich vertraut man [...] seinem sozialen

Umfeld eher, die relevanten Themen rauszuziehen, als den Medien, zu denen man eigentlich gar keinen Bezug hat."[13]

Es ist außerdem gerade bei direkter SN zu vermuten, dass sich Personen in der virtuellen Umgebung je nach Anonymitätsgrad des Informationsgebers unterschiedlich verhalten (Forsberg, 1998). Mindestens drei Ausprägungen von Anonymität sind dabei zu beachten (Schmidt, 2007): Zunächst existiert die vollständige Anonymität, bei der nicht nachvollziehbar ist, von wem die übermittelten SN-Informationen stammen. Legt sich eine Person einen ,Nickname' (also ein Pseudonym) zu, ist eine Identifikation nur insoweit möglich, als diese Person in einem bestimmten Kontext von anderen unterschieden werden kann, und sich über das Pseudonym eine Verbindung zu ihr herstellen lässt (je nachdem, wie viele Informationen der betreffende Nutzer preisgibt). Alternativ kann auch der wirkliche Name angegeben werden, der die vollständige Identifizierung ermöglicht. Es ist davon auszugehen, dass die Angabe eines wirklichen Namens vertrauens- und glaubwürdiger wirkt als ein Pseudonym oder vollständige Anonymität. Dies ist häufig bei öffentlichen Institutionen und Unternehmen im WWW der Fall, jedoch registriert etwa der *FOCUS*-Redakteur Björn Sievers hier klare Tendenzen:

> „Wir sehen eine Entwicklung hin zu einem sehr personalisierten Netz; das heißt, das *Second Life*-Netz ist vergessen [...]. Offensichtlich wollen sich Menschen nicht hinter Avataren verstecken [...]. Was Menschen wirklich wollen, ist zu kommunizieren. Und das zeigt die gesamte Internetentwicklung [...]. Nach einer kurzen Phase von ,Ich bin anonym in meinen Foren unterwegs' ist die Entwicklung jetzt, zumindest seit der ,Facebookisierung' des Online-Austausches eher, dass ich mit meinem Namen dastehe."[14]

So kann ein und dieselbe Person in den drei verschiedenen Anonymitätsgraden agieren. Es kann vorkommen, dass Marie den Link bei Facebook unter ihrem richtigen Namen Marie Schmidt versendet, jedoch bei YouTube nur unter dem Pseudonym Blümchen92 angemeldet ist und dort Videos über Reden von Guttenberg bewertet. Vollständig anonym geht sie vor, wenn Marie auf Spiegel Online, wo sie nicht angemeldet ist, auf einen Beitrag klickt und so dessen Klickzahlen nach oben gehen.

Je nach Anonymitätsgrad sind Auswirkungen auf die Ausbildung von Vertrauen und Glaubwürdigkeit zu erwarten, die SN-Informationen zugeschrieben werden. Hierbei ist außerdem zu trennen zwischen der (situativen) Glaubwürdigkeit von Systemen, die SN unterstützen, der der dort aktiven

---

13   Experteninterview mit Prof. Dr. Wolfgang Schweiger am 28.01.2011.
14   Experteninterview mit Björn Sievers am 29.01.2011.

Personen sowie dem allgemeinen Urvertrauen des Nutzers (Petermann, 1996). Diese Erwägungen lassen sich auch auf das Ausführen von SN-Aktionen wie beispielsweise Bewerten und Weiterleiten übertragen, denn gerade direkte SN-Aktionen berühren die Privatsphäre von Nutzern (Svensson, 2000): Je höher der Anonymitätsgrad ist, desto größer ist der Schutz der Privatsphäre dessen, der SN-Aktionen ausführt, während die Aktion selbst unweigerlich in die Privatsphäre des Navigierten eingreift.

(6) Eine weitere Unterscheidung, die für die Modellierung des SN-Prozesses relevant wird, betrifft die für eine SN-Aktion erforderliche Aktivität – d.h., ob es sich um eine so genannte Pull- oder eine Push-Aktion handelt. Bei einer Pull-Aktion holt sich der Nutzer gewissermaßen die gewünschte Information aus dem Netz, während er bei einer Push-Aktion den Inhalt von einer anderen Seite automatisiert erhält oder gezielt adressiert wird (s. Kap. 2.3). Bei der Betrachtung von Push und Pull scheint zunächst kein Unterschied zur Beschreibungsdimension direkt/indirekt zu bestehen: So ist direkte SN meist auch eine Push-Aktion, indirekte SN hingegen meist eine Pull-Aktion. Ein weniger eindeutiger Fall läge z.B. vor, wenn zwei Personen in direkte wechselseitige SN auf einer Diskussionsplattform verwickelt sind, die sie jedes Mal aufsuchen müssen, da man sich nicht permanent anmelden kann und bei Neuigkeiten keine automatische Benachrichtigung erfolgt.

Eine Nachricht von Marie mit interessanten Links wird Peter quasi täglich in den Posteingang ‚gepusht‘. Ist Peter jedoch auf einer Nachrichtenplattform wie Zeit Online und sieht sich gezielt die ‚meist gelesenen‘ Beiträge an, beschafft er sich auf diese Weise durch eine Pull-Aktion aktiv Informationen.

(7) Insbesondere mit Blick auf die ausgewiesenen Rezeptionsdaten muss bedacht werden, dass die (SN-)Handlung des Nutzers teilweise erst transformiert (sprich: maschinell verarbeitet) wird. Hinter diesen Transformationen können simple Aggregatoren oder auch komplizierte Algorithmen stecken, die z.B. Klickzahlen ganz unterschiedlich präsentieren können. Im Ergebnis können SN-Informationen zu einem Medieninhalt also entweder transformiert oder als Nutzereingabe, die 1:1 umgesetzt wird, gerade nicht-transformiert ausfallen.

Als klassisches Beispiel für eine Transformation kann die ‚Gefällt mir‘-Bewertung bei Facebook dienen: Klickt Marie auf den Button unter dem Guttenberg-Video und ‚gefällt‘ das Video weiteren vier Personen, werden diese Bewertungen aggregiert – und nun sieht der nächste Nutzer das Bild eines Daumens mit dem Text ‚5 Personen gefällt das‘. Eine verbale Bewertung wie „Super Beitrag“ wird jedoch nicht transformiert, sondern schlicht in reiner Textform angezeigt.

Jede SN-Anwendung im World Wide Web lässt sich also durch eine Kombination der zuvor eingeführten Beschreibungsdimensionen charakterisieren, deren Ausprägungen wie dargestellt variieren können.

2.4 Anwendungen von Social Navigation

Durch die Beispiele ist vielfach schon angeklungen, in welchen Erscheinungsformen SN im Internet konkret auftritt. Ziel des nachfolgenden Abschnitts ist es nun, anhand der Begrifflichkeiten und Beschreibungsdimensionen systematisch aufzuzeigen, welche Formen von SN bis dato online auftreten. Dieser Überblick konzentriert sich auf vier Grundtypen, und zwar auf (1) das Hinterlassen von Footprints als Folge der Rezeption, auf (2) Bewertungen, (3) Weiterleitungen und schließlich (4) eigene Produktionen (s. Abb. 2), sowie ergänzend (5) einigen Mischformen aus diesen Grundtypen (vgl. auch Schmidt, 2012). Auf die technischen Details wird an dieser Stelle bewusst nur am Rande eingegangen, denn da die Anwendungen von SN ganz unterschiedlich umgesetzt werden können, scheint eine generelle Einordnung bezüglich der Beschreibungsdimensionen (s. Kap. 2.3) wenig sinnvoll, obwohl sie sich in der konkreten Situation auch darauf auswirken können, ob ein Nutzungsvorgang des Inhalts tatsächlich eintritt und ob sozial navigiert wird.

Abbildung 2: Übersicht über relevante SN-Aktionen

Quelle: Eigene Darstellung

(1) Die Spuren, die aus der Rezeption hervorgehen, werden in der Literatur auch als ‚Footprints‘ bezeichnet (Forsberg 1998; Munro, Höök & Benyon, 1999). Sie bieten Menschen eine Orientierung und können somit eine Grundlage für Entscheidungen und Handlungen darstellen (Wexelblat & Maes, 1999). Footprints umfassen hierbei alle möglichen Daten, die den nachfolgenden Nutzern eine Vorstellung davon vermitteln, was Nutzer vor ihnen mit den betreffenden Inhalten gemacht haben. Hierunter fallen Klick-

zahlen, das Datum des letzten Zugriffs oder die Anzeige, welche Personen auf einen Inhalt zugegriffen haben.[15] Wie für alle SN-Aktionen gilt, dass die entstehenden Informationen durch Nutzer-Eingaben oder durch Datenspeicherung entweder unverändert (s. o.), aber auch durch einen Algorithmus transformiert dargestellt werden können. Die zwischengeschaltete Instanz, die diese Verarbeitung und ihre anschließende Darstellung maßgeblich beeinflussen und aktiv steuern kann, ist der Betreiber des Angebots, das SN ermöglicht. Als organisierende Beteiligte am Kommunikationsprozess (Burkart, 2002) erbringen die Seitenbetreiber (bzw. von ihnen autorisierte Personen wie z.B. Systemadministratoren) eine den Inhalt prägende, technische Vermittlungsleistung (Neuberger, Vom Hofe & Nuernbergk, 2010). Ihr Wirken und Einfluss auf SN kann an dieser Stelle nicht eingehender untersucht werden; ihr Einfluß verdiente aber eine gesonderte kritische Betrachtung.

> *Marie kann bei YouTube sehen, wie viele Klicks ein Video erhalten hat. Sie geht davon aus, dass das Video über Guttenbergs Rücktritt mit 35.430 Klicks mehr Nutzer interessiert hat als die Reaktion darauf von Angela Merkel mit 12.020 Klicks. Bei Spiegel Online sieht sich Marie zudem regelmäßig die ,meist gelesen'-Liste an. Diese Beiträge entsprechen allerdings nur den am meisten gelesenen Beiträgen in einem bestimmten Zeitraum, den Marie nicht kennt – ansonsten wäre unter Umständen noch ein Artikel über die Fußballweltmeisterschaft 2006 ganz oben gelistet, der damals 56.000 mal gelesen wurde. Aufgrund des Algorithmus der Webseite befindet sich der aktuelle Guttenberg-Beitrag auf Platz 1, der zu diesem Zeitpunkt 45.500 mal gelesen worden war.*

(2) Neben dem bloßen Hinterlassen von Footprints gibt es die Möglichkeit, Inhalte zu bewerten. Die technische Umsetzung von Bewertungen reicht von fein abgestuften Skalen über die altbekannten Schulnoten und Sternchen-Bewertungen hin zu einer dichotomen Wahl von ,Mag ich' bzw. ,Mag ich nicht' – oder lediglich einer ,Gefällt mir'-Option wie im Online-Netzwerk *Facebook*. Es ist aber auch möglich, Inhalte unabhängig von solch einem fest installierten System zu bewerten. Sofern vorgesehen könnten Bewertungen auch über ein Kommentarfeld erfolgen. Möglich sind hier einzelne wertende Worte bis hin zu vollständigen Sätzen. Aussagen mit darüber hinausgehendem Sinngehalt werden von uns jedoch nicht mehr zu den reinen Bewertungen gezählt, sondern nachfolgend der Produktion zugerechnet (s. 4.).

---

15 Dabei ist zu bedenken, dass die Daten kein Indikator für eine tatsächliche Rezeption sind, sondern nur für das ,Anlesen' eines Beitrags. Denn schon das simple Anklicken führt zur Erhöhung des Zählers, auch wenn der Beitrag im Anschluss nicht rezipiert wird.

> *Marie hat sich nun doch entschieden, den Beitrag von Angela Merkel anzuschauen und ist begeistert. Sie meldet sich deswegen bei YouTube an und schreibt unter das Video den Text „Angela Merkel findet mal wieder die richtigen Worte. Erstklassiger Kommentar." Ein paar Minuten später entdeckt sie, dass ein Kommilitone das gleiche Video schon bei Facebook gepostet hat und klickt dort auf den ‚Gefällt mir'-Button. Somit bewertet sie das Video gleich auf zwei verschiedene Arten.*

(3) Eine weitere SN-Aktion ist das aktive Weiterleiten von Inhalten. In ihrer ursprünglichsten Form beinhaltete eine Weiterleitung das Abtippen oder Kopieren eines Links, welcher im Anschluss per E-Mail oder ähnliche technische Infrastrukturen (etwa Instant Messaging, persönliche Nachrichten oder Einträge auf der Pinnwand innerhalb sozialer Online-Netzwerke) an eine bestimmte Person versendet wurde. Mittlerweile bieten viele Webseiten eine eingebettete Weiterleitungsfunktion an, bei der der Link zum Inhalt direkt aus dem Angebot heraus weitergegeben oder sogar in ein anderes Angebot eingebettet werden kann

> *Marie gefällt ein Blogeintrag ganz gut, weswegen sie den Link kopiert und in eine E-Mail einfügt, die sie an Peter und zwei weitere Freunde schickt. Peter, der gerade auf Spiegel Online surft, hat in der Zwischenzeit einen anderen interessanten Beitrag gefunden. Er klickt direkt auf die dort implementierte Twitter-Funktion, wodurch er den Beitrag an alle seine Twitter-Follower, darunter auch Marie, weiterleitet.*

(4) Letztendlich kann auch die eigene Produktion von Medieninhalten eine Form von SN darstellen. In Abgrenzung zu (2) und (3) muss allerdings immer ein neuer Sinngehalt hinzukommen, der über die bloße Bewertung und Weiterleitung hinausgeht. Dabei scheint irrelevant, ob die dem Medieninhalt hinzugefügte Information aus schriftlichen, auditiven oder visuellen Daten (oder deren Kombination) besteht. Genausowenig kann ein bestimmtes inhaltliches Niveau oder eine bestimmte Form der Auseinandersetzung verlangt werden. Wichtig ist einzig und allein, dass sich die produzierten Daten erkennbar auf einen bereits bestehenden Medieninhalt beziehen, egal ob dieser Bezug, wie er vom Urheber oder anderen Nutzern gesehen wird, sinnvoll scheint oder nicht. Eine Produktion in diesem Sinne kann also jegliche Form der Annotation zu bestehenden Medieninhalten sein und als öffentlich einsehbare Kommentare, deren Inhalt über eine bloße Bewertung hinausgehen, als Pinnwand- und Blogeinträge oder zumindest Beiträge, die einer bestimmten Personengruppe zugänglich sind, vorliegen. Nutzer können sich dann an den produzierten Inhalten orientieren, um über sie zu den Beiträgen zu gelangen, auf die sie sich beziehen (Bucher & Büffel, 2005).

> *Marie und Peter haben sich mittlerweile mehrere Tage mit dem Fall Guttenberg be-*
> *schäftigt. Besonders ein Beitrag von Spiegel Online hat Marie zum Nachdenken ge-*
> *bracht. Sie findet es unmöglich, wie schlecht Guttenberg als Person dargestellt wird. Sie*
> *schreibt deshalb unter den Beitrag eine eigene Stellungnahme, in der sie ihre studenti-*
> *sche Sicht in Kontrast zu der Meinung des Journalisten setzt. Hierbei handelt es sich*
> *nun um eine Produktion, die aufgrund dieses Beitrages vorgenommen wurde, und somit*
> *um SN.*

(5) Die technischen Möglichkeiten des Social Web erlauben auch Mischformen der erwähnten SN-Aktionen, aus deren Vielfalt drei im Folgenden
exemplarisch erläutert seien (5.1, 5.2, 5.3). Ausgehend von dem Konzept der
‚Social Search' (Freyne et al., 2007), demzufolge nicht nur Inhalt und Link-
struktur die Relevanzeinschätzung beispielsweise bei der Ausgabe von
Suchmaschinen-Ergebnissen beeinflussen, berücksichtigt eine Reihe von
Anwendungen zusätzlich die sozialen Beziehungen des Suchenden zu anderen Nutzern, die eventuell bereits Kontakt mit den Inhalten der ausgegebe-
nen Ergebnisse hatten (vgl. im Folgenden auch Pariser, 2012).

(5.1) Implementierungen wie ‚Collaborative Filtering' werden auch Emp-
fehlungssysteme (‚Recommender Systems') genannt (Groh & Ehmig, 2007).
Basierend auf den Präferenzen eines Nutzers (die von dem System ‚gelernt'
werden oder ihm bekannt sein müssen) werden der Person neue Inhalte
vorgeschlagen (Klebl & Borst, 2010). Diese Systeme leiten also auf Basis
vorangegangener Selektionsentscheidungen und allgemeiner Interaktionen
mit dem System (oder vielmehr den daraus abgeleiteten Handlungsmustern)
relevante Inhalte an Nutzer weiter – in der Annahme, dass diese neu vorgeschlagenen Inhalte den Geschmack des Nutzers treffen. Beim ‚Collaborative
Filtering' werden dabei solche Inhalte empfohlen, die von Personen mit
ähnlichen Interaktions- oder Entscheidungsmustern positiv bewertet oder
lediglich aufgerufen wurden.

> *Marie schaut sich, weil sie ein Buch über Guttenberg sucht, bei amazon.de um. Der*
> *oberste Treffer ist eine Biographie, die sie auch anklickt. Prompt wird ihr angezeigt,*
> *dass andere Kunden diese Biographie oft im Doppelpack mit einer zweiten kaufen und*
> *sich für das Buch von Roland Koch interessieren. Folgt sie diesem Hinweis, erfährt*
> *Marie, dass Käufer des Buches von Roland Koch auch gerne das Buch von Thilo Sar-*
> *razin kaufen usw.*

(5.2) ‚Social Filtering' basiert auf dem Gedanken des ‚Collaborative Filte-
ring', bezieht aber in die Auswahl der vorgestellten Elemente vor allem die
Präferenzen und Auswahlentscheidungen der Personen im eigenen sozialen
Netzwerk ein (Groh & Ehmig, 2007). Objekte, die das Gefallen und die

Aufmerksamkeit nahestehender Personen finden, haben somit eine höhere Chance, prominent platziert zu werden. Dies basiert auf dem Gedanken, dass soziale Bindungen häufig mit einem ähnlichen Geschmacksempfinden und ähnlichen Interessen einhergehen (Schmidt et al., 2009).

> *Nach ihrem Buchkauf auf amazon.de loggt sich Marie bei Facebook ein. Auf der rechten Seite gibt es einen Reiter mit ‚Empfohlene Seiten‘. Hier wird ihr die Facebook-Seite „Wir wollen Guttenberg nicht zurück“ mit dem Hinweis angezeigt, dass diese Seite Peter und zwei weiteren Freunden gefällt.*

(5.3) Eine weitere technische Möglichkeit, SN-Informationen in einem Angebot zu implementieren, sind die sogenannten ‚Tags‘ (Millen & Feinberg, 2006). Inhalte werden hier beschreibend oder wertend verschlagwortet. Tags werden meist in aggregierter Form – beispielsweise mittels einer sogenannten ‚Tag-Cloud‘ – ausgewiesen und kategorisiert. Deren Zusammensetzung orientiert sich dann ebenfalls an den Präferenzen der jeweiligen Nutzer, an die der Algorithmus die vorgeschlagenen Inhalte anpasst. Vor allem ‚Social Bookmarking‘-Seiten greifen auf dieses Tagging zurück, wenn dort eine Gruppe von Nutzern relevante Bookmarks mit Annotationen, meistens ‚Tags‘, versehen, welche dann wie beim ‚Social Filtering‘ mit den Mitgliedern der Gruppe ausgetauscht werden.

> *Tagging ist besonders beliebt bei Blogs. Marie stößt im Zuge ihrer Recherche über Guttenberg auf das Watchblog zuguttenberg.wordpress.com. Auch hier gibt es eine Tag-Cloud zum Thema. Verschlagwortet sind Begriffe wie Verteidigungsminister, Untersuchungsausschuss und Bild-Zeitung. Klickt sie zum Beispiel Bild-Zeitung an, wird ein Blogeintrag mit Bezug auf die Bild-Zeitung geöffnet.*

Ein Medieninhalt, der auf keinen anderen Bezug nimmt, wäre zunächst als eigenständiger Inhalt anzusehen. Da es bei SN aber gerade um die Verknüpfung, Bewertung und Weitergabe von bereits bestehenden Informationen geht, ist die Generierung originärer Informationsinhalte bei SN nicht von Interesse. Aus diesem Grund ist SN auch nicht automatisch der Überbegriff für ‚User-generated Content‘ (z. B. Shirky, 2008). Dieser kann zwar im Rahmen von SN entstehen und verwendet werden, was auch häufig zu beobachten ist. Für unsere Systematik interessiert (zumindest auf Mikroebene) allerdings nur, was mit einem Beitrag durch SN passiert – nicht jedoch, welche neuen und unabhängigen Beiträge zu demselben oder einem verwandten Thema entstehen. Sprich: Erstellt ein Nutzer also einen Inhalt unabhängig von einem anderen bereits bestehenden Medieninhalt und ohne darauf zu verweisen, ist dies zwar User-generated Content, aber nicht SN. Die Verbindung zu einem existierenden Beitrag muss indes offenkundig sein, da jeder ‚neue' Beitrag selbstverständlich immer auch auf der Verarbeitung von Informationen basiert; es würde jedoch das Konzept von SN sprengen, berücksichtigte man auch solche impliziten Verweise, anhand derer sich der User ja gerade nicht durch den Informationsdschungel des Internet navigieren kann.

> *Marie erhält viel positive Resonanz auf ihren Eintrag zum Artikel von Spiegel Online. Daraufhin beschließt sie, ein eigenes Blog zu eröffnen, in dem sie aufschreibt, was ihr gerade durch den Kopf geht. Hierbei handelt es sich um einen mal mehr, mal weniger interessanten Beitrag zum Diskurs – aber solange nicht um SN, wie sie in ihren Blogbeiträgen nicht explizit auf andere Medieninhalte verweist.*

Am Ende unserer Übersicht ergeben sich also mehrere Grundtypen von Aktionen, die freilich nicht nur im Rahmen von SN-Angeboten verknüpft sein können. So kann auch der einzelne User selbst diese Aktionen unabhängig voneinander ausführen, sie aber zudem in seiner Person koppeln (s. Kap. 3.1.4). Das heißt, dass ein Medieninhalt durch die Person maximal angeklickt, bewertet und weitergeleitet und zusätzlich auf ihm beruhend neuer Inhalt produziert werden kann.

Im Folgenden werden wir, wie bereits erwähnt, nicht systematisch auf einzelne Umsetzungen von SN-Anwendungen eingehen, wie beispielsweise die Like-Funktion auf *Facebook* oder die Bewertungsfunktion auf *YouTube*, weil diese zwar prominente Beispiele darstellen und vielen Nutzern vertraut sind, aber nur zwei von unzählbar vielen Anwendungen repräsentieren. Wir werden sie jedoch häufiger als Beispiele anführen, um die abstrakt gehaltenen SN-Aktionen zu veranschaulichen. Durch die Vielfalt möglicher Anwendungsformen und -kombinationen erscheint es uns auch wenig sinnvoll und realisierbar, für jede SN-Aktion mögliche Beschreibungsdimensionen zu bestimmen. Es kann zwar davon ausgegangen werden, dass es für bestimmte Aktionen typische Erscheinungsformen gibt; gerade mit Blick auf die Zukunft ist aber zu erwarten, dass Anwendungen ganz anders aufgebaut sind, aber trotzdem die genannten Grundfunktionen beibehalten.

Plausibel erscheint jedoch die Annahme, dass sich aus der Kombination der definierten Beschreibungsdimensionen und SN-Aktionen jeder Anwendung, die SN ermöglicht, ein bestimmter Grad an Aktivität bzw. Aufwand zuschreiben lässt. Dies bedeutet, dass beispielsweise die Rezeption in dem Sinne weniger Aktivität bedarf als eine Produktion, als sie sich schneller und einfacher ausführen lässt. Die Rezeption selbst wird wiederum dadurch beeinflusst, ob man Inhalte direkt bekommt (push) oder sie sich selbst holen muss (pull). Zwischen den SN-Aktionen der Rezeption und der Produktion lassen sich vom individuellen Aufwand her die Bewertung und Weiterleitung einordnen. Wir gehen also nicht von einem linearen Anstieg des erforderlichen Aufwands aus, sondern vermutlich ließen sich eher Stufen identifizieren, in denen der erforderliche Aktivitätsgrad je nach Beschaffenheit der Anwendung variiert. Dies ist insofern auch aus Usability-Gesichtspunkten relevant (Schweibenz & Thissen, 2003), als jede Anwendung ein gewisses Verständnis von ihrer Verwendung voraussetzt und Kosten hinsichtlich der eingesetzten Zeit und kognitiven Energie verursacht (s. Kap. 2.2). Es kann unterstellt werden, dass eine SN-Anwendung weniger Aktivität erfordert, je einfacher und weniger aufwändig sie nutzbar ist.

In diesem Zusammenhang spielt auch das Konzept der Interaktivität eine Rolle, das einerseits per Definition eine Eigenschaft aller SN-Aktionen darstellt; gleichzeitig beeinflusst sie als variierendes Potential der SN-Anwendungen die Ausführung von SN-Aktionen. Es kann auch hier davon ausgegangen werden, dass eine Produktion mehr Interaktivitätspotential enthält als eine Rezeption und die Interaktivität sich wie beim Aktivitätsgrad zwischen den SN-Aktionen abstufen lässt. Darüber hinaus sei angmerkt, dass gerade die Definition des Interaktivitätsbegriffs und seine Realisierung nach wie vor umstritten sind (vgl. etwa Quiring, 2009; Goertz, 1995), aus einer Diskussion aber keine relevanten Hinweise für die Beschreibung von SN-Prozessen zu erwarten sind.

2.5 Hindernisse für Social Navigation

Unser Fallbeispiel erweckt – ebenso wie die dargestellten Beschreibungsdimensionen und Anwendungen – insgesamt den Eindruck, dass SN vom User ohne jegliche Hindernisse und Probleme genutzt würde. Doch obwohl sich SN besonders gut durch informationstechnische Systeme unterstützen lässt, entsteht gerade aufgrund der technischen Umgebung eine Reihe von Problemen. Dieser Abschnitt bündelt deswegen einige Hindernisse für das Anwendungspotential von SN.

Beispielsweise kann es bei manchen SN-basierten Systemen zu dem sogenannten Kaltstartproblem kommen. Folgt man Baier et al. (2004), so

„entsteht [es] für Nutzer, die neu in ein System eintreten. Für sie können aufgrund fehlender Profilinformationen anfänglich keine Ähnlichkeiten zu anderen Nutzern bestimmt werden, eine individualisierte Präsentation von Navigationshinweisen ist folglich nicht möglich. Dieses Kaltstartproblem ist bei der Gewinnung neuer Nutzer hinderlich." (S. 191)

Systeme, die SN unterstützen, bedienen sich jedoch diverser Strategien, um dieses Problem zu lösen. So erhalten Nutzer, die noch wenige Informationen preisgegeben haben oder die als Besucher nicht im System registriert sind, Informationen über die insgesamt am häufigsten besuchten oder bestbewerteten Inhalte zugewiesen.

> *Solange Marie weder das Guttenberg-Buch, noch irgendetwas anderes bei amazon.de gekauft hat, empfiehlt ihr das System etwas, das generell am meisten verkauft wird. Dabei kann es sich auch um die neueste Harry-Potter-DVD handeln, die Marie gar nicht interessiert. Sobald sie die Guttenberg-Biographie jedoch gekauft hat, werden ihr ähnliche Bücher angezeigt.*

Neben dem Problem des Kaltstarts existiert das der ‚Sparsity':

> „Bezogen auf ein Empfehlungs- oder Annotationssystem für Webseiten ist [es] [...] als überaus problematisch anzusehen, dass bei der Vielzahl abrufbarer Seiten und einer anfangs recht kleinen Menge an Nutzern mit nur spärlichen Daten für einzelne Dokumente zu rechnen ist" (Baier et al., 2004, S. 191-192).

Das Problem einer sehr geringen Anzahl von SN-Informationen, verteilt auf eine große Zahl von Inhalten kann sich dann verstärken, wenn sich diese auch noch ungleich verteilen oder auf bestimmte Objekte konzentrieren.

Eine ähnliche Logik liegt auch der so genannten ‚Tyranny of the Minority' zugrunde, die die Orientierungsfunktion von SN bedrohen kann. Das Phänomen kommt öfters in Empfehlungssystemen zum Tragen und definiert sich als: „a situation where a disproportionate number of front page stories comes from the same small group of interconnected users" (Lerman, 2006, S. 1). Eine kleine Anzahl von hoch aktiven Personen dominiert hier aus Eigeninteresse die Auswahl der relevanten Objekte, indem beispielsweise die eigenen Beiträge durchgehend sehr positiv bewertet werden. Gerade durch das Sparsity-Problem gekennzeichnete Angebote sind besonders für diesen Mechanismus anfällig. Das Ergebnis steht im offenkundigen Widerspruch zu den guten Absichten von SN, die für alle Nutzer relevantesten Objekte und Inhalte sichtbar zu machen (und eben nicht ein nach den Präferenzen Einzelner verzerrtes Ergebnis zu zeigen).

> *Zu Beginn von amazon.de gab es noch sehr wenige Käufer, weshalb Empfehlungen nur aufgrund deren Käufe erstellt wurden. Hätte eine Gruppe von CDU-Anhängern amazon.de schon sehr früh für sich entdeckt und dort Bücher, die ihrem Interessensgebiet entsprechen, gekauft, dann wären allen anderen Besuchern der Seite auch entsprechende Bücher über Merkel, Adenauer oder Kohl empfohlen worden.*

Ganz anders verhält es sich hingegen, wenn sich der ‚Information Over-load', in dem SN Orientierung versprach, in den SN-Angeboten perpetuiert. Schließlich werden Nutzer durch SN mitunter mit so vielen Informationen konfrontiert, dass es die Idee eines einfacheren Informationszugangs kon-terkariert, weil die Übersicht über den SN-Datenbestand verloren geht (Baier et al., 2004).

Insgesamt treten die genannten Hindernisse vor allem bei den in Kapitel 2.4 beschriebenen Mischformen auf. Sie sind also Teil von SN, werden in der folgenden Modellierung jedoch zunächst vernachlässigt, weil diese von einer Mikroebene ausgeht, die den einzelnen Nutzer und die von ihm ausge-führten SN-Aktionen in den Mittelpunkt rückt. Da es sich überwiegend um Verteilungsprobleme handelt, werden sie erst im Anschluß bei der Modellie-rung der Makroebene bedacht (s. Kap. 3.3).

3 Theoretische Modellierung des Social Navigation-Prozesses

Unsere einleitende Literaturdurchsicht hatte bereits verdeutlicht, dass bisher keine umfassenden kommunikationswissenschaftlichen Studien zu SN existieren. Es finden sich im Internet allerdings immer mehr Angebote und Möglichkeiten, über verschiedene Wege mit anderen Personen zu kommunizieren, Medieninhalte zu rezipieren und im Rahmen dessen SN zu nutzen. Der durchschnittliche Aufwand, SN auszuführen ist durch die technische Infrastruktur des Internets im Online-Bereich geringer als im Offline-Bereich (s. Kap. 2.2). Aufgrund der besonderen Bedeutung des Selektivitäts-Paradigmas für die kommunikationswissenschaftliche Forschung (vgl. z.B. Donsbach, 1991) scheint es geboten, den SN-Prozess zunächst auf Basis eines Theoriemodells zu erfassen, das wesentliche Elemente dieses Prozesses und zentrale Einflussfaktoren bestimmt und auf mehreren Ebenen zueinander in Beziehung setzt. Die Natur von SN-Dynamiken bedingt, dass eine entsprechende theoretische Konzeption sowohl die Mikroebene des Individuums und seiner wechselnden Rolle als Navigierter und Navigator in den Blick nimmt (s. Kap. 3.1), als auch die Mesoebene sozialer Gruppen, die SN-Informationen austauschen, sich aber mitunter auch aufgrund von SN erst konstituieren (s. Kap. 3.2) – und schließlich die Makroebene betrachtet, auf der sich SN-Aktionen im Aggregat und im Zeitverlauf zu relevanten gesellschaftlichen Entwicklungen verdichten können (s. Kap. 3.3).[16]

Die nachfolgenden Überlegungen beruhen auf verschiedenen Prämissen, die im Vorfeld auszuführen sind, um das Verständnis der doch komplexen Abläufe zu erleichtern:

(1) Die Ausarbeitung beschäftigt sich mit SN bezüglich *Medieninhalten im Internet*, worunter wir jegliche Beiträge fassen, die potenziell allen Internetnutzern öffentlich zugänglich sind. Darunter fallen sowohl informierende und interpretierende als auch unterhaltende Beiträge. Ausgeklammert ist damit jene SN, die sich lediglich auf kommerzielle Waren und Dienstleistungen sowie auf Kaufentscheidungen mit Hilfe von SN bezieht, wie sie etwa bei *eBay* oder *amazon.de* anzutreffen sind. Die Medieninhalte können dabei sowohl von professionellen Kommunikatoren als auch von anderen Internetnutzern stammen.

(2) Außerdem betrachten wir SN nur innerhalb eines nicht-institutionellen Umfelds, um die Besonderheit des sozialen Phänomens zu betonen, dass nämlich jeder Nutzer Medieninhalte weitergeben und produzieren kann.

---

16 Für eine alternative, vereinfachte Modellierung des Kernprozesses ohne dynamische Komponente vgl. Eble, 2011, S. 349.

Institutionell (und damit von der weiteren Betrachtung ausgeschlossen) wäre nach unserer Prämisse dabei jede weder rein private noch außerhalb des Erwerbslebens liegende Tätigkeit einer Person im Rahmen der Erzeugung oder Verteilung von öffentlich im WWW zugänglicher Kommunikation; also beispielsweise alle Formen gezielten viralen Marketings, der werblichen Produktbindung oder der politischen Beeinflussung durch Akteure von Parteien. Auch wenn dieser Hintergrund oft verschleiert wird – erst sobald Nutzer Medieninhalte aufgreifen und durch eine der zuvor dargestellten SN-Aktionen Informationen hinzufügen, wird im Folgenden von SN gesprochen. Was dies im Detail für unsere Konzeption bedeutet, wird bei der Modellierung des von SN beeinflussten Prozesses gezeigt (s. Kap. 3.1).

(3) Im Rahmen der theoretischen Modellierung erfolgt keine systematische Zuordnung einzelner SN-Angebote oder Praktiken; wir möchten vielmehr einen allgemeinen Interpretationsrahmen bereitstellen, der für spezifische Fragestellungen dann entsprechend adaptiert werden kann.

Unsere Modellierung des SN-Prozesses stützt sich dabei auf den Dynamisch-transaktionalen Ansatz (DTA) nach Früh und Schönbach (1982; Schönbach & Früh, 1984). Innerhalb der Logik des DTA werden Theorien der Selektionsforschung sowie der klassischen Journalismusforschung verortet, wie Abbildung 3 verdeutlicht.

Abbildung 3: Übersicht über die zentralen Theorieansätze

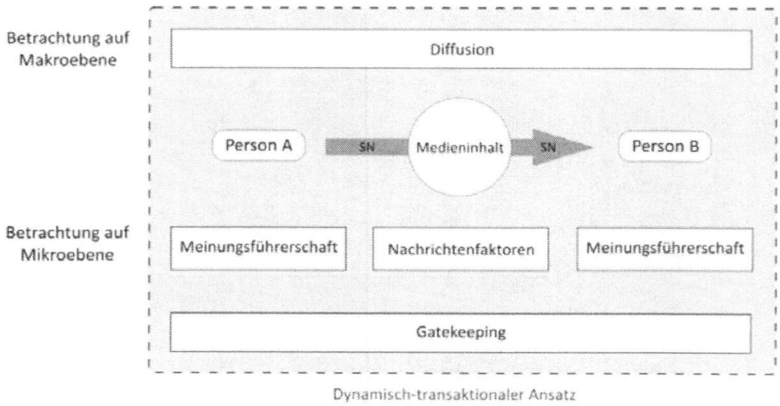

Quelle: Eigene Darstellung

Das Konzept des Gatekeepings, das sich zur Erklärung auch von mehrstufigen Selektionsprozessen bewährt hat (vgl. z.B. Shoemaker & Vos, 2009), dient als grundlegende Denkfigur. Im Hinblick auf die Mikroebene wird es auf Seiten der Nutzer durch das Konzept der Meinungsführerschaft, und in Bezug auf die Medien- und SN-Inhalte durch die Nachrichtenwertforschung ergänzt. Die makrotheoretische Einordnung, also die Beschreibung des Verlaufs eines SN-Prozesses, stützt sich hingegen vor allem auf die Erkenntnisse der Diffusionsforschung.

3.1 Modellierung des Social Navigation-Prozesses auf der Mikroebene

Da es sich bei SN in seinem Kern um ein individuell geprägtes Selektions- und Rezeptionsphänomen handelt, geht unsere theoretische Modellierung von einer SN-Kommunikationssituation auf der Mikroebene zwischen zwei Personen – einem Navigierten und einem Navigator – aus, wobei diese Rollenzuweisung situativ erfolgt und im Zeitverlauf natürlich individuell variieren kann. Im Rahmen dieser Modellierung geben wir zunächst einen kurzen Überblick über die allgemeine Logik des DTA, bevor wir seine einzelnen Elemente eingehender betrachten und dabei verschiedene Theorien, die zur analytischen Durchdringung des SN-Prozesses erforderlich sind, innerhalb des DTA verorten. Dabei gehen wir insbesondere auf den Gatekeeping-Ansatz, das Konzept der Meinungsführerschaft und die Nachrichtenwertforschung ein. Das resultierende Theoriemodell auf der Mikroebene wird dabei schrittweise aufgebaut und weiterentwickelt.

3.1.1 Grundlage: Dynamisch-transaktionaler Ansatz

Bei der SN-Kommunikationssituation zwischen zwei Personen spielen Prozesse eine Rolle, die der Logik des traditionellen, kommunikationswissenschaftlichen Wirkungsansatzes folgen; die Frage aus einer kommunikatorzentrierten Sichtweise lautet dann: „Was machen Medien(-inhalte) mit den Menschen?" Andererseits scheint für SN-Prozesse gerade auch die rezipientenorientierte Perspektive des Nutzenansatzes („Was machen die Menschen mit den Medien?") von Bedeutung, da SN sich explizit damit beschäftigt, wie Menschen mit Medieninhalten umgehen, sie weitergeben und sich an ihnen orientieren. Nichtsdestotrotz dürfen dabei die Annahmen des Wirkungsansatzes nicht vollständig vernachlässigt werden, da die Eigenschaften des Medieninhalts sehr wohl eine Bedeutung für den Selektions- und Rezeptionsprozess besitzen.

Die nachfolgende Modellierung von SN legt deswegen den Anfang der 1980er Jahre von Werner Früh und Klaus Schönbach vorgestellten, dynamisch-transaktionalen Ansatz zugrunde. Dieser Ansatz bemüht sich um eine Erweiterung der Perspektiven, indem er sowohl ‚Stimulus-Response-

Vorgänge' als auch Annahmen der ‚Uses and Gratifications-Tradition' integriert (Früh & Schönbach, 1982; Schönbach & Früh, 1984). An dieser Stelle sei die Grundidee des DTA in der gebotenen Kürze zusammengefasst, die zunächst eine Kommunikationssituation zwischen einem Kommunikator und einem Rezipienten modelliert (s. Abb. 4). Dabei finden zum einen Intratransaktionen innerhalb jedes Kommunikationsteilnehmers statt:

> „Intra-Transaktionen spielen sich beispielsweise zwischen dem Aktivationsniveau des Rezipienten ab (seinem allgemeinen affektiven Zustand wie Müdigkeit oder Streß, seiner Aufmerksamkeit, seinem Interesse an der Kommunikation) und seinem jeweiligen Wissensstand, seinen Vorstellungen von sich und der Umwelt (den Informationen, die er von vornherein besitzt bzw. neu erhält)" (Schönbach & Früh, 1984, S. 315).

Zum anderen bestehen Intertransaktionen zwischen den beiden Kommunikationsteilnehmern, sowie außerdem zwischen ihnen und dem betreffenden Medieninhalt. „Daß in beiden Wechselwirkungsprozessen die beteiligten Komponenten nicht nur Anderes gemeinsam beeinflussen [...], sondern dabei selbst verändert werden, hat zu der Wahl des Begriffs ‚Transaktion' geführt" (Schönbach & Früh, 1984, S. 315). Ferner laufen verschiedene Feedback-Prozesse ab, die u.a. auf den gegenseitigen Vorstellungen, Vorannahmen und Erwartungen beruhen. „Wirkungen entstehen [dabei] durch das Zusammenspiel dreier Einflussdimensionen: 1. Personenmerkmale, 2. Stimulus-/Medienmerkmale und 3. Merkmale des situativen und gesellschaftlichen/kulturellen Kontextes" (Früh, 2008, S. 180; s. Kap. 3.1.6).

Abbildung 4: Dynamisch-transaktionales Modell

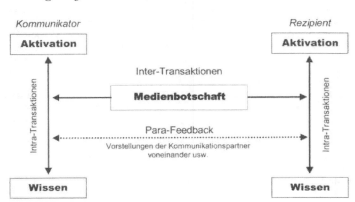

Quelle: Darstellung nach Schönbach & Früh, 1984, S. 323

Die dynamische Komponente des DTA zeigt sich dabei u.a. durch die ‚Veränderung' des Medieninhaltes:

> „Die Medienbotschaft [...] ist nicht nur ein objektiver und damit von Rezipienten unabhängiger Stimulus, sondern sie verändert ihre Identität im Prozeß des Verstehens: dieselbe Information ist für verschiedene Interpreten und zu verschiedenen Zeiten nicht dieselbe" (Früh & Schönbach, 1982, S. 78).

Wird der DTA nun zur Modellierung von SN herangezogen, bedingen die Abstraktheit der Konstrukte Aktivation und Wissen sowie die Vielzahl der Variablen, die an jeder Stelle des Modells bedacht werden müssen, dass ein aus dem DTA abgeleitetes Modell relativ komplex ist, wie Früh (1991) es bereits grundsätzlich für jede Adaption des DTA formulierte: „Die Aufgabe besteht also darin, vor dem Hintergrund des vorhandenen Fachwissens die relevantesten Faktoren aus dem komplexen Beziehungsgeflecht zu extrahieren und entsprechend der dem Modell zugrunde gelegten Prämissen untereinander zu verbinden" (S. 60). Dabei gilt es freilich, nicht nur den aktuellen Stand der Forschung zu berücksichtigen, sondern genauso das jeweils spezifische Erkenntnisinteresse.

Abbildung 5: Modellierung des SN-Prozesses auf Mikroebene (Vorschau; vgl. für Details Abb. 14)

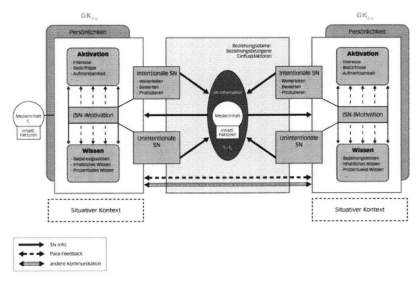

Quelle: Eigene Darstellung in Anlehnung an Früh & Schönbach, 1982

Genau dieser Herausforderung will sich die vorliegende Arbeit stellen, weshalb in den folgenden Ausführungen die für SN relevanten Variablen expliziert und in die Logik des DTA eingebunden werden. Bevor in den kommenden Abschnitten das Modell des SN-Prozesses auf Mikroebene schrittweise aufgebaut wird, zeigt Abbildung 5 zur Orientierung vorab das gesamte Modell. Der modulhafte Charakter des DTA – und insbesondere die von Schönbach und Früh (1984) erweiterte Modellierung der Transaktionsvorgänge – werden dabei als Basis für ein Modell verwendet, das den von SN geprägten Kommunikationsvorgang mit seinen oben ausgeführten Aktionen und Abläufen auf einer Mikroebene strukturiert. Da sich die Modellierung des DTA von Früh und Schönbach (1982) auf Prozesse der Massenkommunikation bezieht, muss diese in der vorliegenden Arbeit im Rahmen von SN auf ein Hybrid aus einem computervermittelten interpersonalen und einem massenmedialen Kommunikationsvorgang übertragen werden.

3.1.2 Gatekeeping als Selektionsprinzip

Die ursprünglichen Vorstellungen von Früh und Schönbach (1982; Schönbach & Früh, 1984; s. Abb. 4) gingen von einer für Massenkommunikation typischen Partnerbeziehung aus, die einen Kommunikator (oft ein Journalist bzw. andere Medienschaffende) und einen Rezipienten gegenüberstellt. Diese Konstellation muss unter den Vorzeichen von SN zunächst dahingehend angepasst werden, dass von zwei prinzipiell gleichberechtigten Kommunikationspartnern auszugehen ist (die situationsspezifisch entweder als Kommunikator oder als Rezipient handeln können). Außerdem bedingt der Charakter des Online-Mediums, der in der Regel ein aktives Auswahlhandeln zwingend erfordert, dass den permanent erforderlichen Selektionsprozessen jedes Kommunikators besonderes Augenmerk zu schenken ist. Da sich unsere Überlegungen, wie eingangs dargelegt, auf die SN von Inhalten abseits von Produkten, aber mit einem gewissen Öffentlichkeitsgrad konzentriert, liegt es nahe, zur Modellierung dieses Selektionsprozesses an die aus der Journalismusforschung bekannte Gatekeeping-Metapher anzuschließen. „[C]ompared to other mass media, the internet provides much more opportunity for audience members to interact with newsmakers, newscreators, and each other. This high level of interactivity turns audience members into gatekeepers" (Shoemaker & Vos, 2009, S. 6). Im Folgenden werden also, wie das Gesamtmodell bereits nahelegte, die Kommunikationspartner als Gatekeeper[17] bezeichnet.

---

17   In den Modellen wird der jeweilige Gatekeeper durchweg mit GK abgekürzt.

Nach Shoemaker und Vos (2009) kann zunächst von drei Kanälen (‚Channels') ausgegangen werden, durch die Informationen über Ereignisse in den öffentlichen Diskurs ‚eingeschleust' werden: Zunächst gibt es den ‚Source Channel', bei dem Personen, die etwas direkt miterlebt und beobachtet haben, Informationen an andere übermitteln. Diese Informationen werden dann, sofern die Journalisten das Ereignis nicht selbst beobachtet haben und darüber berichten, von den Journalisten aufgegriffen und in die mediale Berichterstattung eingespeist. Zum zweiten gibt es den ‚Media Channel', in dem Informationen von Medien oder anderen Stellen wie Behörden und Unternehmen (etwa via Public Relations) zu den Journalisten gelangen und so Eingang in die Medienberichterstattung finden. Schließlich, und hier erweitern Shoemaker und Vos (2009) ältere theoretische Ausführungen, gehen sie drittens von einem ‚Audience Channel' aus, bei dem das Publikum zum Gatekeeper wird und entscheiden kann, ob und welche Informationen aus der Medienberichterstattung weitergegeben werden. „In the audience channel, we see that the internet now allows anyone to become a gatekeeper by passing along news items and commenting on them in many web sites, such as *digg.com, reddit.com, YouTube*, and *Facebook*" (Shoemaker & Vos, 2009, S. 124, Hervorh. im Original).

> *Maries Vater Norbert, der beim ‚Lokalblatt' arbeitet, erhält durch ein Gespräch mit einem ehemaligen Nachbarn von Guttenberg neue Ideen zum Thema, die er in mehreren Beiträgen auf der Online-Plattform der Zeitung einfließen lässt (Source Channel). Außerdem greift er dafür eine von Guttenberg stammende Pressemitteilung auf (Media Channel). Peter, der sich entscheiden kann, ob er sich diese Beiträge ansieht, sie weiterverbreitet oder bewertet, führt dadurch auch eine Gatekeeping-Tätigkeit aus (Audience Channel) – selbst wenn er sich gegen diese Aktionen entscheidet: Die Bilderstrecke zum Beitrag findet er beispielsweise uninteressant, die schriftliche Ausarbeitung aber super, daher postet er nur diese auf seiner Facebook-Seite.*

Shoemaker und Vos (2009) unterscheiden im Rahmen des Gatekeeping-Prozesses also zwischen zwei Teilmechanismen: Einerseits der klassische, von Journalisten ausgeführte Teil des Prozesses, bei dem Inhalte generiert und veröffentlicht werden, die entweder durch den ‚Source Channel' oder den ‚Media Channel' zu ihnen gelangen. „The process starts with a variety of potential messages traveling through multiple channels to any of several types of communication organizations, such as a news service, a blog, a public relations agency, a newspaper, or a television network" (Shoemaker & Vos, 2009, S. 114). Ferner gibt es nun aber einen nachgeschalteten Teil des Prozesses, bei dem das Publikum entscheiden kann (‚Audience Channel'), ob und wie es die dargebotenen Informationen weiterverarbeitet; dies betrifft also die Entscheidung für oder gegen eine SN-Aktion. „Die Selektion geht [...] zum Teil schon weg von den bisherigen Journalisten hin zum Publikum,"[18] bestätigt auch Wolfgang Schweiger. Die kann sich nicht bloß auf journalistische Beiträge beziehen, sondern auch auf andere Medieninhalte.

> *Norbert ist als Journalist beim ‚Lokalblatt' ein klassischer (institutioneller) Gatekeeper. Marie hingegen schreibt mittlerweile regelmäßig ihr Blog. Manchmal bettet sie dabei gefundene Musikvideos oder Links zu anderen Blogs ein. In beiden Fällen fungiert Marie als nicht-institutioneller Gatekeeper, da sie Inhalte erstellt, selektiert und veröffentlicht.*

Die grundlegende Idee des von Lewin (1947) begründeten Gatekeeping-Konzepts bestand darin, dass eine Person, die als Gatekeeper fungiert, die Entscheidungen fällt, welche Informationen durch ein Medium veröffentlicht werden und welche nicht. Schon damals bezog er das Konzept des Gatekeepers gerade nicht auf Massenkommunikation, sondern hauptsächlich auf die Auswahl von Nahrungsmitteln in einem Haushalt; zentral waren die unterschiedlichen ‚Forces' (Kräfte) an jedem ‚Gate' (Tor), das von einem Gatekeeper kontrolliert wird. Diese Kräfte können das Durchschleusen eines Inhalts sowohl negativ als auch positiv beeinflussen (s. Kap. 3.1.6).

David Manning White (1950) untersuchte diese theoretischen Überlegungen bekanntlich erstmals in einer Studie, die die Gatekeeping-Annahme anhand der Beobachtung eines Zeitungsredakteurs bei der Auswahl von Beiträgen bestätigt. Es folgten weitere Studien, die das Verhalten und die Arbeit von Gatekeepern unter unterschiedlichen Prämissen untersuchen und an dieser Stelle nur aufgezählt werden können. Beispielsweise bezog die Studie von McNelly (1959) nicht nur den letztlichen Redakteur, sondern auch alle vorhergehenden Reporter als Gatekeeper in seine Forschung ein. Manche Studien konzentrierten sich auf den Gatekeeper als handelndes Individuum (Bass, 1969), während wieder andere ihn in seinem organisationalen und sozialen Kontext betrachteten (Gans, 1979; Tuchman, 1978).

Durch die Entwicklung des Internets muss sich das Gatekeeping-Konzept neuen Herausforderungen stellen, etwa: Wer ist Gatekeeper im Internet? Welche Aufgaben erfüllt er im Internet? Und: Gibt es überhaupt noch Gatekeeper, wenn jeder im Internet Inhalte veröffentlichen kann? So schätzt Girdwood (2009) den Einfluss des traditionellen Gatekeepers im Internet als stark eingeschränkt ein, weil es zu einer Verlagerung des Einflusses hin zum Nutzer kommt, der aus der schieren Menge an Informationen im Internet selbstständig selektiert. Da fast jede Information im Internet veröffentlicht

---

18   Experteninterview mit Prof. Dr. Wolfgang Schweiger am 28.01.2011.

werden kann, würden demzufolge Leistungen des klassischen Gatekeepings wie die Auswahl und die Platzierung der Inhalte immer weniger benötigt. In die gleiche Richtung zielen auch die Überlegungen von Bruns (2003; 2005). Der Nutzer, so die Argumetation, hat durch die gestiegene Interaktivität im Internet deutlich größere Möglichkeiten, sich aktiv an der Gestaltung von Inhalten zu beteiligen und diese selbst zu produzieren. Aus dieser neuen Konstellation ergibt sich nun Bruns' Begriff des ,Produsers' (Bruns, 2003; zu Deutsch der ,Produtzer'). Davon ausgehend scheint das klassische Gatekeeping-Konzept im Internet nicht mehr anwendbar, weshalb Bruns (2005) in diesem Zusammenhang den Begriff des Gatewatchings einführt:

> „The term *gatewatcher* is more appropriate than either „gatekeeper" or „librarian", therefore: they observe what material is available and interesting, and identify useful new information with a view to channelling this material into structured and up-to-date news reports which may include guides to relevant content and excerpts from the selected material" (S. 18, Hervorh. im Original).

Die Annahme ist hierbei, dass nur wenige Internetnutzer eine sehr aktive Rolle einnehmen (und z.B. ein eigenes Blog schreiben); allerdings sollten viele Internetnutzer diese Möglichkeiten der Interaktion zumindest gelegentlich nutzen.

Barzilai-Nahon (2005, 2006, 2008) entwickelte ein neues Konzept des Gatekeepings im Internet namens ,Network Gatekeeping Theory'. Dabei wird durch den höheren Interaktivitätsgrad im Internet insbesondere der tatsächliche und schnelle Rollentausch zwischen Gatekeeper und den ,Gated' genannten Rezipienten betont und die enger werdende Beziehung zwischen beiden hervorgehoben. Die Entität, die üblicherweise das Publikum darstellt, kann also auch am Gatekeeping-Prozess aktiv teilnehmen – beispielsweise durch eigene Produktion von Inhalten oder durch die Selektion bzw. Addition von Informationen zu bereits bestehenden Inhalten. Aufbauend darauf versteht Deluliis (2011) SN-Aktionen, wie Weiterleitungen oder Bewerten als Gatekeeping-Handlungen, die das journalistische Gatekeeping häufig in einem zweiten Schritt konkretisieren.

Rössler (1999; 2005) geht ebenfalls davon aus, dass sowohl klassisches Gatekeeping durch Journalisten als auch neue Formen des Gatekeepings durch Nutzer im Internet parallel ausgeführt werden: „Im Prinzip kann jeder im Netz etwas ,veröffentlichen' – aber nicht jeder, der etwas veröffentlicht, ist ein Journalist" (Rössler, 1999, S. 99). Es besteht also eine klare Trennlinie zwischen professionellen Journalisten und Nutzern, die im und für das Internet Inhalte produzieren.

Eine Befragung von Online-Kommunikatoren bestätigte diese Annahmen: Auch im Internet finden nach wie vor Selektionsprozesse durch Gatekeeper statt, die zum einen von Nutzern, und zum anderen von Journalisten ausgeführt werden. User-generated Content wird aus Sicht von Herausgebern und manchen Journalisten wichtiger, gleichzeitig jedoch auch argwöhnisch betrachtet (Witschge, 2012). Es kann also angenommen werden, dass es eine große Gruppe von nicht-institutionellen Nutzern gibt, die die Rolle des Gatekeepers einnehmen, während eine kleinere Gruppe von professionellen Journalisten weiterhin auf Basis der (aus älteren Studien bekannten) Gatekeeping-Prozesse arbeitet (Rössler, 2005). Auch Jan-Hinrik Schmidt bestätigte diese Entwicklung:

> „Diese Filterleistung, eben das Trennen des Relevanten vom Nicht-Relevanten, lässt sich auch rein faktisch gar nicht mehr allein von [...] einer vergleichsweise kleinen Gruppe von professionell ausgebildeten journalistischen Experten [leisten]. [...] Um sich noch in der Informationsvielfalt orientieren zu können, müssen eben andere Mechanismen hinzukommen und da ist Social Navigation oder Social Filtering eben ein Bestandteil."[19]

Diese Überlegungen zeigen, dass für ähnliche Gatekeeping-Prozesse unterschiedliche Begriffe (wie beispielsweise ‚Produtzer‘, ‚Network Gatekeeper‘ oder ‚Gatewatching‘) verwendet werden. Insgesamt aber geht die eingangs dieses Kapitels beschriebene Position von Shoemaker und Vos (2009) sowohl mit den Annahmen Rösslers (2005) als auch mit denen von Barzilai-Nahon (2005, 2006, 2008) einher. Sie knüpfen darüber hinaus eine direkte Verbindung zu SN, indem sie Bezug auf die niedrigere Schwelle für SN-Nutzung im Online-Bereich nehmen (s. Kap. 2.2):

> „People have often torn articles from newspapers and given them to family and friends, but this process was usually limited to handing or mailing one copy of a news item to one other person. Enthusiastic readers photocopied articles and sent news items to several people, but this involved more work on their part. In contrast, emailing an article to many people takes little effort – no physical activity beyond a few taps on the computer's keyboard" (Shoemaker & Vos 2009, S. 123).

Entsprechend verstehen wir neben der Generierung von Inhalten auch die Weitergabe, die Bewertung und die bloße Rezeption (durch das Hinterlassen von Footprints) eines Inhalts als Gatekeeping – auch wenn gerade die unintentionalen Social-Navigation-Aktionen nur schwer mit der landläufigen Auffassung von Gatekeeping vereinbar erscheinen.

Um die Entscheidungswege im Rahmen von Gatekeeping-Prozessen genauer untersuchen zu können, unterteilten Shoemaker und Vos (2009) ihre Analyse in fünf Ebenen: (1) die Individualebene, (2) die Kommunikations-

---

19   Experteninterview mit Dr. Jan-Hinrik Schmidt am 08.02.2011.

routinen, (3) die Organisationsebene, (4) die soziale Institution und (5) das soziale System.

(1) Für die Modellierung eines SN-Prozesses auf Mikroebene spielt vor allem die *Individualebene* eine Rolle, auf der sich der nicht-institutionelle Gatekeeper selbstständig für bzw. gegen eine SN-Aktion entscheidet. Jedes Individuum schätzt Inhalte unterschiedlich ein und lässt sein eigenes Wissen und Denken in den Entscheidungsprozess einfließen: „People perceive events as more or less newsworthy, which causes them to select and pass along information about them" (Shoemaker & Vos, 2009, S. 121). In diesem Zusammenhang benennen die Autoren verschiedene Herangehensweisen (‚Decision-making strategies'), um die individuellen Entscheidungsprozesse des Gatekeepers zu erklären.

Bei der theoretischen Betrachtung auf der Meso-Ebene (s. Kap. 3.2) von SN sind die zweite und dritte Ebene von Bedeutung, auf der Makro-Ebene (s. Kap. 3.3) Teilaspekte der beiden restlichen Ebenen.

(2) Das zweite Level behandelt die *Kommunikationsroutinen*, die beim Gatekeeping wirken. Routinen werden hierbei als „patterned, routinized, repeated practices" (Shoemaker & Reese, 1996, S. 105) betrachtet, welche in der Regel durch drei Faktoren zustande kommen: die Orientierung an den Konsumenten, die Arbeit mit externen Quellen und die Organisationskultur. Alle diese Faktoren spielen bei der täglichen Arbeit von professionellen Journalisten eine wichtige Rolle. Im Rahmen von SN sind dementsprechend die Orientierung am Kommunikationspartner sowie die Kultur der Sozialen Gruppe von Bedeutung (s. Kap. 3.2), die auch beim nicht-institutionellen Gatekeeper die vorhandenen Routinen beeinflussen können.

(3) Jede *Organisation* hat bestimmte Normen und Werte, die auch von den Mitarbeitern eingehalten und nach außen getragen werden müssen. Dieses scheint jedoch nur bei institutionellen Gatekeepern relevant, da nur diese in eine ihre Gatekeeping-Tätigkeiten beeinflussende Organisation eingebunden sind; bei SN kann die Soziale Gruppe an die Stelle der Organisation treten.

Die vierte angeführte Ebene ist die der (4) *sozialen Institutionen*, bei dem Größen wie das Publikum, Werbekunden, Quellen oder Interessensgruppen Einfluss auf die Organisation nehmen. Und (5) schließlich beinhaltet die Ebene des *sozialen Systems* Aspekte wie die Kultur, in der man lebt, aber auch die resultierende Medienberichterstattung in ihrer Gesamtheit, gesellschaftliche Thematisierungsprozesse oder die ‚Öffentliche Meinung'.

In einer ersten, vereinfachten Zusammenführung von Gatekeeping-Logik und DTA (s. Kap. 3.1) lässt sich unser erster Schritt bei der Modellierung des SN-Prozesses auf Mikroebene wie in Abbildung 6 visualisieren.

Abbildung 6: Modellierung des SN-Prozesses auf Mikroebene, erste Stufe

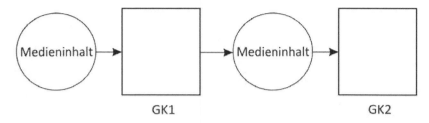

Quelle: Eigene Darstellung

Diese Annahme korrespondiert mit dem ‚Audience Channel' nach Shoemaker und Vos (2009), da hier bereits ein Medieninhalt vorhanden ist. Die Rolle des professionellen Kommunikators nach Früh und Schönbach (1982; Schönbach & Früh, 1984), der meist in eine Institution eingebunden ist, bleibt zwar prinzipiell erhalten; die vorliegende Betrachtung steigt jedoch zeitlich eine Stufe später ein als der traditionelle Gatekeeping-Prozess: Der vom Kommunikator produzierte Medieninhalt ist bereits veröffentlicht und dient als Ausgangspunkt der vorliegenden Modellierung. Der Medieninhalt trifft dabei auf einen Nutzer, der mit seiner Selektion zugleich zum Gatekeeper im ‚Audience Channel' wird. Der Medieninhalt kann anschließend durch verschiedene SN-Aktionen auf weitere Nutzer treffen, die dann selbst wiederum zu Gatekeepern werden. Die nächsten Abschnitte verdeutlichen, welche Entscheidungsprozesse im ersten Gatekeeper ablaufen, nachdem er einen Medieninhalt wahrgenommen hat, und welche Konsequenzen seine unterschiedlichen Handlungsoptionen auf SN-Prozesse zeitigen können.

3.1.3 Intratransaktionen

Dem DTA zufolge kommt es während eines Kommunikationsprozesses zu einem Abgleich von Aktivation und Wissen innerhalb der jeweiligen Interaktionspartner, was als Intratransaktion bezeichnet wird.

Aktivation

Aktivation umfasst nach Früh (1991) physiologische Erregung ebenso wie affektive bzw. emotionale Faktoren (z.B. Bewertung, Betroffenheit oder Bedürfnisse). Aktivation ist den Intratransaktionen zunächst als „Befindlichkeiten des Rezipienten, die durch andere, der Rezeptionssituation externe Faktoren erzeugt wurden" (Früh, 1991, S. 64) vorgeschaltet. Bildet sich die

Aktivation erst während der Rezeption heraus, ist sie den Intratransaktionen zuzuordnen, wo sie sich im Verlauf verändern kann. Eine Aktivation kann zum einen extrinsisch (z.B. über die besonderen Eigenschaften des Medieninhalts), zum anderen intrinsisch erfolgen (z.B. wenn ein hohes Interesse am Medieninhalt besteht). Bezüglich SN erscheint vor allem das Interesse am Medieninhalt bzw. am jeweiligen Interaktionspartner, also dessen Bedürfnissen eine Rolle, während Aufmerksamkeit eine Grundvoraussetzung für die Rezeption eines Medieninhalts und damit die nachfolgende Ausführung einer SN-Aktion darstellt.

> *Marie entdeckt auf Spiegel Online einen Aufmacherbeitrag über Guttenberg. Da sie sich für dieses Thema sehr interessiert, ist ihre Aktivation hoch und sie klickt den Beitrag an. Während des Lesens ruft allerdings Peter an, woraufhin ihre Aufmerksamkeit für den Beitrag sinkt und sie die Rezeption verschiebt.*

Wissen

Ebenso wie die Aktivation stellt das Wissen im DTA eine Voraussetzung für Intratransaktionen und deren Ablauf dar. Nach Früh (1991) sind unter ‚Kognition' diverse Arten des Wissens zu verstehen, so beispielsweise Fakten-, Struktur- oder Hintergrundwissen, semantisches Wissen, deklaratives oder prozedurales (bzw. operatives) Wissen sowie themenspezifisches Wissen und themenunabhängiges Allgemeinwissen. Für die durch SN geprägte Kommunikationssituation scheinen vor allem (1) Beziehungswissen, (2) inhaltliches Wissen und (3) prozedurales Wissen ausschlaggebend.

(1) Aufgrund der sozialen Komponente von SN besitzt das *Beziehungswissen* eine entscheidende Bedeutung, wenn Medieninhalte gezielt im Freundeskreis navigiert werden. Es geht hierbei zum einen um allgemeines Beziehungswissen, also um gewisse Normen und ein Verständnis davon, wie man sich in Beziehungen verhält, und zum anderen um spezifisches Beziehungswissen – letzteres bedeutet, dass man die potentiellen SN-Interaktionspartner kennt und weiß, wie man sich ihnen gegenüber verhalten soll.

(2) *Inhaltliches Wissen* umfasst sowohl Allgemeinwissen als auch spezifisches Wissen, das zur Auseinandersetzung mit dem jeweiligen Medieninhalt notwendig ist; insbesondere im Fall von Kommentierungen und Bewertungen gewinnt dies an Relevanz.

(3) *Prozedurales Wissen* hingegen bezieht sich speziell auf das technische Know-how, das für die Ausführung von SN sowie für die Nutzung von sozial navigierten Inhalten notwendig ist. Bei unintentionaler SN, die durch Algorithmen gesteuert wird, ist diese Form des Wissens unerheblich; und

insgesamt ist davon auszugehen, dass aufgrund der zunehmend vereinfachten Möglichkeit zur SN, etwa aufgrund von Buttons oder Kommentarfeldern unmittelbar in der Nähe des Artikels, das prozedurale Wissen nur noch wenig Einfluß besitzt.

> *Als Politikstudentin hat Marie ein großes inhaltliches Wissen angesammelt. Sie kennt sich mittlerweile mit dem Fall Guttenberg und auch mit Wissenschaftsethik aus und kann einen Medieninhalt, der dies thematisiert, dementsprechend gut einordnen. Sie ist mit dem Internet aufgewachsen und kann daher auch mit seinen technischen Optionen gut umgehen. Da sie Peter gut kennt und zudem weiß, dass Wissenschaftsethik für ihn eine große Rolle spielt, ist es wahrscheinlich, dass sie ihm einen Spiegel Online-Beitrag über Guttenberg weiterleitet.*

Abgleich von Aktivation und Wissen

Die Aktivation fördert die Aufnahme von Informationen aus dem Medieninhalt. Diese werden dabei vor dem Hintergrund des bestehenden Wissens vom Individuum evaluiert und eingeordnet. Aktivation und Wissen verändern sich in einem oszillatorischen Prozess; d.h.: sie transagieren. Das bedeutet wiederum, dass das bereits vorhandene Wissen einen Einfluss auf die Aktivation hat, die Aktivation aber gleichzeitig den Zugriff auf bestehendes Wissen, die Wissensaufnahme und die Veränderung des Wissensbestandes beeinflusst: „Rezeptionsfähigkeit und Rezeptionsbereitschaft transagieren: Wissen steigert Motivation, Motivation steigert Wissen. Dieser simultane Wechselwirkungsprozeß erhöht die Chance, relevante Informationen wahrzunehmen und effektiver zu verarbeiten" (Früh & Schönbach, 1982, S. 85). Ursache und Wirkung fallen zusammen, was jedoch nicht bedeutet, dass das Prinzip der Kausalität gänzlich aufgegeben werden muss. Schönbach und Früh (1984) verdeutlichen: „Auch unser Modell postuliert kausale Zusammenhänge, also a) die zeitliche Aufeinanderfolge bestimmter Ereignisse, von denen b) die früher vorhandenen spätere erzeugen, verändern oder an der Veränderung hindern" (S. 315).

> *Marie leitet also den Beitrag an Peter weiter, da sie weiß, dass das Thema ihn interessiert und er von ihr erwartet, dass sie ihm einen solchen Beitrag zukommen lässt. Peter ist also motiviert, den Beitrag zu lesen und weiß bereits einiges über das Thema. Aktivation und Wissen fallen für Peter bei diesem Beitrag zusammen und werden durch die Lektüre weiter gesteigert. Er sucht daraufhin nach weiteren Beiträgen zu diesem Thema.*

Für die Modellierung von SN bedeuten Intratransaktionen zusammengefasst Folgendes: Trifft ein Medieninhalt auf den ersten Gatekeeper, findet bei diesem ein Abgleich zwischen Aktivation und Wissen (also die sogenannten Intratransaktionen) statt, wodurch es letztendlich zu einer Entscheidung für oder gegen eine SN-Aktion kommt. Dies lässt sich folgendermaßen veranschaulichen:

Abbildung 7: Modellierung des SN-Prozesses auf Mikroebene, zweite Stufe

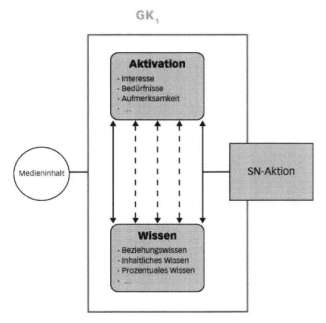

Quelle: Eigene Darstellung in Anlehnung an Früh & Schönbach, 1982

Der Abgleich von Aktivation und Wissen geschieht fortlaufend, bis eine Entscheidung für oder gegen eine SN-Aktion erfolgt ist. Dabei fallen hier die Selektion und Rezeptionsentscheidung eines Medieninhalts mit der Entscheidung zusammen, eine SN-Aktion durchzuführen. Denn eine Voraussetzung für die SN-Aktion sind natürlich die Selektion und Rezeption eines Medieninhaltes: „Innerhalb der Selektionsphase versucht ein Nutzer einen Medieninhalt zu finden, der seinen Bedürfnissen entspricht" (Schweiger, 2007, S. 160). Bei der Entscheidung für oder gegen eine SN-Aktion werden aber nicht nur die eigenen Bedürfnisse evaluiert, sondern zusätzlich auch die Bedürfnisse anderer Personen reflektiert. Die Nutzungsentscheidung hinsichtlich eines Medieninhaltes lässt sich analytisch also kaum von der Entscheidung trennen, eine SN-Aktion durchzuführen. Dies liegt nicht nur daran, dass (1) später auch eine Rezeption des Medieninhaltes nur schwer von der Rezeption der zugehörigen SN-Informationen zu differenzieren ist, sondern sich außerdem (2) die Motive, den Medieninhalt zu nutzen, mit den Motiven überschneiden können, einen Medieninhalt weiterzuleiten.

> *Wenn Marie einen Beitrag über Guttenberg für sich während der Rezeption als positiv evaluiert und sie ihn liest, weil viele für sie wichtige Informationen enthalten sind, könnte dies dazu führen, dass sie den Beitrag auch an andere weiterleitet, eben weil dieser so viele Informationen enthält.*
>
> *Marie könnte jedoch auch einen Beitrag nur lesen, weil sie weiß, dass die Argumente des Beitrags für Peter interessant sein könnten. In diesem Fall liest sie den Beitrag nur, um ihn später an Peter weiterzuleiten, ohne dass sie selbst ein sehr großes Interesse an diesem Thema hatte.*

3.1.4 Intertransaktionen

Neben den Intratransaktionen kommt es auch zwischen den beiden Gatekeepern sowie zwischen jedem Gatekeeper und dem Medieninhalt zu einer Transaktion. Der Medieninhalt „setzt [dabei] die diversen Interpretationsprozesse [Intratransaktionen] [...] in Gang und steuert sie" (Früh & Schönbach, 1982, S. 78). Das subjektive Verständnis des Medieninhalts verändert sich (trotz seines gleichbleibenden Informationsgehalts) im Verstehensprozess fortlaufend durch eben jene Interpretationsprozesse. Medieninhalt und Rezipient transagieren, es handelt sich hierbei folglich um eine Intertransaktion. „*Inter*-Transaktionen sind imaginäre oder reale Interaktionsprozesse zwischen Kommunikator und Rezipienten, im Falle medialer Kommunikation meist vermittelt über die Medienbotschaft" (Schönbach & Früh, 1984, S. 315, Hervorh. im Original). Darunter fallen sowohl das Para-Feedback, d.h. die gegenseitigen Vorstellungen der Kommunikationsteilnehmer voneinander, als auch weitere Feedback-Prozesse.

Mögliche SN-Aktionen

Bevor wir auf die verschiedenen Arten der Intertransaktion eingehen, betrachten wir die SN-Aktionen innerhalb des DTA etwas näher. Diese stellen den Ausgangspunkt der Intertransaktionen dar und lassen sich, wie bereits erwähnt (s. Kap. 2.3), in intentionale oder unintentionale SN-Aktionen aufteilen (s. Abb. 8).

Abbildung 8: Modellierung des SN-Prozesses auf Mikroebene, dritte Stufe

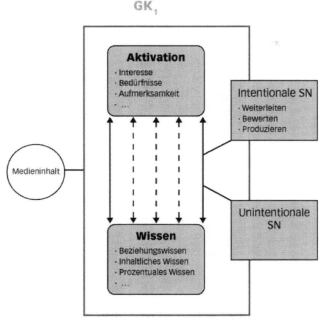

Quelle: Eigene Darstellung in Anlehnung an Früh & Schönbach, 1982

Wird ein Medieninhalt lediglich rezipiert, spricht man vom Lurker (L; s. Tab. 3), der sich in dieser Situation durch seine Passivität auszeichnet: „A small number of participants contribute. A much larger number remain receivers. Often, reticent receivers are named ‚lurkers'" (Rafaeli, Raban & Kalban, 2005, S. 72). Aus dieser SN-Aktion entstehen dann lediglich Footprints; es handelt sich hierbei also um unintentionale SN. Je nach Aufbereitung können sich aber andere Nutzer genauso daran orientieren. Da die Rezeption eine Voraussetzung für weitere SN-Aktionen darstellt, hinterlässt jeder Gatekeeper Footprints und somit SN-Informationen, kann darüber hinaus jedoch auf verschiedene Arten mit dem Medieninhalt umgehen: Er kann ihn bewerten, weiterleiten, etwas dazu produzieren oder eine Kombination dieser Optionen wählen, bei denen es sich jeweils um intentionale SN handelt.

Es können also verschiedene Einzelaktionen oder Kombinationen dieser Aktionen ausgeführt werden: Prototypisch rezipiert und bewertet ein Bewerter (B) einen Medieninhalt, wohingegen ein Weiterleiter (W) einen Inhalt neben der Rezeption weiterleitet und ein Produzent (P) einen neuen Inhalt erstellt, wobei er auf den rezipierten Medieninhalt Bezug nimmt.

Tabelle 3: Übersicht über SN-Aktionen

	L	B	W	P	$K_{B/W}$	$K_{B/P}$	$K_{W/P}$	$K_{B/W/P}$	
Rezipieren	X	X	X	X	X	X	X	X	un-intentional
Bewerten		X			X	X		X	
Weiterleiten			X		X		X	X	intentional
Produzieren				X		X	X	X	

L = Lurker, B = Bewerter, W = Weiterleiter, P = Produzent
K = Kombination der SN-Aktionen

Quelle: Eigene Darstellung

Marie postet erneut einen Spiegel Online-Beitrag auf Facebook (entspricht W). Dieser wird nun u.a. in der Timeline ihres Vaters Norbert, ihrer Cousine Lisa und in der von Peter angezeigt, da dort die aktuellen Aktivitäten der Freunde dargestellt werden. Lisa interessiert sich für alles, was Marie postet und schaut sich den Beitrag deshalb an. An sich kann sie aber nicht viel mit dem Thema anfangen, daher beschäftigt sie sich nicht weiter mit dem Beitrag (entspricht L). Allerdings führt schon allein ihre Rezeption dazu, dass der Beitrag höhere Klickzahlen erhält, die bei Spiegel Online ausgewiesen werden. Norbert interessiert der Beitrag schon eher, er entscheidet sich dazu, „Sehr interessant, Marie" unter den Post zu schreiben (entspricht B). Maries Mutter sieht dies und meint, dass der Beitrag Maries Tante interessieren könnte, die nicht bei Facebook angemeldet ist und schickt ihr den Beitrag mitsamt positiver Bewertung per E-Mail (entspricht $K_{B/W}$). Maries Mitbewohner übernimmt den Beitrag in sein Blog und schreibt ein längeres Statement dazu (entspricht $K_{W/P}$). Ein anderer Freund von Marie klickt zunächst auf den ‚Gefällt mir'-Button und führt dann noch eigene Argumente direkt unter dem Post im Kommentarfeld an, wobei er Bezug auf die Inhalte des Beitrages nimmt (entspricht $K_{B/P}$). Peters Bruder diskutiert hingegen das Für und Wider der Aberkennung des Doktorgrades in Folge der Plagiatsaffäre in einem längeren Kommentar zu einem Artikel auf Facebook (entspricht P). Zuletzt führt Peter sämtliche Aktivitäten aus, indem er auch einen längeren Kommentar schreibt, auf den ‚Gefällt mir'-Button klickt und dazu noch den Beitrag mit Anderen ‚teilt' (entspricht $K_{B/W/P}$).

Insgesamt stehen dem Gatekeeper also acht verschiedene Kombinationen von SN-Aktionen zur Auswahl, die allesamt zumindest eine unintentionale

Komponente aufweisen. Hinzuzufügen ist jedoch, dass Gatekeeper 1 zunächst, wenn er auf den Medieninhalt stößt, durchaus nur eine SN-Aktion
ausführen und erst zu einem späteren Zeitpunkt eine weitere hinzufügen
kann. SN wird durch Kaskaden von Inter-und Intratransaktionen bestimmt;
die Art einer SN-Aktion ist für einen Beitrag und eine Person nicht einmalig
determiniert.

Ausgehend von den einzelnen SN-Aktionen finden im Anschluß, wie bereits erwähnt, verschiedene Intertransaktionen statt, die die nachfolgende
Modellstufe (s. Abb. 9) verdeutlicht.

Abbildung 9: Modellierung des SN-Prozesses auf Mikroebene, vierte Stufe

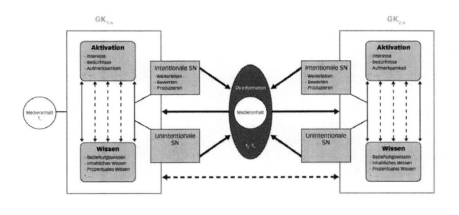

Quelle: Eigene Darstellung in Anlehnung an Früh & Schönbach, 1982

Durch die genannten SN-Aktionen wird der Medieninhalt mit SN-Informationen ‚angereichert'. Je nach technischer Konfiguration werden die Handlungen in eine SN-Information transformiert, d.h. sie werden z.B. verrech-
net oder sogar durch bestimmte Mechanismen anders visualisiert oder nicht-
transformiert (also 1:1) angezeigt (s. Kap 2.4). Die SN-Informationen haften
nun dem Medieninhalt an, der auf Gatekeeper 2 trifft. Dieser rezipiert somit
nicht nur den eigentlichen Inhalt, sondern ebenso diese SN-Informationen.

Gatekeeper 2 entspricht im Wesentlichen Gatekeeper 1, worin sich das
SN-Modell von der klassischen DTA Konstellation unterscheidet, die noch

Kommunikatoren und Rezipienten kannte und die (seltenen) Rollenwechsel lediglich über Feedback-Optionen modellierte. Zwar handelt es sich bei Gatekeeper 2 um eine andere Person, jedoch findet hier analog der aus Selektions- und Rezeptionsphasen bestehende Prozess statt, ebenso wie der ständige Abgleich von Aktivation und Wissen. Er kann sich im Anschluss ebenfalls entscheiden, ob er in Bezug auf diesen Medieninhalt auch eine SN-Aktion ausführt, woraufhin der Medieninhalt auf einen oder mehrere weitere, potentielle Gatekeeper trifft (GK 3-n) oder in Form von Feedback erneut für den Gatekeeper 1 ersichtlich ist.

> *Der genannte Beitrag über Guttenberg ist durch die Ausführung der verschiedenen SN-Aktionen nun mit zwei ‚Daumen hoch‘ und einigen Kommentaren versehen. Dies wird durch weitere Facebook-Freunde registriert, bei denen der Beitrag nun auch in der Timeline erscheint.*

Auch bei Gatekeeper 2 ist ein gewisser Grad an Aufmerksamkeit bei der Rezeption von Beiträgen und der Ausführung von SN-Aktionen notwendig; allerdings kann davon ausgegangen werden, „dass Menschen eine kürzere ‚attention span‘ [haben, d.h.] sie sind für kürzere Zeit aufmerksam [...]. [Die Aufmerksamkeit] richtet sich [deshalb] vor allem auf Artikel, die von Freunden oder Bekannten weitergeleitet werden.“[20] In diesem Zusammenhang stellt SN einen positiven Faktor dar, der den Aufwand bei der Selektion von Medieninhalten verringert.

> *Marie schätzt Spiegel Online generell sehr, daher schaut sie sich meist die Aufmacherbeiträge an. Da es sich dieses Mal beim ersten Beitrag thematisch um Guttenberg handelt, ist sie besonders interessiert und motiviert, den Beitrag aufmerksam zu lesen. Peter mag Spiegel Online generell weniger. Wenn er jedoch einen Beitrag dieser Seite von Marie erhält, ist sein Interesse durch die persönliche Weiterleitung größer.*

Die einzelnen SN-Aktionen lassen sich wie ausgeführt (s. Kap. 2.3) in Push- und Pull-Aktionen unterteilen: Gatekeeper 2 kann den Medieninhalt ohne eigenes Zutun erhalten (Push-Aktion), oder er muss ihn sich aktiv suchen (Pull-Aktion). Auch alle anderen genannten Beschreibungsdimensionen von SN-Aktionen haben einen Einfluss auf die Rezeption des Medieninhalts, da sie je nach Implementierung und spezifischer Umsetzung ein höheres oder geringeres Aktivationsniveau benötigen um rezipiert zu werden oder ein anderes Interaktivitätsniveau ermöglichen, was dann wiederum die Orientierung an solchen Informationen beeinflusst.

---

20   Experteninterview mit Florian Leibert am 04.02.2011.

Feedback

Früh und Schönbach (1982) führten in ihrem Modell den Begriff des Feedbacks ein, der u.a. die Verbindung zwischen den beiden Kommunikationsteilnehmern beschreibt. Aus Sicht der „Massenkommunikation gibt es in der Regel keine unmittelbaren Feedback-Prozesse; hier sind sie vielmehr indirekt und imaginär" (S. 80). Ihnen zufolge dominierte das indirekte Feedback, das – bezogen auf die massenmediale Kommunikation – aus „Erfolgskontrollen für Journalisten wie etwa Einschaltquoten, Verkaufserfolg, Leser-/Hörerzuschriften" (ebd.) und weiteren Reaktionen bestehen kann. Wird diese Überlegung an die aktuellen Bedingungen und Möglichkeiten der interpersonalen (computervermittelten) Kommunikation angepasst, muss die Idee des alleinigen indirekten Feedbacks offenkundig überdacht werden: Zwar erlaubt SN solche Feedbackformen sogar direkt und quantifizierbar (z.B. in Form von Klickzahlen, Bewertungen oder der Anzahl von Kommentaren und Weiterleitungen); jedoch müssen entgegen der ursprünglichen Annahme von Früh und Schönbach (1982) vermehrt auch wechselseitige Feedbackprozesse zwischen den Gatekeepern berücksichtigt werden, etwa in Form von E-Mails oder Kommentaren. Durch diese technischen Optionen des Internets, die den Alltag von Usern längst durchdrungen haben, erhält das Feedback bei der Modellierung von SN einen deutlich höheren Stellenwert als noch in der ursprünglichen Konzeptionierung des DTA bei Früh und Schönbach (1982). Diese Überlegung bestätigt auch Jan-Hinrik Schmidt:

> „Es liegt einfach nahe, das, was zum Beispiel über die Kommentare, über das Weiterleiten, über das Retweeten, über das Liken usw. passiert, das als Anschlusskommunikation zu sehen [...], dass Menschen Medienangebote nehmen und [...] sie nicht nur passiv rezipieren, sondern sie auch wieder nutzen um Konversation in ihrem sozialen Umfeld zu führen."[21]

Durch verschiedene Feedback-Prozesse ist durchaus denkbar, dass Medienstimuli eine ‚Karriere' im Bewusstsein der Rezipienten durchlaufen (Schönbach & Früh, 1984), d.h. zu verschiedenen Zeitpunkten unterschiedlich interpretiert werden können (s. Kap. 3.1.1).

Integriert man diese Überlegungen in das vorliegende Modell des SN-Prozesses, kann Gatekeeper 1, der einen Medieninhalt an Gatekeeper 2 navigiert, von diesem ein Feedback erhalten. Dies kann im Sinne der klassischen Anschlusskommunikation (Sommer, 2010) offline oder online erfolgen, oder wieder über SN-Aktionen selbst ausgedrückt werden. Der Medieninhalt wird auf diese Weise noch zusätzlich mit SN-Informationen angereichert, wodurch er unter Umständen weitere Gatekeeper erreicht.

---

21   Experteninterview mit Dr. Jan-Hinrik Schmidt am 08.02.2011.

Außerdem kann das Gatekeeper 1 gegebene Feedback Folgen für dessen nächste SN-Entscheidungen zeitigen, denn es beeinflusst sein Beziehungswissen. Er weiß nun genauer, was dem anderen gefällt oder nicht, ob Gatekeeper 2 generell Interesse an SN-Informationen von ihm hat – oder trägt sogar dazu bei, dass Gatekeeper 1 überhaupt noch sozial navigiert.

> *Peter kann Marie also in der Mensa der Universität auf den Beitrag von Spiegel Online über Guttenberg ansprechen, oder aber er gibt ihr Feedback über SN-Aktionen. Seine positive Bewertung kann (ebenso wie eine Produktion) als Feedback gewertet werden. Peter gibt dieses Feedback erstens, weil er den Beitrag interessant findet und seine Meinung kundtun will; und zweitens, weil er Marie eine Rückmeldung geben möchte. Marie freut sich über das Feedback von Peter und fühlt sich darin bestätigt, ihm auch weiterhin Beiträge über Guttenberg weiterzuleiten.*

Para-Feedback

Darüber hinaus adressiert das sogenannte Para-Feedback die imaginären „Vorstellungen, Vorannahmen, Erwartungen und Vorurteile, die Kommunikator wie Rezipient auf den Kommunikationsvorgang beziehen" (Früh & Schönbach, 1982, S. 80). Sie wirken zu jedem Zeitpunkt des Kommunikationsvorgangs, teilweise sogar bevor dieser überhaupt beginnt. Diese Vorstellungen und Vermutungen über den Anderen basieren dabei auf den Eigenschaften der Beziehung und der gemeinsamen Geschichte sowie auf der Einschätzung der eigenen Position zum Anderen, und stehen damit in direktem Zusammenhang mit dem spezifischen Beziehungswissen (s. Kap. 3.1.3).

Früh und Schönbach (1982) betonen weiterhin, dass das Para-Feedback relativ separat vom tatsächlichen Kommunikationsvorgang besteht und als Wirkungskomponente und Intertransaktion zeitlich unabhängig betrachtet werden kann. Das heißt: Zunächst losgelöst vom tatsächlichen Kommunikationsvorgang besteht eine Vorstellung über den Anderen, die eine Person bei all ihren Handlungen leitet. Als Spezialfall des Para-Feedbacks wären hier auch die Vorstellungen (Hartmann & Dohle, 2005) zu nennen, die die Rezipienten eines dispersen Publikums voneinander haben und einen Einfluss auf die kommunikativen Prozesse ausüben können. Auch im Fall von SN spielen sowohl das Selbst- als auch das Fremdbild – und das (vermutete) auf sich bezogene Bild des Anderen auf beiden Seiten – bei der Entscheidung über eine SN-Aktion eine wichtige Rolle; sie haben Auswirkungen auf die Erwartungen, die im Rahmen von SN aneinander gestellt werden. So ist das Para-Feedback schon im Vorfeld einer Weiterleitung relevant, wenn sich Gatekeeper 1 überlegt, wie wohl ein Feedback des nächsten Gatekeepers aussehen könnte und er dessen Reaktion antizipiert. Die Überlegung beeinflusst die Entscheidung, ob und wie eine SN-Aktion ausgeführt wird.

> *Peter gibt auch Feedback zu einem Beitrag, der ihn eigentlich nicht interessiert, da er weiß, dass Marie seine Reaktion wichtig ist. So schreibt er, um ihr eine Freude zu machen, selbst unter ihren Link über Germany's Next Topmodel einen Kommentar.*

Beziehungsebene

Sowohl Intertransaktionen durch SN-Aktionen als auch das Feedback und Para-Feedback sind der Beziehungsebene zwischen den zwei Gatekeepern zuzuordnen. Diese wird jedoch häufig nicht nur durch SN geprägt, da sich gerade die Gatekeeper in Online-Netzwerken oft auch außerhalb des Internets kennen. Außerdem können auch im Netz Kontakte oder Kommunikationssituationen jenseits von Medieninhalten ablaufen. Daher führen wir (in Abgrenzung zum ursprünglichen Modell des DTA für den Massenkommunikationsprozess) in unserem Modell (s. Abb. 10) eine Beziehungsebene ein, die SN-Handlungen, das Para-Feedback und das Feedback einschließt.

Abbildung 10: Modellierung des SN-Prozesses auf Mikroebene, fünfte Stufe

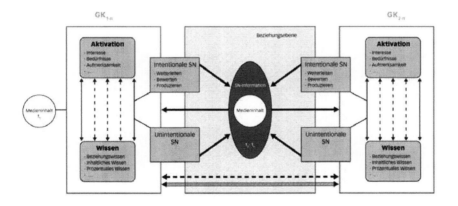

Quelle: Eigene Darstellung in Anlehnung an Früh & Schönbach, 1982

Neu hinzu kommen ferner die Kommunikationskontakte jenseits von SN, die im ursprünglichen DTA gänzlich ungewöhnlich sind, weil die hierarchische Distanz zwischen dem Kommunikator als klassischer Medienfigur und dem Rezipienten so groß war, dass meist keine Kontakte über das Kommunikat hinaus bestanden. Die Kommunikationssituationen ohne SN, die SN-Aktionen, das Feedback und das Para-Feedback beeinflussen sich nun gegenseitig innerhalb der Beziehungsebene, weshalb diese besonders wichtig für die Erklärung des Phänomens SN ist, was auch Schnorf (2008) bestätigt: „[...] Beziehungseigenschaften bieten Erklärungsansätze für die Weiterleitung und somit für die schnelle Verbreitung solcher Mitteilungen" (S. 106).

Marie verschickt den Beitrag über Guttenberg eher an Peter als an andere Personen, da sie ihn sehr gut kennt, weil sie in ihrer Freizeit schon viel miteinander gemacht haben. Peter hingegen nutzt die von Marie weitergeleiten Beiträge u.a. auch, damit er sich mit Marie beim Kaffee darüber austauschen kann.

3.1.5 Persönlichkeit und Motive des Gatekeepers

Sowohl die Intra- als auch die Intertransaktionen werden im Verlauf des SN-Prozesses von verschiedenen Größen beeinflusst. Dazu zählen neben der Persönlichkeit des Gatekeepers auch dessen Motive sowie weitere Einflussfaktoren.

Persönlichkeit des Gatekeepers (Meinungsführerschaft)

Die Persönlichkeit, im Modell auf der sechsten Stufe (s. Abb. 11) durch die grau hinterlegte Fläche verdeutlicht, übt sowohl einen Einfluss auf die Intratransaktionen der einzelnen Gatekeeper aus, als auch auf die Intertransaktionen zwischen ihnen sowie zwischen ihnen und dem Medieninhalt.

Bei der Persönlichkeit des Gatekeepers erscheint die Meinungsführerschaft von besonderer Wichtigkeit,[22] da sich Meinungsführer durch eine verstärkte Informationsübermittlung auszeichnen: „Compared with followers, opinion leaders are not only more active transmitters of word of mouth, they also receive more information of impersonal sources, that is, from

---

22   Über die Meinungsführerschaft hinaus könnten in einer Kommunikationssituation aufgrund von SN weitere Persönlichkeitsmerkmale eine Rolle spielen, auf die hier nicht näher eingegangen werden kann.

opinion leaders" (Arndt, 1967, S. 238).[23] Es lässt sich daher annehmen, dass Meinungsführer auch vermehrt SN-Aktionen einsetzen, um Informationen zu verbreiten. Diese Idee stützt eine Studie von Schenk und Scheiko (2011), wonach Meinungsführer im Internet stärker partizipieren und mehr produzieren. Die motivationalen Aspekte der Meinungsführerforschung korrespondieren außerdem mit Motiven des Gatekeepers (s. Kap. 3.1.5).

Abbildung 11: Modellierung des SN-Prozesses auf Mikroebene, sechste Stufe

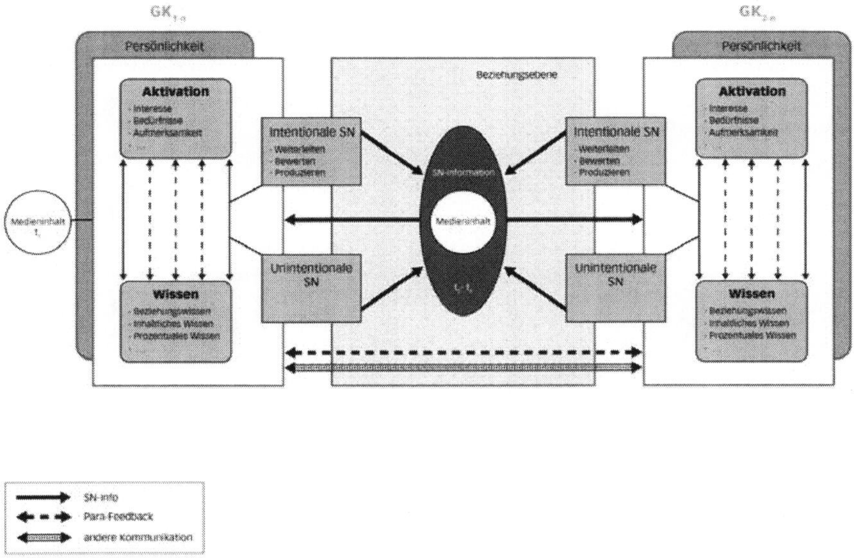

Quelle: Eigene Darstellung in Anlehnung an Früh & Schönbach, 1982

Der Begriff des Meinungsführers wurde zunächst im Rahmen der Studie ‚The People's Choice' folgendermaßen definiert: „[I]n every area and for every public issue there are certain people who are most concerned about

---

23   Die Schlagworte ‚Word-of-Mouth' (WOM) bzw. des electronic Word-of-Mouth (eWOM) und des viralen Marketings kommen aus der Betriebswirtschaftslehre und bezeichnen Konzepte, die auf einer Absatzförderung durch Formen von SN beruhen. WOM meint hier nichts anderes als Mund-zu-Mund-Propaganda, eine sehr wirksame Möglichkeit der persuasiven Kommunikation (Pfeil, 2009; Henning-Thurau, Gwinner, Walsh & Gremler, 2004). Ziel ist es, die Bekanntheit und den Absatz eines Produktes oder einer Dienstleistung durch eine Verbreitung zu fördern, die epidemische Züge trägt (daher viral) und über das Gespräch der Konsumenten untereinander abläuft. Dieses Empfehlungsmarketing ist keineswegs neu, erfährt aber vor allem in den sozialen Netzwerken im Internet neue Beachtung, ohne dass dieses produktbezogene Konzept hier vertieft würde.

the issue as well as most articulate about it. We call them the ‚opinion leaders‘" (Lazarsfeld, Berelson & Gaudet, 1944, S. 49). Dies impliziert bereits, dass Meinungsführerschaft keine feststehende Eigenschaft ist, sondern in Bezug auf eine Situation und ein Thema gebildet wird (Dressler & Telk, 2009).[24]

Eine weitere zentrale Erkenntnis aus der Studie von Lazarsfeld, Berelson und Gaudet (1944) war die Formulierung des sogenannten ‚Two-Step Flow of Communication‘: „This suggests that ideas often flow *from* the radio and print to the opinion leaders and *from* them to less active sections of the population" (S. 151, Hervorh. im Original). Hierbei werden Meinungsführer als eine zentrale Schaltstelle der Informationsübermittlung zwischen den Massenmedien und der weniger aktiven Bevölkerung gesehen. Der Bezug zu Radio und Printmedien erklärt sich durch den Entstehungszeitpunkt der Studie; weitere viel beachtete Arbeiten im Bereich der Meinungsführerforschung sind die Rovere-Studie (Merton, 1957), die Decatur-Studie (Katz & Lazarsfeld, 2005 [1955]) sowie die Drug-Studie (Menzel & Katz, 1955; Coleman, Katz & Menzel, 1957). Im Verlauf dieser Forschungslinie vollzog sich die Entwicklung vom ‚Two-Step Flow‘ hin zum ‚Multi-Step Flow of Communication‘: Meinungsführer beziehen ihre Informationen eben nicht nur über die Massenmedien, sondern tauschen sich, wie Katz (1957) durch einen Vergleich der genannten Studien aufzeigt, ebenfalls mit anderen Mitgliedern der Gesellschaft aus: „Nevertheless, it is also true that, despite their greater exposure to the media, most opinion leaders are primarily affected not by the communication media but by still other people" (S. 77).

Eben dieser Austausch findet bei SN verstärkt statt, weshalb sich das Meinungsführerkonzept hier für eine tiefergehende Modellierung eignet – insbesondere das für die Informationsvermittlung relevante Konzept des Meinungsaustausches, dessen Grundannahme sich wie folgt beschreiben lässt: „At the level of influence studied, opinion giving on public-affairs topics seemed to be reciprocal to a great extent. It seemed to be opinion sharing rather than opinion giving" (Troldahl & van Dam, 1965, S. 633). Die Unterteilung in Meinungssucher und Meinungsgeber greift oft zu kurz, weil es sich dabei selten um feststehende Rollen handelt, sondern häufig zu ei-

---

24   Von den Meinungsführern abzugrenzen sind die so genannten ‚Market Mavens‘. Dabei handelt es sich um ein der Meinungsführerschaft ähnliches Konzept, ebenfalls aus der Konsumentenforschung, welches von Feick und Price (1987) begründet wurde. Market Mavens werden dabei wie folgt beschrieben: „[I]ndividuals who have information about many kinds of products, places to shop, and other facets of marketing, and initiate discussions with consumers and respond to requests from consumers for marketplace information" (S. 85). Unter anderem beziehen Laughlin und MacDonald (2010) dieses Konzept auch auf Social Networking Sites wie *Facebook* und stellen dabei eine Verbindung zu SN her. Market Mavens werden im Folgenden jedoch nicht weiter betrachtet, weil produktbezogene SN nicht Gegenstand unseres Modells ist.

nem Rollenwechsel kommt (Troldahl & van Dam, 1965). Ähnliche Eigenschaften von Meinungsführern und Beeinflussten sowie ebenfalls einen Rollentausch stellte auch Katz bereits 1957 fest: „Influentials and influencees may exchange roles in different spheres of influence" (S. 77).

Auf die beiden Funktionen der Meinungsführerschaft verweist die klassische Definition von Rogers und Cartano (1962): „Opinion leaders are defined as those individuals from whom others seek advice and information" (S. 435). Zum einen zeichnen sich Meinungsführer durch die Relaisfunktion aus, d.h. durch die Übermittlung von Informationen an Mitmenschen; zum anderen durch die Verstärkerfunktion, d.h. durch die Beeinflussung anderer Personen (Eisenstein, 1994). Allerdings muss nicht jede Übermittlung von Informationen auch eine Beeinflussung zur Folge haben. Außerdem übermitteln Meinungsführer oftmals nur ergänzende, sprich: zusätzliche Informationen zu den durch die Massenmedien vermittelten Inhalten (Deutschmann & Danielson, 1960) – Funktionen, die für interpersonale Beziehungen im allgemeinen gelten: „Thus, interpersonal relations are (1) channels of information, (2) sources of social pressure, and (3) sources of social support" (Katz, 1957, S. 77). Im Rahmen der Relaisfunktion, die der Gatekeeper auch im SN-Verlauf übernimmt, ist davon auszugehen, dass auch bei SN oft ergänzende oder spezielle Informationen vermittelt werden. Allerdings muss auch der Meinungsführer diese Informationen bekommen, filtern, und in einem nächsten Schritt entscheiden, was für andere Personen in seinem Umfeld interessant ist, – schließlich kann er davon ausgehen, dass diese anderen Menschen auch gut informiert sind und viele wichtige und weitverbreitete Informationen schon besitzen.

Innerhalb der Gruppe der Meinungsführer lassen sich u.a. lokale und kosmopolitische Meinungsführer hinsichtlich ihres jeweiligen Einflusskreises unterscheiden; d.h., inwieweit sich die Meinungsführerschaft auf das nähere soziale und geographische Umfeld beschränkt (Merton, 1957). Hier stellt sich nun die Frage, inwiefern Meinungsführer bei SN vor allem ihr näheres Umfeld (Freunde, Familie) mit Informationen versorgen. Genauso wäre das Vorliegen von monomorpher oder polymorpher Meinungsführerschaft zu bestimmen: „The monomorphic influentials are the ‚experts' in a limited field […]. Others […] are polymorphic, exerting interpersonal influence in a variety of (sometimes seemingly unrelated) spheres" (Merton, 1957, S. 414).

Im Vergleich zu Nicht-Meinungsführern sind Meinungsführer zudem meist innovativer und kosmopolitischer, sie pflegen mehr soziale Kontakte und haben einen höheren sozioökonomischen Status; sie sind überdurchschnittlich kommunikativ und gesellig (Rogers, 2003). Meinungsführer haben ein ausgeprägtes subjektives Interesse an den betreffenden Themenbereichen und verfügen nach Rössler und Scharfenberg (2004) darüber hinaus über „ein hohes Maß an Sachkenntnis in dem Themengebiet, auf dem die

Meinungsführerschaft ausgeübt wird" (S. 515). Ein weiteres zentrales Merkmal der Meinungsführerschaft ist die häufigere und intensivere Nutzung von
Massenmedien (Eisenstein, 1994; Trepte & Scherer, 2010; Rogers, 2003).
Arndt (1967) geht noch weiter, indem er zusätzlich auf die vermehrte Nutzung von interpersonaler Kommunikation hinweist: „In summary, opinion
leaders [...] appear to make more use of all sources of information, including
word of mouth" (S. 216). Dies würde wiederum dafür sprechen, dass Meinungsführer durch ihre intentionalen SN-Aktivitäten mehr Personen erreichen als Nicht-Meinungsführer, und generell auch öfter sozial navigieren.

*Marie nimmt in ihrem Freundeskreis die Rolle der Meinungsführerin auf dem Gebiet
Politik ein. Sie postet und kommentiert vermehrt Beiträge zu diesem Thema und weist
ein hohes Wissen über den Fall Guttenberg auf, welches sie (mit)teilen will. Peter gilt
u.a. in seiner evangelischen Hochschulgruppe, mit deren Mitgliedern er auf Facebook
befreundet ist, allgemein als Meinungsführer. Die anderen Mitglieder verfolgen meist
seine gesamten Posts; da er sehr viel auf Nachrichtenportalen surft, findet er viele Informationen, die für andere von Interesse sind.*

Mit der Diffusion des Internets veränderte sich das Kommunikationsverhalten, und damit auch die Rolle von Meinungsführern:

> „A base of freely available user-created content, collaborative tools,
> and networked communities create this dynamic and participatory
> internet culture. The result is [!] fundamental changes in the ability
> for people to communicate their ideas and opinions to many
> people" (Riegner, 2007, S. 438).

Es stellt sich in diesem Zusammenhang die Frage, inwieweit die Meinungs-
führerschaft Einfluss auf die Ausführung von SN-Aktionen (bzw. auf die
Nutzung von SN) nimmt. Allerdings ist das Meinungsführer-Konzept im
Internet bisher noch wenig erforscht; nach Dressler und Telk (2009) zeichnen sich Online-Meinungsführer durch ähnliche Merkmale wie Offline-
Meinungsführer aus.[25] Rhee, Kim und Kim (2007) bestätigen dies durch eine
Untersuchung politischer Diskussionsforen im Internet, ebenso wie Lyons
und Henderson (2005): „[O]nline opinion leaders share many characteristics
with their traditional marketplace counterparts" (S. 326). Eine Person kann
allerdings nur dann als Online-Meinungsführer fungieren, wenn die Inhalte
seiner Person bzw. seinem Pseudonym direkt zuzuordnen sind. Sven Mark-

---

25   Tsang und Zhou (2005) gelangen hingegen zu der Erkenntnis, dass es zwischen News-
     groups und Offline-Umgebung durchaus Unterschiede bei der Meinungsführerschaft
     und bei der Meinungssuche gibt. Sie kommen u.a. zu folgendem Ergebnis:
     „[P]articipants with a low level of offline opinion-seeking engaged in a higher level of
     opinion seeking in newsgroups than in an offline environment" (S. 1190).

schläger äußert sich zur Rolle des Internets für Meinungsführer wie folgt: „Man braucht neue Felder, um die soziale Signifikanz von einem selbst zu spüren, und das geht natürlich über digitale Tools wunderbar."[26] Im Vergleich zu Nicht-Meinungsführern surfen Online-Meinungsführer erwartungsgemäß vermehrt im Internet, besuchen auch ihnen unbekannte Webseiten, haben höhere Computerkenntnisse und verbringen während der einzelnen Besuche mehr Zeit im Internet (Lyons & Henderson, 2005). Kolo und Unger (2009) resümieren in ihrer Studie zu Social Networking Sites:

> „Meinungsführer verhalten sich online ganz ähnlich, wie sie es offline tun. Meinungsführer verfügen über ein größeres Online-Netzwerk, ihnen ist es wichtiger ihr persönliches Netzwerk zu erweitern und sie weisen einen höheren Aktivitätsgrad beim Erstellen von Inhalten und bei der Kommunikation, die über interpersonale Grenzen hinaus geht, auf" (S. 20).

Mit Blick auf SN bleibt also, wie Jan-Hinrik Schmidt es treffend formuliert hat, zu fragen:

> „Wer sind die Opinion Leader? Wer sind diejenigen, die vielleicht eher solche Dinge weiterleiten? Wer sind die, die vielleicht auch beurteilen können, wie eine bestimmte Nachricht dann wahrgenommen wird, [...] indem sie einen Link twittern oder bloggen?"[27]

Die bisherigen Ausführungen lassen zusammenfassend vermuten, dass Meinungsführer SN häufiger ausführen, Inhalte beispielsweise an einen größeren Empfängerkreis weiterleiten oder selbst vermehrt auf sozial navigierte Inhalte zurückgreifen. Darüber hinaus ist anzunehmen, dass sich Onliner auch im Falle von SN verstärkt an Meinungsführern orientieren. Möglicherweise wird sich die Informationsübermittlung bei SN von einem hierarchischen Informationsfluss hin zu einem Meinungsaustausch entwickeln, in dem auch die zuvor angesprochene Relaisfunktion der Meinungsführer genauer betrachtet werden muss. Ein Meinungsführer bleibt auch im Rahmen von SN Meinungsführer, der anderen Personen Informationen wie Medieninhalte und Themen weitergibt sowie ihre Einstellungen beeinflusst. Allerdings können durch die öffentliche Einsehbarkeit (beispielsweise von Diskussionsforen und Pinnwandeinträgen auf *Facebook*) auch viel leichter Gespräche über die geteilten Informationen initiiert werden. Der Meinungsführer muss daher zunehmend bedenken, was er an welche Person kommuniziert. Allerdings wird es ihm durch SN auch erleichtert, Informationen mit Anderen zu teilen, womit er über zusätzliche Möglichkeiten verfügt, andere Personen zu erreichen und zu beeinflussen. Was früher aufwändig durch

---

26   Experteninterview mit Sven Markschläger am 24.01.2011.
27   Experteninterview mit Dr. Jan-Hinrik Schmidt am 08.02.2011.

Zeitungsartikel ausschneiden, kopieren und weitergeben geteilt wurde, kann heutzutage durch eine kurze E-Mail mit Link erledigt werden (s. Kap. 2.2).

Motive des Gatekeepers

Das Konzept der Meinungsführerschaft setzt zum einen bei der Persönlichkeit des Gatekeepers an, zum anderen lässt es sich bei der Motivation verorten, die die Intratransaktionen (und somit auch die Intertransaktionen) beeinflusst. Im Rahmen des DTA wird unter Motiven Folgendes verstanden:

> „Motivationen besitzen einen direktiven und einen energetischen Aspekt, d.h. sie sind mit einem bestimmten Antriebs- oder Aktivierungspotential auf ein bestimmtes, inhaltlich beschreibbares Ziel gerichtet. Damit handelt es sich auch bei Motiven um eine konkrete Variante unserer Kognitions-Aktivations-Konstellation" (Früh, 1991, S. 66).

Auf Stufe 7 des Modells (s. Abb. 12) werden sie deshalb bei den Intratransaktionen, also bei dem Abgleich von Aktivation und Wissen, angeführt.

Bezüglich der Meinungsführerschaft lassen sich nach Arndt (1967) insgesamt sechs Motive für die Informationsweitergabe ausmachen (s. Tab. 4). Im Falle von Altruismus (1) besteht die Motivation darin, Anderen helfen zu wollen und ihnen eine Orientierung zu geben, was mit den Grundgedanken von SN vereinbar ist. Des Weiteren spielen Selbstverteidigung und Projektion (2) eine Rolle; d.h. ein Motiv des Meinungsführers ist es, sich mit Anderen auszutauschen: „protecting and rationalizing frustrations and dissatisfactions" (ebd., S. 223). Das Motiv der kognitiven Klarheit (3) bezieht sich auf die Aufklärung von Sachverhalten, die Reduktion kognitiver Dissonanz (4) auf die Begründung des eigenen Standpunktes gegenüber Anderen.

Tabelle 4: Motive der Meinungsführer

Motive der Meinungsführer	
(1)	Altruism
(2)	Ego-defense and Projection
(3)	Establishment of Cognitive Clarity
(4)	Reduction of Cognitive Dissonance and Word of Mouth
(5)	Interest and Ego-involvement
(6)	Instrumental (Selbstdarstellung)

Quelle: Eigene Darstellung nach Arndt, 1967

Abbildung 12: Modellierung des SN-Prozesses auf Mikroebene, siebte Stufe

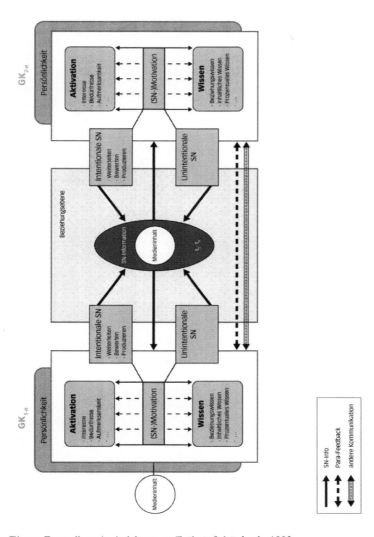

Quelle: Eigene Darstellung in Anlehung an Früh & Schönbach, 1982

Darüber hinaus sind Interesse und Ego-Involvement (5) relevant: „the more interested or ego-involved an individual is in a given topic, the more likely he is to initiate conversations about it" (ebd., S. 223). Ein Kommunikationspartner handelt, weil der sozial navigierte Medieninhalt für den jeweils anderen Kommunikationspartner interessant ist. Ein letztes Motiv bezieht sich schließlich auf die Selbstdarstellung (6), wofür SN unterschiedlichste Möglichkeiten bietet, so Sven Markschläger: „Diese digitalen Tools [...] befriedigen Bedürfnisse, die schon immer da waren, also: Wo krieg ich die besten Informationen und wo krieg ich die Anerkennung dafür, dass ich besonders tolle Dinge weiß?"[28] Ho und Dempsey (2010) bestätigten in ihrer Studie zum viralen Marketing, dass die interpersonalen Motivationen ‚Altruismus' und ‚Need to be different' (die sich auch in die oben genannten Meinungsführermotive einordnen lassen) die Menge der Weiterleitungen positiv beeinflussen. Springer und Pfaffinger (2012) ermittelten für die Motive zum Kommentieren, dass hier u.a. das soziale Bedürfnis eine Rolle spielt und auch Yoo (2011) zeigt auf, dass die Motivation zur Sozialisation einen positiven Effekt auf die Interaktivität (auch über Medieninhalte) unter Menschen im Internet hat. Allgemein sollte also ‚Darüber-reden-können' im Sinne von Anschlusskommunikation ein Motiv für die Nutzung von SN darstellen (Sommer, 2010): „Pass-along emails also stimulate face-to-face and telephone conversation" (Phelps, Lewis, Mobilio, Perry & Raman, 2004, S. 339).

Marie möchte ihre Mitmenschen über die neuesten Entwicklungen bezüglich der Affäre Guttenberg informieren (Altruismus), weshalb sie oft Beiträge postet. Dies geschieht jedoch auch, weil sie selbst das Thema sehr stark interessiert (Ego-Involvement und Interesse) und sie wissen will, wie schuldig Guttenberg wirklich ist (kognitive Klarheit). Vor allem interessiert sie, wie andere zu diesem Thema stehen, da sie bestimmten Berichten nicht glaubt und nach weiteren Informationen sucht (Reduktion kognitiver Dissonanz). Peter dagegen gibt zu, dass er manchmal nur etwas postet, um cool zu wirken (Selbstdarstellung). Außerdem ist er manchmal schlecht gelaunt und freut sich dann hämisch über die Missgeschicke und Skandale anderer (Ego-Defensive und Projektion).

Neben Motiven der Meinungsführerschaft spielen auch andere Aspekte eine Rolle: Es ist z. B. anzunehmen, dass Nutzungsmotive wie Zeitvertreib, Kontaktpflege, Neue-Leute-kennenlernen, Unterhaltung oder Informationssuche wichtig sind, die von Kolo und Unger (2009) bei der Nutzung von Social Networking Sites untersucht wurden. Speziell für Kommentare auf Nachrichtenportalen identifizierte Springers (2011) qualitative Studie identitätsbezogene Motive sowie kognitive, affektive und soziale Bedürfnisse, wobei sie

---

28   Experteninterview mit Sven Markschläger am 24.01.2011.

das Mitteilungebedürfnis gerade bei dissonanten Medienerfahrungen hervorhebt (S. 253). In einer quantitativen Folgestudie wurden 41 Motivdimensionen abgefragt, wobei besonders Items zur Informations- und Meinungsverbreitung und zur Reduktion von kognitiver Dissonanz zugestimmt wurde (Springer & Pfaffinger, 2012).

In dieser Studie wird außerdem deutlich, dass sich die Motivation, einen Inhalt zu rezipieren nur kaum von den Motivationen, SN auszuführen bzw. sich an SN zu orientieren abgrenzen lässt, da beides teilweise miteinander einhergeht (vgl. Altmann, 2011, S. 62-80 mit einer ausführlichen Gegenüberstellung von Uses-and-Gratifications-Approach, Selbstbestimmungstheorie und anderen Ansätzen zur Erklärung der Internet-Nutzung). Analog ähneln sich auch in der Studie von Springer und Pfaffinger (2012) die Befunde hinsichtlich der für das Verfassen bzw. das Lesen abgefragten Motivkataloge. Insgesamt scheinen für SN auch die Motive zur bloßen Rezeption eines Medieninhaltes relevant, weshalb im Modell die SN-Motivation nicht getrennt von der alleinigen Motivation, einen Medieninhalt zu nutzen, dargestellt wird. „[Es] lässt sich feststellen, dass die Motive für das Weiterleiten eine Art ‚sozial geteilte Salienz' zum Ausdruck bringen. Die betreffenden Themen müssen nicht nur für einen persönlich, sondern auch für den Empfänger als wichtig erachtet werden" (Schnorf, 2008, S. 108). In diesem Sinne fällt die eigene Motivation, einen Beitrag zu rezipieren (eigenes Interesse) mit dem Motiv zusammen, die SN-Aktion des Weiterleitens durchzuführen (Informationsweitergabe an den Anderen, Interesse des Empfängers).

Vergleicht man Gatekeeper 1 und 2 hinsichtlich ihrer Motive, so ist zu vermuten, dass bei Gatekeeper 2 zum Teil andere Rezeptionsmotive greifen, wenn der sozial navigierte Medieninhalt auf ihn trifft – Gatekeeper 2 möchte sich z.B. orientieren oder Hilfe einholen; die Rezeption von sozial navigierten Beiträgen bietet ihm dann Orientierung (Dehm & Storll, 2003). Unterdessen rezipiert Gatekeeper 2, wenn er sich an unintentionaler SN orientiert, zwar meist nicht aus Beziehungsmotiven heraus. Andererseits kann es für Gatekeeper 2 bei der Rezeption aber sehr wichtig sein, wer sozial navigiert, vor allem, wenn es sich um intentionale SN handelt. Es kann also vermutet werden, dass unterschiedliche Motive auch unterschiedliche SN-Aktionen zur Folge haben und auch die Orientierung an verschiedenen SN-Informationen durch unterschiedliche Motiv-Bündel geprägt wird.

Lisa möchte sich vor allem an ihrer großen Cousine orientieren, liest alle ihre Posts und findet es super, wenn sie mit Marie dann über die Inhalte sprechen kann. Generell schaut sie sich aber auch oft die ‚meist gesehenen'-Videos auf YouTube an, um sich einen Überblick über die neusten Unterhaltungs- und Musikclips zu verschaffen.

3.1.6 Weitere Einflussfaktoren

Abgesehen von den Motiven spielen bei den Intratransaktionen auch andere Einflussgrößen eine wichtige Rolle. Faktoren, ihres Zeichens nach Umstände, die SN positiv oder negativ beeinflussen, bestimmen u.a., ob sich der Gatekeeper überhaupt einem Medieninhalt zuwendet und wie er mit ihm umgeht. Die Faktoren lassen sich dabei in beziehungsbezogene und medieninhaltsbezogene Einflussfaktoren sowie Kontextfaktoren untergliedern (s. Abb. 13). Sie lassen sich im SN-Prozess zum einen beim Medieninhalt, zum anderen auf der Beziehungsebene und im situativen Kontext auffinden.

Abbildung 13: Übersicht über die einflussnehmenden Faktoren

Quelle: Eigene Darstellung

Beziehungsbezogene Einflussfaktoren

Wie bereits erläutert kommt beziehungsbezogenen Einflussfaktoren im Rahmen von SN eine tragende Rolle zu, denn SN zeichnet sich besonders durch die soziale Komponente aus, die deswegen auch im Modell durch die Beziehungsebene betont wurde. Auch Peer Schader sieht gerade im Hinblick auf den sozialen Charakter großes Potential in SN, insbesondere weil „du [beispielsweise] deine *Facebook*-Seite als Aggregat nimmst dessen, was andere Leute gut finden und was du selber gut findest. Diese Mischung ist super spannend und ich glaube, das wird sehr sehr viel wichtiger sein."[29]

Da SN-Aktionen eine Kommunikation zwischen zwei oder mehr Personen verkörpern, ist die Beziehung zwischen den jeweiligen Personen oftmals

---

29   Experteninterview mit Peer Schader am 24.01.2011.

von besonderer Bedeutung für die Art und Weise des Kontakts, was die Intra- und Intertransaktionen prägt. Obwohl Döring (2003) eine Beziehung wie folgt definiert: „Zwischen zwei Personen besteht eine *soziale Beziehung*, wenn sie wiederholt miteinander Kontakt haben, also mehrfach zeitversetzt kommunizieren oder zeitgleich interagieren" (S. 403, Hervorh. im Original), liegt unseren Überlegungen ein weiter gefasster Begriff zu grunde. Denn durch die Natur von SN ist es durchaus üblich, dass Menschen miteinander in Kontakt treten, die dies eben nicht wiederholt tun, sondern gerade zum ersten Mal. Diese Art von ‚Beziehung' hat jedoch ebenfalls einen enormen Einfluss auf jegliche SN-Handlungen. Soziale Beziehungen lassen sich nach Döring weiterhin in verschiedene Beziehungstypen unterteilen: So gibt es formale Beziehungen, in welchen die Beteiligten meist nach formalisierten Rollen handeln und „es meist um den Transfer von Leistungen und Gütern geht" (Döring, 2003, S. 403). Die Ebene der Beziehung bleibt hierbei weitgehend neutral. Im Gegensatz dazu gestalten sich informelle Beziehungen sehr viel freier und persönlicher – Regeln und Grenzen dieser Beziehungen können individuell von den Beteiligten ausgehandelt werden, weshalb oft Emotionalität, Nähe und Verbundenheit im Vordergrund stehen. Im weiteren Verlauf werden hauptsächlich informelle Beziehungen betrachtet, da SN nur auf nicht-institutioneller Ebene untersucht werden soll.

Döring (2003) konstatiert für beide Typen von Beziehungen jeweils starke oder schwache Bindungen. Starke Bindungen sind durch hohe Emotionalität, Intimität, eine Vielfalt gemeinsamer Interessen und einen hohen Zeitaufwand, also eine hohe Intensität, gekennzeichnet, im Gegensatz zu schwache Bindungen, in denen sich die Akteure jeweils nur in eingeschränkter Weise dem Anderen präsentieren. Trotzdem (oder gerade deswegen) sind schwache Bindungen für das soziale Gefüge von Akteuren von hoher Bedeutung (Granovetter, 1973; Döring, 2003). Zu klären ist daher, in welchen Beziehungen auf welche Art und Weise sozial navigiert wird.

Mit der Einführung des Internets und der Veränderung von Kommunikationsmöglichkeiten können sich auch soziale Beziehungen wandeln: Sowohl die Quantität als auch die Qualität der Beziehung kann sich durch den Rückgriff auf computervermittelte Kommunikation verändern (Döring, 2003). Hinsichtlich der Quantität konnten Uzler und Schenk (2011) belegen, dass Personen mit einer aktiven Web-2.0-Nutzung tendenziell auch gößere gemischte Netzwerke besitzen, die sich aus Online- und Offline-Beziehungen zusammensetzen; unter der Qualität der Beziehung wäre u.a. auch die Nähe der jeweiligen Interaktionspartner zu verstehen.

> *Seit Marie nicht mehr zuhause wohnt, hat sich der Kontakt mit ihrer Familie verän-*
> *dert. So telefoniert sie jeden Monat mit ihrem Vater, doch seitdem dieser auch bei Fa-*
> *cebook angemeldet ist, schicken sie sich öfter Links zu oder kommentieren die geposte-*
> *ten Beiträge des Anderen. Besonders während Maries Auslandssemester haben die*
> *beiden viel durch SN miteinander kommuniziert.*

Ausgehend von diesen Annahmen über soziale Beziehungen ergeben sich unterschiedliche beziehungsbezogene Einflussfaktoren, und zwar:

(1) der Anonymitätsgrad,

(2) die Nähe der Beziehung,

(3) der Umfang der Vorabkommunikation und

(4) der soziale Druck.

(1) Der *Anonymitätsgrad* bei der Kommunikation wurde bereits bei den Beschreibungsdimensionen von SN in Kapitel 2.3 erwähnt, die natürlich einen Einfluss auf die jeweilige Konstellation einer bestimmten SN-Situation (und daher auf die Wahrnehmung der an dieser Situation beteiligten Personen) besitzen. Der Anonymitätsgrad wirkt sich dabei aber ganz besonders auf den Beziehungsaspekt aus, weshalb er hier als Faktor eigens betrachtet werden soll. Die einzelnen Formen von Anonymität (vollständige Anonymität, Pseudonymität, vollständige Sichtbarkeit) können also zum einen zur Beschreibung und Einteilung von SN herangezogen werden, zum anderen jedoch auch als Faktor in der jeweiligen Situation unterschiedliche SN-Aktionen fördern bzw. hemmen. Barnes (2001) erläutert die Auswirkungen von Anonymität wie folgt:

> „For some people, anonymity can be a benefit because their gender, race, rank, and physical appearance are not immediately evident. […] On the negative side, anonymity combined with reduced social expectations can encourage flaming and rude behaviour. Moreover, anonymity also encourages self-disclosure" (S. 69).

> *Wüsste Peter nicht, dass die Guttenberg-Links von Marie stammen, würde er sicher*
> *seltener reagieren und falls doch, dann nur, wenn der Inhalt wirklich interessant für*
> *ihn scheint.*

(2) Ein weiterer einflussnehmender Faktor ist die *Nähe der Beziehung*, denn das Bestehen einer starken oder schwachen Bindung beeinflusst das Kommunikationsverhalten zwischen zwei Akteuren. Eine qualitativ hochwertige Beziehung zeichnet sich durch eine hohe Intensität, also besondere Nähe, Emotionalität und hohes Vertrauen aus. Auf welche Weise und wie häufig

(z.B. via SN) kommuniziert wird, hängt demnach u.a. von der Nähe der Beziehung ab.

> *Wäre Peter nicht Maries bester Freund, sondern nur ein Bekannter, würde er wahrscheinlich auch seltener Feedback auf ihre SN-Aktionen geben.*

(3) Der dritte beziehungsbezogene Einflussfaktor ist der *Umfang der Vorabkommunikation*. Gemeint ist hierbei, inwieweit über das entsprechende Thema, um das es in dem zu navigierenden Medieninhalt geht, zwischen den Akteuren bereits gesprochen wurde. Ein Thema kann einen viel höheren Stellenwert im SN-Austausch einnehmen, wenn es zuvor in die Kommunikation der Beziehungspartner mit aufgenommen und bereits Meinungen ausgetauscht worden sind. Denn dann kann ein Akteur besser antizipieren, wie der andere Akteur auf seine SN-Aktionen reagieren wird, womit Vorabkommunikation auch das Beziehungswissen (s. Kap. 3.1.3) beeinflusst.

> *Da Peter und Marie sich schon häufig über Politik unterhalten haben, wissen beide voneinander, dass sie das Thema Guttenberg interessiert.*

(4) Der letzte Beziehungsfaktor thematisiert den *sozialen Druck*, der in der Beziehung zwischen den Akteuren (also Gatekeeper 1 und Gatekeeper 2) besteht. Dies ist häufig verbunden mit der Nähe der Beziehung, da in engeren Beziehungen die Erwartungen an das Gegenüber in der Regel höher, bei schwachen Bindungen eher niedriger sind. Für den Erhalt einer Beziehung ist es allerdings notwendig, dass die Erwartungen des Anderen häufig erfüllt werden; ansonsten kann es nach Döring (2003) zu einem Abbruch der Beziehung kommen. Die Erwartungen können sich dabei sowohl auf die inhaltliche Ebene von SN (Welcher Inhalt wird sozial navigiert bzw. rezipiert?) als auch auf die prozessuale Ebene (Wird überhaupt sozial navigiert? Wie häufig wird sozial navigiert? Welche SN-Aktionen werden ausgeführt?) beziehen. Diese Erwartungen, die u.a. das Para-Feedback (s. Kap. 3.1.4) einschließen, können meist nur subjektiv eingeschätzt werden, da beide Akteure zwar selbst konkrete Erwartungen haben, die Erwartungen des Anderen allerdings nur erahnen können.

> *Da sie befreundet sind und beide wissen, welches Thema von Interesse für den jeweils Anderen ist, erwartet Marie, dass Peter einen für sie interessanten Link auch an sie verschickt und andersherum.*

Die Gesamtheit dieser beziehungsbezogenen Einflussfaktoren beeinflussen zwar die Intratransaktionen, denn sie prägen die Entscheidung für oder gegen eine SN-Aktion; allerdings werden sie im Modell an ihrem Ursprung (also in der Beziehungsebene) verortet, wo es zu Wechselwirkungen zwischen den SN-Aktionen, dem Para-Feedback und Feedback sowie den Kommunikationssituationen abseits von SN kommt (s. Abb. 10).

Medieninhaltsbezogene Einflussfaktoren

Die medieninhaltsbezogenen Einflussfaktoren werden im Modell ebenfalls an ihrem Ursprungsort verortet, also bei den Medieninhalten (genauer gesagt: bei den Medieninhalten inklusive den ihnen anhaftenden SN-Informationen) und lassen sich in drei Kategorien einteilen:

(1) SN-Informationen,

(2) formale Faktoren des Medieninhalts und

(3) inhaltliche Faktoren des Medieninhalts.

(1) Falls die technischen Gegebenheiten dies ermöglichen, wird ein Medieninhalt durch die Ausführung von SN-Aktionen mit *SN-Informationen* (Kommentare, Weiterleitungen, Bewertungen und/oder Klickzahlen; s. Kap. 2.4) angereichert, die die Aufmerksamkeit des Nutzers lenken können. Diese Informationen können dann über entsprechende Algorithmen z.b. die Platzierung auf der Internetseite oder andere Layout-Features bestimmen, wie z.°B. bei den ‚meist-gelesen Listen‘.

(2) Genau diese Platzierung stellt – ob algorithmengesteuert oder nicht – einen *formalen Faktor* eines Medieninhalts dar, die dem Nutzer ebenfalls zur Orientierung innerhalb eines Webangebots dient. Online bestehen im Vergleich zu Printprodukten einige generelle Unterschiede in der Darstellung von Medieninhalten: „Onlinenachrichten haben zwar aufgrund ihrer Textform meist eine formale Affinität zu Printprodukten, Textinformationen können jedoch im WWW in einer anderen Darstellungsform gestaltet werden: Das WWW bietet die Möglichkeit, Informationen in Hypertextform zu gestalten" (Theilmann, 1999, S. 202). Im Internet ergibt sich dadurch zwangsläufig eine andersartige Selektionssituation.

Seibold (2002) fasst deren wichtigsten Bedingungen wie folgt zusammen: schnelle Publikationsmöglichkeit, Hypertextualität bzw. modularer Aufbau von Sinneinheiten und deren unbegrenzte Vernetzung, Interaktivität, Multimedialität, unbegrenzte Speicherkapazität, einfache Publikationsmöglichkeiten und globale Publizität, Anonymität sowie Technikgebundenheit. Im Internet ist „entscheidend für Online-Medien [...] die Seite, über die in das Angebot eingestiegen wird" (S. 15). Gelangt der Nutzer über die Startseite zu den Beiträgen, sind drei Effekte belegt (Seibold 2002): Der Primacy-Effekt bewirkt, dass oben stehende Links bevorzugt werden; der Scroll-Effekt bewirkt die Bevorzugung von Links, welche ohne Scrollen auf dem Bildschirm sichtbar sind; und der Recency-Effekt sorgt dafür, dass Links am Ende von Listen bevorzugt werden. Aufgrund von Portalen wie Google News gelangt der Nutzer jedoch nicht mehr ausschließlich über die Startseite des Webangebots, sondern auch direkt zu einzelnen Beiträgen. Und analog führt auch SN den Gatekeeper 2 meist nicht auf eine Startseite, sondern direkt zu dem relevanten Beitrag, was bereits einen Aspekt der veränderten Selektion und Mediennutzung anspricht. Bei der Betrachtung von Beiträgen durch Gatekeeper 1, der ja die Medieninhalte ggf. erst mit einer für seinen Kontext relevanten SN-Information versieht, spielen jedoch dieser und weitere formale Faktoren eine bedeutsamere Rolle, etwa die Länge, die Bebilderung, die Typografie oder die Lesbarkeit eines Beitrags, aber ebenso Schlüsselreize Schlagworte oder Appelle. Ergänzend betont Seibold (2002) die Wichtigkeit der Überschrift eines Beitrages: „Sie dient als verkürzte Ankündigung der Nachricht und lenkt damit die Aufmerksamkeit auf sich selbst (= Traktionseffekt) und auf den folgenden Beitrag (= Motivationseffekt)" (S. 43).

(3) Hinsichtlich der *inhaltlichen Faktoren* der Beiträge ist zu beachten, dass alle im Internet veröffentlichten Beiträge bereits von mindestens einem Gatekeeper, der die Beiträge für publikationswürdig hielt, nach eher journalistischen oder schlicht idiosynkratischen Kriterien gefiltert wurden; sie haben somit schon Stufen der Vorauswahl passiert, bevor sie zu den von uns betrachteten Nutzern gelangen (s. Kap. 3.1.2).

(a) Gemäß der *Nachrichtenwerttheorie* lassen sich Ereignissen gewisse Merkmale zuschreiben, die auch Nachrichtenfaktoren genannt werden. Eine Definition des Begriffs findet sich bei Kepplinger (2008):

> „The term „news factors" denotes characteristics of news stories about events and topics that contribute to making them newsworthy [...] the more news factors a news story carries, the more newsworthy is it [...]. Besides the number of news factors, their intensity has an influence on the newsworthiness of news stories" (S. 3245).

Lippmann (1964 [1922]) führte den Begriff ‚news value' ein, die erste umfangreichere Liste von Nachrichtenfaktoren stammt jedoch von Galtung und Ruge (1965). Zu den von ihnen identifizierten Faktoren gehören z.B. *kulturelle Nähe, Personalisierung* und *Frequenz* bzw. *Dauer*;[30] mit ihren Ausführungen regten sie viele weitere nachfolgende Nachrichtenwertstudien und Nachrichtenfaktorenkataloge an. Dort wird davon ausgegangen, dass ein

---

30   Zur Übersicht gängiger Nachrichtenfaktorenkataloge vergleiche Maier et al. (2010).

Beitrag, der weit oben und prominent auf einer Startseite platziert ist, einen hohen Nachrichtenwert aufweist; im Gegensatz eben zu einem Beitrag, der weniger prominent platziert ist. Die formale Gestaltung spiegelt demzufolge auch die Aufmerksamkeit wider, die die Gatekeeper einem Ereignis zuschreiben.

Auch SN indiziert Aufmerksamkeit beispielsweise durch eine hohe Anzahl von Klicks oder einige qualitätvolle Kommentare, was beides nahelegt, dass sich viele oder wichtige Personen die Zeit genommen haben, ihn zu lesen und/oder zu kommentieren. In den Kommentaren zu einem Artikel kann sich nach Ziegele und Quiring (2011) auch ein ‚Diskussionswert' abbilden, der (ähnlich einem Nachrichtenfaktor) selbst wiederum für Aufmerksamkeit oder sogar die Bereitschaft mitzudiskutieren sorgt.

Die eben beschriebene Perspektive der Aufmerksamkeitszuweisung wird auch als ‚Kausalmodell' der Nachrichtenwerttheorie bezeichnet:

> „Die Nachrichtenfaktoren bilden in diesem Modell formal gesprochen die unabhängige, die Nachrichtenauswahl der Massenmedien die abhängige Variable. Dabei werden die Journalisten [...] als weitgehend passive Informationsvermittler angesehen, die nicht zweckorientiert handeln, sondern ihre Berichterstattung an objektiven Kriterien orientieren" (Staab, 1990, S. 93-94).

Diesem Kausalmodell zufolge würden Journalisten nur reflexartig auf einzelne Realitätsteile reagieren – im Gegensatz zu „einem Finalmodell der Nachrichtenauswahl [...] [bei dem] die Selektionsentscheidungen von Journalisten nicht als unmittelbare Reaktionen auf bestimmte Realitätsreize [...], sondern als zielgerichtete Handlungen" verstanden würden (Staab, 1990, S. 96). Dies berührt auch das Konzept der ‚Instrumentellen Aktualisierung', wonach Journalisten (bzw. deren redaktionelle Leitlinien) bestimmen würden, in welcher Form ein Ereignis aufbereitet wird (Kepplinger, 1992). Gemäß der finalen Betrachtung der Nachrichtenfaktoren wäre der Nachrichtenwert dann als Folge der Zuschreibung durch die Journalisten anzusehen: Die Journalisten weisen einem Ereignis also Nachrichtenfaktoren zu bzw. betonen bestimmte Aspekte, wodurch sie den Beachtungsgrad steuern können (Staab, 1990).

Außerdem unterscheidet sich die Wirkung der einzelnen Nachrichtenfaktoren je nach Genre und Mediengattung. So sind bestimmte Nachrichtenfaktoren im Online-Bereich wichtiger als im Offline-Bereich; beispielsweise widmete sich kürzlich eine Pilotstudie der Relevanz von Nachrichtenfaktoren für die Autoren politischer Blogs (Riedel, 2012) – einer im Lichte von SN-Produktion durchaus interessanten Aktivität. Anhand einer Inhaltsanalyse von 96 Blogbeiträgen wurde deutlich, dass Blogautoren dann über Ereignisse besonders häufig berichten, wenn von diesen große gesellschaftliche

Teilgruppen betroffen sind (Reichweite); Personen, Gruppierungen oder Institutionen mit großer gesellschaftlicher Macht teilnehmen (Einfluss); sprachliche Aussagen oder konkrete Handlungen im Mittelpunkt stehen (Faktizität); berühmte Persönlichkeiten beteiligt sind (Prominenz); oder einzelne Personen namentlich genannt oder sogar unabhängig von ihren Funktionen innerhalb einer Institution hervorgehoben werden (Personalisierung) (S. 130). Im Vergleich zu klassischen Nachrichtenwert-Studien (hier: Ruhrmann, Maier & Klietsch, 2006) spielten gerade die Faktoren Reichweite und Personalisierung eine deutlich größere Rolle.

Nach Ruhrmann und Göbbel (2007) zählen online vor allem Schnelligkeit und Visualität, was auch Björn Sievers aus medienpraktischer Sicht bestätigt: „Wenn man sehr stark laufende Geschichten hat, ist es trotzdem so, dass sie irgendwann von der Homepage wieder verschwinden. Wir lassen nicht etwas den ganzen Tag auf der Topposition stehen, nur weil das Traffic ohne Ende macht, weil wir uns als aktuelles Nachrichtenmedium sehen."[31]

Generell beschreibt Eilders (2004), dass „je umfangreicher das verfügbare Angebot im Verhältnis zur Verarbeitungskapazität des Publikums ausfällt, desto mehr Bedeutung kommt dabei den Nachrichtenfaktoren als Relevanzindikatoren zu" (S. 4). Die unüberschaubare Angebotsvielfalt an Online-Beiträgen legt nahe, dass die Nachrichtenwerttheorie auch für die Orientierung im Internet Relevanz besitzt: SN bietet dabei die Möglichkeit, die Komplexität noch weiter zu reduzieren, indem die institutionalisierten Gatekeeper (beispielsweise durch Listen mit den ‚meist gelesenen' oder ‚meist kommentierten' Beiträgen) dem Nutzer Beiträge vorschlagen können, die einen eher hohen Nachrichtenwert aufweisen, weil andere Nutzer sie aufgrund ihrer Nachrichtenfaktoren bereits ausgewählt haben. Diese Überlegung wurde oben bereits durch den erwähnten ‚Audience Channel' aufgegriffen, durch den die Beiträge – zusätzlich zu den herkömmlichen Kanälen – geschleust werden können (s. Kap. 3.1.2).

Während in mehreren empirischen Studien (vgl. die Übersicht in Maier et al., 2010) die Nachrichtenwerttheorie für die Auswahl von Beiträgen durch Journalisten bestätigt werden konnte, widmeten sich andere Erhebungen der Frage, inwiefern auch Nutzer Nachrichtenfaktoren zur Selektion heranziehen. Eilders und Wirth (1999) stellen Nachrichtenfaktoren als menschliche Selektionskriterien dar, die daher sowohl beim Journalisten als auch beim Nutzer wirken: „Die Nachrichtenfaktoren entsprechen wahrnehmungspsychologischen Mechanismen, die sich zum grossen [!] Teil auf entwicklungsgeschichtlich vorteilhaftes Verhalten bei der Verarbeitung von Umweltreizen zurückführen lassen. [… Journalisten] bereiten Nachrichten im Großen und Ganzen so auf, wie es den Relevanzstrukturen des Publikums ent-

---

spricht" (Eilders, 2004, S. 3 u. 55). Und nach Fretwurst (2008) „stehen Aufnahme und Verarbeitung von Ereignissen und Themen durch die Zuschauer
in klarem Zusammenhang zur Auswahl, Gewichtung und Aufmachung
durch den Medienbetrieb" (S. 233), wobei jedoch nicht sicher ist, ob entsprechende Nachrichtenregeln aufgrund der Nutzer entstanden sind oder ob
Nutzer schlicht aus der Medienberichterstattung lernen.

Diese Gedanken legen nahe, dass Nachrichtenfaktoren die Auswahl von
Medieninhalten im SN-Verlauf mitbestimmen, da der Gatekeeper 1 anhand
ihrer selektiert und die Beiträge auswählt, aufgrund derer er SN-Aktionen
ausführt. Außerdem legen Gatekeeper 1 und Gatekeeper 2 vermutlich ähnliche Maßstäbe an die Medieninhalte an und nehmen Nachrichtenfaktoren
ähnlich wahr. So könnte es sein, dass Gatekeeper 2 die Wichtigkeit des Beitrages, der ihn durch Gatekeeper 1 erreicht, nicht nur anhand der SN-
Informationen (wie Klickzahlen und Bewertungen), sondern auch anhand
der inhaltlichen Nachrichtenwerte erkennt und sich ihm mit der gleichen
Aufmerksamkeit widmet. Dies ist allerdings kein Automatismus, weil sich
sonst ein endloser Aufmerksamkeitsprozess ergeben würde: Neben den
inhaltlichen Faktoren existieren besagte, weitere Einflüsse auf die Selektionshandlung wie etwa die Persönlichkeit und ihre verschiedenen Motive (s.
Kap. 3.1.5), die Beziehung zwischen zwei Gatekeepern (s. Kap. 3.1.6) sowie
das Wissens- und Aktivationsniveau (s. Kap. 3.1.3).

> *Die Nachrichtenfaktoren politischer Schaden und Personalisierung im Guttenberg-
> Beitrag führen dazu, dass Peter den Beitrag, den er von Marie geschickt bekommen
> hat, aufmerksam liest. Lisa interessiert sich nicht für das Thema Guttenberg und sie
> verfügt in diesem Zusammenhang auch nicht über ein ausreichendes Wissen. Ihre
> Aufmerksamkeit ist daher gering.*

(b) Unterhaltung kann als inhaltlicher Faktor ebenfalls SN beeinflussen.
Höfner (2003) argumentiert, dass Nachrichtenfaktoren auch als *Unterhaltungsfaktoren* begriffen werden können, da es sich bei ihnen um emotionali-
sierende Relevanzindikatoren handelt und Emotion auch ein Faktor des
Unterhalten-Seins ist. Emmerich (1984) bezeichnet besonders die Nachrichtenfaktoren *Dramatik, Emotionalität, Prominenz, Kuriosität, Sensation* und *Sex* als
Faktoren der Unterhaltung, welche die Nachrichtenauswahl von Redakteu-
ren steuern. Analog vermutet Eilders (1999), dass „einige Nachrichtenfaktoren auch die Unterhaltungsselektion betreffen" (S. 36).[32] In der erwähnten
Blog-Studie identifizierte Riedel (2012) drei relevante blogspezifische Nach-

---

32   Darüber hinaus gibt es jedoch noch andere Unterhaltungstheorien wie beispielsweise das
      Konzept des Mood Managements, auf die im Rahmen dieser Arbeit allerdings nicht nä-
      her eingegangen wird (s. dazu ausführlicher Zillmann, 1988a, 1988b).

richtenfaktoren, die ebenfalls eher Unterhaltungsfaktoren im weiteren Sinne darstellen: „Blogautoren berichten demnach vorrangig über Ereignisse, zu denen sie ihre eigene Meinung wortgewaltig und ausdrucksstark kundtun (Exzentrizität), über die sie mit Ironie, Spott, Zynismus oder Witz (Humor) oder über die sie in der ersten Person berichten (Subjektivität)" (S. 134).

Gerade für SN erscheint plausibel, dass sehr viele Inhalte (wie beispielsweise Videos oder Bilder) einen Unterhaltungscharakter haben und deswegen entsprechende Faktoren erfüllen, weshalb in unserem Fall der Unterhaltungsfaktor ‚Humor' mit aufgenommen wurde. Allerdings ist der Bereich der Unterhaltung im Rahmen der Nachrichtenwertforschung bislang wenig ausführlich behandelt worden, weshalb wir im Folgenden zwar weiterhin von Nachrichtenfaktoren sprechen wollen, darunter aber auch die Unterhaltungsfaktoren verstehen, die sich im Medieninhalt manifestieren.

> *Hin und wieder liest Marie aus Spaß gerne Klatschgeschichten, um ein sich ein wenig zu zerstreuen. Ein Artikel aus einem Boulevardmagazin, der den Familienhintergrund der Guttenbergs beleuchtet, stößt daher bei ihr auf großes Interesse.*

(c) Eine weitere inhaltliche Komponente betrifft die Idee des *Nutzwertjournalismus* (Eickelkamp, 2011). Der unterscheidet sich von anderen Journalismustypen (wie etwa dem investigativen Journalismus) dahingehend, dass er „den Rezipienten in einer Handlungsabsicht unterstützt" (hier und im Folgenden Fasel, 2004, S. 16) und dem Nutzer hilft, ein bestimmtes Ziel zu erreichen. Dies ermöglichen z.B. Beiträge, die Serviceinformationen wie Haushaltstipps oder Hinweise zu einem bestimmten Problem beinhalten. Die behandelten Themen sind daher „handlungs-, umsetzungs- und ergebnisorientiert" aufbereitet – und eben nicht primär ereignisbezogen wie in der Nachrichtenwerttheorie. Folglich wird Nutzwertjournalismus mit den Funktionen ‚Hinweise und Rat geben' und ‚Orientierung verschaffen' verbunden. Ein praktischer Nutzen entsteht allerdings erst dann, wenn der Einzelne den angebotenen Inhalt zu seinem Vorteil einsetzt, er ist daher als ein individuelles (und kein universelles) Merkmal zu verstehen. Medieninhalte können daher immer lediglich ein Nutzwert*potential* haben, da sich der konkrete Nutzwert nur in Abhängigkeit vom jeweiligen Rezipienten selbst bestimmen lässt.

Gerade die Orientierungsfunktion und der individuelle Nutzen machen den Nutzwertjournalismus interessant für SN-Aktivitäten, denn da SN generell der Orientierung des Nutzers an Anderen dient, könnte man vermuten, dass dazu häufig auf Nutzwertjournalismus zurückgegriffen wird. Erste Hinweise hierauf fand Thorson (2008), deren Untersuchung zeigt, dass vor allem Artikel über Probleme des alltäglichen Lebens per E-Mail weitergeleitet wurden.

> *Ein Bericht mit den Angaben zu einer öffentlichen Veranstaltung, zu der auch Gut-*
> *tenberg erwartet wird, hat für Marie einen Nutzwert, da sie sich überlegen wird, dor-*
> *thin zu gehen. Auch die Kritik zu Guttenbergs Biographie birgt großes Potential; da-*
> *her schickt sie den Link an Peter, der daraufhin überlegt, sich das Buch zu kaufen.*

Zusammenfassend können die sozial navigierten Medieninhalte also nicht nur anhand ihrer Nachrichtenwerte (inklusive der Unterhaltungsdimensionen), sonder auch gemäß ihres Nutzwertpotentials – oder einer Mischung dieser Kriterien – ausgewählt werden.

Kontextfaktoren

Neben beziehungsbezogenen und medieninhaltsbezogenen Einflussfaktoren spielen im Rahmen des SN-Prozesses auch Kontextfaktoren eine Rolle, zu denen generell alle situativen Umstände zählen, die den Gatekeeper umgeben. Dabei sind insbesondere folgende Faktoren hervorzuheben:

(1) die Kosten,

(2) das Nutzungsumfeld und

(3) die technischen Gegebenheiten.

(1) Da jeder Nutzungsvorgang aus ökonomischer Sicht immer mit bestimmten *Kosten* (s. Kap. 2.2) verbunden ist, lassen sich „unter Kosten [...] alle Ressourcen verstehen, die ein Konsument bzw. Rezipient aufbringen muss, um den erstrebten Nutzen zu erreichen" (Schweiger, 2007, S. 169), der sich aus der SN-Aktion ergibt. Kosten umschließen laut Schweiger (2007) monetäre Kosten, Zeit und kognitive Energie, die gemeinsam den Kontext der SN-Aktion bilden.

Monetäre Kosten betreffen bei SN zunächst die Anschaffung eines Internetanschlusses und der entsprechenden Hardware, was nur ausnahmsweise ins Gewicht fallen sollte, weil inzwischen die meisten Haushalte über entsprechendes Equipment verfügen (bzw. Personen kostengünstige oder kostenlose Alternativen wie Internetcafés oder Bibliotheken nutzen können). Der Faktor Zeit hingegen sollte für SN sicherlich einen nicht zu verachtenden Einfluss besitzen: Vermutlich ist davon auszugehen, dass eine Person keine SN-Aktion ausführt, wenn sie in diesem Moment keine zeitlichen Ressourcen zur Verfügung hat; eventuell verschiebt sie diese Aktion auf einen späteren Zeitpunkt. SN bietet aber umgekehrt gerade eine Möglichkeit zur Zeitersparnis, weil zu einem Sachverhalt nicht aufwändig recherchiert werden muss, sondern den Empfehlungen Anderer gefolgt werden kann. Ein dritter Faktor kann die generell oder situativ verfügbare kognitive Energie sein. Dass die unterschiedlichen SN-Aktionen dabei unterschiedlichen Aufwand und somit unterschiedlich hohe Kosten verursachen, wurde oben bereits verdeutlicht (s. Kap. 2.2). So ist es z.B. wichtig, welche SN-Aktion in einer bestimmten Situation und mit bestimmten Rahmenbedingungen ausgeführt wird: Einen Artikel nur zu lesen und mit einem kurzen Klick eine Bewertung abgeben fordert sicher weniger Ressourcen, als wenn auch noch ein Blogbeitrag produziert wird, der Zeit und gedanklichen Aufwand bedeutet – selbst wenn die genauen Kosten hierfür je nach Web-Angebot zuweilen unterschiedlich sind und nicht pauschal angegeben werden können.

> *Maries Vater Norbert ist gerade im Büro und hat Stress. Darum hat er keine Zeit, Maries geposteten Link zu lesen und tut dies erst in der Mittagspause. Auch Peter kann sich diesen Post nicht genauer angucken, da er zu müde ist, den Beitrag konzentriert zu lesen. Lisa allerdings hat gerade ein neues Smartphone geschenkt bekommen und kann den Artikel deshalb direkt im Park überfliegen.*

(2) Darüber hinaus werden bestimmte SN-Aktionen eher im privaten, andere hingegen eher im beruflichen *Umfeld* genutzt, wo es eine Rolle spielen kann, ob man sich im öffentlichen oder im nicht-öffentlichen Bereich befindet – und ob und wieviele weitere Personen anwesend sind. Außerdem können bestimmte Routinen das SN-Verhalten beeinflussen, u.a. wenn sie mit bestimmten Tageszeiten verbunden sind, worunter auch die aus Routinen gewohnte Ausführung von SN-Aktionen gehören könnte.

> *Marie geht jeden Tag online. Bevor sie ihre Seminare vorbereitet, schaut sie normalerweise zuhause bei Facebook rein und überprüft, was alles gepostet wurde. Verschläft sie ausnahmsweise, holt sie dies erst im Café der Universität nach. Trifft sie dort jedoch auf ihre Dozenten, ist es ihr unangenehm und sie wartet, bis diese weg sind.*

(3) Des Weiteren können *technische Gegebenheiten* wie die Modalitäten der Internetverbindung als Einflußfaktor auf SN hinzutreten. Außerdem setzen bestimmte SN-Aktionen voraus, dass auf den Internetseiten die entsprechenden Bedingungen dafür geschaffen wurden.

Die eben angeführten Einflussfaktoren (bei denen es sich um keine vollständige Aufzählung handelt) lassen sich an unterschiedlichen Stellen in unserer (in Anlehnung an den DTA) modellierten Kommunikationssituation verorten (s. Abb. 14).

Abbildung 14: Modellierung des SN-Prozesses auf Mikroebene, finale Stufe

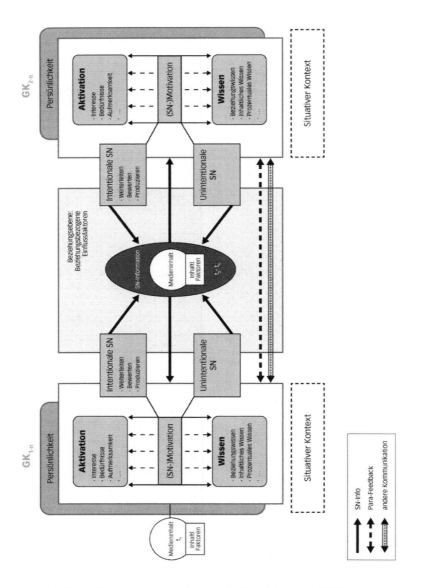

Quelle: Eigene Darstellung in Anlehung an Früh & Schönbach, 1982

Abschließend lässt sich die in diesem Kapitel geleistete Modellierung eines SN-Prozesses auf Mikroebene in der gebotenen Kürze wie folgt zusammenfassen: SN konstituiert sich aufgrund einer Kommunikationssituation zwischen zwei Gatekeepern, wobei die Persönlichkeit des Gatekeepers (insbesondere dessen Meinungsführerschaft) eine wichtige Einflussgröße darstellt. Darüber hinaus sind bestimmte Motive und Faktoren von Bedeutung, die sowohl die Intratransaktionen innerhalb der einzelnen Gatekeeper als auch – in der Konsequenz – die Intertransaktionen zwischen den beiden Gatekeepern sowie zwischen ihnen und dem Medieninhalt beeinflussen.

3.2 Modellierung des Social-Navigation-Prozesses auf der Mesoebene

Nachdem in den vorigen Abschnitten sehr ausführlich eine theoretische Modellierung von SN auf Mikroebene erfolgte, soll im Folgenden zumindest angedeutet werden, welche theoretischen Anknüpfungpunkte SN auf einer Mesoebene besitzt. Schließlich handelt es sich bei SN um ein soziales Phänomen: Da SN die Orientierung an Anderen beschreibt, ist davon auszugehen, dass sich das soziale Umfeld und insbesondere Prozesse innerhalb der einzelnen Sozialen Gruppen auf die Emergenz und den Ablauf von SN-Dynamiken auswirken.

Hier bestehen Parallelen zu den von Shoemaker und Vos (2009) modellierten Ebenen der Kommunikationsroutinen und der Organisation im Gatekeeping-Prozess. Die Verfasser sehen hierbei die Organisation (bzw. die Redaktion) aufgrund ihrer Charakteristika und der Auswahl durch Kommunikationsroutinen als wesentliche Einflussgröße im Selektionsprozess an. Da der Fokus unserer Überlegungen auf nicht-institutionellen Gatekeepern liegen soll, erscheint für das Thema SN die Idee wenig passgenau, hier Organisationen in den Mittelpunkt zu stellen.

Vielmehr tritt in unserer Modellierung an die Stelle der Organisation oder der Redaktion die *Soziale Gruppe* wie beispielsweise der Freundeskreis, weitere Bekanntenkreise oder auch die Familie. Die Soziale Gruppe kann sehr unterschiedlich ausgestaltet, und ihre Netzwerkstruktur größer oder kleiner, isolierter oder eben stark untereinander sowie mit anderen Gruppen vernetzt sein (s. Abb. 15).[33] Diese Grundstruktur entspricht den ‚Small World Networks‘, die sich durch eine Konstellation aus vielen kleineren, dicht organisierten Netzwerken mit schnellem Kommunikationsfluss und einzelnen Akteuren, die zwischen diesen Kernnetzwerken vermitteln, auszeichnet (Shirky, 2008, S. 212-218). Ähnlich lassen sich innerhalb der Gruppen unter-

---

33 Da Überlegungen zur Mesoebene nicht im Zentrum unserer theoretischen Modellierung stehen können, werden im Folgenden die Begriffe der Sozialen Gruppe sowie der Sozialen Rollen nicht weiter diskutiert (s. dazu ausf. Sader, 2002; Homans, 1972; Coser, 1999).

schiedliche Konstellationen von starken und schwachen Bindungen auffinden, die sich durch verschiedene Arten von Sozialem Kapital auszeichnen
(s. beispielsweise Field, 2003).

Abbildung 15: Social Navigation in Gruppen

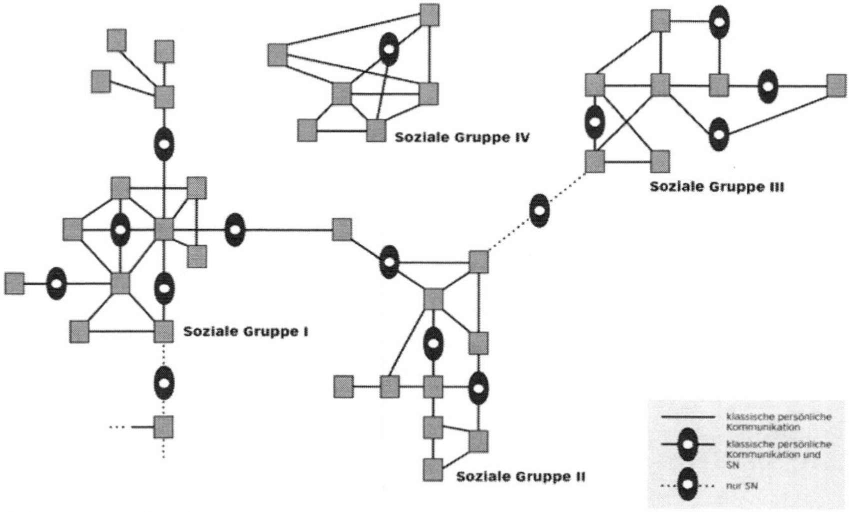

Quelle: Eigene Darstellung

Darüberhinaus bilden sich innerhalb der Sozialen Gruppe bestimmte, über
einzelne Situationen hinaus stabile Kommunikationsstrukturen und Charakteristika aus, die sich auf die Ausführung und Rezeption von SN auswirken.
Sicherlich ist es beispielsweise in einigen Gruppen Teil der Kommunikati-
onsstruktur, im Internet permanent aktiv zu sein, worunter auch der Austausch über bestimmte Medieninhalte fiele, der konsequenterweise mit SN-
Aktionen verbunden ist. Allerdings existieren gerade in der älteren Generation zahlreiche Soziale Gruppen, bei denen dieser Informationsaustausch
über das Internet nicht üblich ist (Busemann & Gscheidle, 2010).

Die Verbindung zwischen zwei Personen in der Gruppe kann also entstehen (1) durch klassische persönliche Kommunikationssituationen (offline
und/oder online); (2) durch klassische persönliche Kommunikationssituationen plus SN; aber auch (3) nur durch SN (s. Abb. 15). Letzteres ist der
Fall, wenn SN-Informationen von unbekannten Personen aufgenommen
und weiterverbreitet werden, etwa bei einem Link innerhalb eines Kommen-
tars auf *YouTube*, der von unbekannten Personen gepostet wurde und dann
per Mail weitergeleitet wird – also derart in eine neue Soziale Gruppe (d.h. in
ein neues Netzwerk) gelangt.

> *Marie und ihre Freunde aus ihrer Heimatstadt haben sich nach dem Abitur über ganz Deutschland, die Niederlande und die USA verteilt. Sie bilden nach wie vor eine Soziale Gruppe, die eben über das Internet den Kontakt aufrechterhält. So betreiben sie einen gemeinsamen Blog, auf dem sie sich u.a. über Neuigkeiten aus ihrem derzeitigen Wohnort austauschen, indem sie darüber Beiträge posten und kommentieren. Wie früher postet gerade Marie sehr viel auf dem Blog (vor allem Politisches), und deshalb berichtet sie natürlich auch über die Affäre Guttenberg, um ihre Freunde im Ausland auf dem Laufenden zu halten.*
>
> *Eine Soziale Gruppe, der Peter angehört, ist seine Familie. Hier findet jedoch weniger Kommunikation im Internet statt, weil beispielsweise seine Großeltern gar keinen Internetanschluss besitzen.*

Im Vergleich zur Organisation nach Shoemaker und Vos (2009) ist die Soziale Gruppe im privaten Bereich bei SN jedoch weniger durch vorgegebene Rollenstrukturen determiniert. Eine Rollenbildung findet trotzdem durch Interaktionen statt, und in diesem Zusammenhang ist davon auszugehen, dass SN durch bestimmte Rollenerwartungen gefördert bzw. gehemmt werden kann. Hier wäre u.a. auf das bereits erläuterte Konzept der Meinungsführerschaft (s. Kap. 3.1.5) zu verweisen, welches übertragen auf SN nahelegt, dass es Personen gibt, die sich wesentlich häufiger mit anderen Personen über Medieninhalte austauschen, ein besonders großes Ego-Netzwerk aufweisen und sich auch eine größere Zahl von Personen an ihnen orientiert. Auch die Ausführungen zum beziehungsbezogenen Einflussfaktor des sozialen Drucks (s. Kap. 3.1.6) werden im Gruppenkontext wieder relevant: So besagt das ‚Exposure'-Konzept, dass man sich eine Innovation (oder in diesem Fall einen Medieninhalt) umso schneller aneignet, je mehr Personen im eigenen Netzwerk diesen adaptieren bzw. lesen (Valente, 2005).

> *Wenn es um Politik geht, nimmt Marie im besagten Freundeskreis die Rolle des Meinungsführers ein. In dieser Funktion fühlt sie sich berufen, die Berichterstattung zu Guttenberg zu filtern und zu posten, da sie weiß, dass ihre Freunde im Ausland dies von ihr erwarten. Da die Beiträge im Anschluss von vielen ihrer Freunde im Ausland kommentiert werden, fühlen sich weitere Freunde dazu aufgefordert, den nächsten Beitrag ebenfalls zu diskutieren.*

Durch die Eigenart der Sozialen Gruppen mit den ihnen eigenen Kommunikationsstrukturen, Rollenbildern und -erwartungen sind außerdem einige Entwicklungen denkbar, die sich im Aggregat auf eine makrotheoretische Ebene auswirken (s. Kap. 3.3). Denn obwohl sich die Sozialen Gruppen untereinander bezüglich ihrer Ausgestaltung voneinander unterscheiden, haben sie gemein, dass der Kern einer Sozialen Gruppe meist sehr homogen ist

(Schorf, 2008; Webster, 2011). Deswegen ist denkbar, dass aufgrund der Interessen der Gruppe nur bestimmte Medieninhalte die jeweiligen ‚Gates' passieren und innerhalb der Gruppe verbreitet und diskutiert werden.

Zu begründen wäre diese These beispielsweise mit dem Konzept der ‚Selective Exposure' (Bryant & Davies, 2008), wobei sich deren Effekt in einer Gruppensituation potenzieren würde, fände in der Gruppe ein Informationstausch statt:

> „If group members are inclined toward selective exposure it is likely that the group's attention will be focused on things that resonate with the interests and predispositions that characterize the network. These modes of recommendation may bias consumption in the direction of ever more agreeable entertainment and information" (Webster, 2011, S. 53).

Zusätzlich entstehen innerhalb der Sozialen Gruppe spezifische Normen und Werte (analog zur Organisation: Schoemaker & Vos, 2009), die sich u.a. im SN-Kommunikationsverhalten manifestieren. Durch die mögliche Vorab- und Anschlusskommunikation in klassischen persönlichen Kommunikationssituationen, aber ebenso durch bereits in der Vergangenheit liegende SN-Übermittlungen und deren Feedback bilden sich bestimmte SN-Handlungsmuster heraus. Dazu gehören beispielsweise auch Merkmale, die ein Medieninhalt besitzen sollte, um ihn innerhalb einer spezifischen Gruppe weiterzugeben.

Denn wie sich Journalisten an organisationsspezifisch institutionalisierten Nachrichtenfaktoren orientieren und diese auch stärker wahrnehmen (Engelmann, 2012), so könnten sogar auf SN bezogene, gruppenspezifische Nachrichtenfaktoren entstehen, aufgrund derer Medieninhalte mit bestimmten Nachrichtenfaktoren(-bündeln) innerhalb der Gruppe bevorzugt navigiert werden.

Empirische Evidenz erhalten solche Überlegungen beispielsweise durch die Ergebnisse einer Studie zu *Twitter* von Himelboim, McCreery und Smith (2011): Deren Kombination von Inhalts- und Netzwerkanalyse zeigt, dass sich bestehende Netzwerke hauptsächlich Informationen mit einer ähnlichen politischen Färbung zukommen lassen, also diesbezüglich gleichgesinnt (‚like-minded') sind. Auch Webster (2011, S. 47) betont: „The so-called social media (e.g., MySpace, Facebook, Delicious, Digg, Yahoo, etc.) often help people coalesce into like-minded communities, which can lead members to media products and messages that resonate with group norms".

Diese Effekte in Netzwerken können sich durch ein technisches Element weiter verstärken, wenn der Einsatz von Algorithmen nämlich wie ein sozialer Gruppenfilter wirkt (Lehr, 2012): Auf *Facebook* etwa werden die Statusmeldungen von Freunden (soweit vom nicht anders Nutzer eingestellt) eher angezeigt als die von entfernten Bekannten, mit denen man weniger in Kontakt steht. Die mediale Orientierung via SN könnte aufgrund dessen so stark auf die eigene Soziale Gruppe fokussiert sein, dass deren Mitglieder nicht nur ein sehr eingeschränktes Wissen von den Themen der allgemeinen Medienagenda erlangen, sondern sich primär spezifische Gruppenagenden ausbilden, die in der Folge erneut die weitere Mediennutzung determinieren. Auf makrotheoretischer Ebene werden diese Annahmen im folgenden Kapitel in Bezug zur Integrationsfunktion der Medien gesetzt (s. Kap. 3.3).

> *Peter ist seit kurzem in der Hochschulgruppe der Jusos, welche ein gemeinsames Diskussionsforum hat, in dem auch aktuelle Politik diskutiert wird. Für den Fall, dass er nur hier nach neuen Beiträgen schaut, würde sein Nachrichtenhorizont erheblich eingeschränkt. Aber auch die Hinweise in seinem Facebook-Account würden von den Vorlieben dieser Hochschulgruppenmitglieder dominiert, weshalb er nach einer Weile nur noch zu den Gruppeninteressen konsistente Empfehlungen erhält.*

Schließlich ist zu bedenken, dass zwischen den verschiedenen Sozialen Gruppen im Sinne des Meinungsführerkonzepts sogenannte ‚Marginale' (Weimann, 1982) oder ‚weak ties' (Granovetter, 1973) vermitteln, die eine Brückenfunktion innehaben. Diese ‚Marginalen' nehmen innerhalb von zwei Gruppen eine Randposition, aber damit gleichzeitig eine Verbindungsposition ein, was den Austausch zwischen diesen beiden Gruppen ermöglicht. Derart dienen sie als Informationsnavigatoren von einer Gruppe in die andere. Durch Social Networking Sites wird es beispielsweise immer einfacher, auch als randständiges Gruppenmitglied Informationen zu erhalten, weiterzugeben und (zumindest quantitativ) immer größere persönliche Netzwerke aufzubauen. ‚Marginale' sorgen hier dafür, dass ein bestimmter Medieninhalt nicht nur innerhalb einer Gruppe, sondern auch zwischen Gruppen deutlich schneller verteilt werden kann. Auf makrotheoretischer Ebene begründen sich hieraus u.a. Diffusionsprozesse, worauf der nachfolgende Abschnitt noch ausführlicher Bezug nimmt.

> *Da Peter noch nicht lange in der Hochschulgruppe der Jusos aktiv ist, nimmt er hier die Rolle eines ‚Marginalen' ein, der sich außerdem noch ab und zu in der evangelischen Hochschulgruppe engagiert. Über beide Netzwerke verteilt Peter die ihn von Marie erreichenden Informationen über Guttenberg. Erhält er einen interessanten Link von den Jusos, schickt er ihn auch an den internen Verteiler der evangelischen Hochschulgruppe weiter und umgekehrt.*

Zusammenfassend lassen sich aus diesen Überlegungen u.a. folgende theoretische und empirische Fragestellungen für die Untersuchung von SN auf einer Mesoebene formulieren:

- Gibt es hinsichtlich SN feststehende Kommunikationsstrukturen in einzelnen Sozialen Gruppen, und wie lassen diese sich ggf. typologisieren?

- Wie stark beschränkt sich SN innerhalb der Sozialen Gruppe auf die geteilten Medieninhalte, und welche weiteren Informationsquellen werden dazu ergänzend aufgetan?

- Inwieweit weicht die durch SN geprägte Gruppenagenda von der Medienagenda (oder einer allgemeinen Publikumsagenda) ab?

3.3 Modellierung des Social-Navigation-Prozesses auf Makroebene

Nachdem in den vorigen Abschnitten ein SN-Prozess auf Mikroebene modelliert und anschließend perspektivisch auf die Mesoebene erweitert wurde, lässt sich im Anschluß fragen, welche Auswirkungen SN auf der Makroebene von Gesellschaften und ihren Teilpopulationen besitzt. Für diese – in Ermangelung empirischer Studien ebenfalls rein theoretischen und hochgradig spekulativen – Überlegungen bieten die Erkenntnisse der Diffusionsforschung und der Forschung zu Themenzyklen naheliegende Anknüpfungspunkte. Allerdings wollen wir unsere makrotheoretische Betrachtung zunächst in den Kontext des DTA einbetten, bevor wir ausgewählte Aspekte der Diffusionsforschung mit dem Phänomen SN zusammenführen. Abschließend werden diese Annahmen im Kontext des Spannungsfeldes von Integration und Fragmentierung diskutiert.

Auf eine Makroebene bezogen geht Früh (1991) davon aus, dass sich Diffusionsprozesse aus Sicht des DTA ebenfalls präziser beschreiben lassen, weil es nicht ausreiche, hier allein von einem Infusionsprozess in ein soziales System auszugehen. Dieser Infusionsprozess besagt, dass der Medieninhalt in ein System eintritt und dort – unabhängig von den Eigenschaften und Interpretationen des Systems und der Beteiligten – eine Wirkung erzielt. „Das dynamisch-transaktionale Modell schlägt vor, diese Perspektive aufzugeben zugunsten einer anderen, in der sowohl die Information über die Neuerung als auch das Vorwissen und die Einstellungen ihrer Rezipienten gleichberechtigt in ihren Wechselbeziehungen untersucht werden" (Schönbach & Früh, 1984, S. 321). Diese repräsentieren im Rahmen der Diffusionsforschung wichtige Einflussgrößen, die sich, wie bereits bei der Modellierung des SN-Prozesses auf Mikroebene deutlich wurde, innerhalb des DTA plausibel verorten lassen.

Wichtige Erkenntnisse der Diffusionsforschung basieren auf der Studie von Ryan und Gross (1943) zur Verbreitung von Saatgut aus dem Bereich der Landwirtschaft sowie (aus kommunikationswissenschaftlicher Sicht) auf der ersten Nachrichtendiffusionsstudie zum Tode von Franklin D. Roosevelt (Miller, 1945). Den folgenden Überlegungen dient folgende Definition von Diffusion als Arbeitsgrundlage:

> „Viewed sociologically, the process of diffusion may be characterized as the (1) acceptance, (2) over time, (3) of some specific item – an idea or practice, (4) by individuals, groups or other adopting units, linked to (5) specific channels of communication, (6) to a social structure, and (7) to a given system of values, or culture" (Katz, Levin & Hamilton, 1963, S. 240).

SN als sozialer Prozess, dem die Akzeptanz einer Handlungsweise oder eines Themas durch Individuen oder Personengruppen zugrundeliegt, wird in zweierlei Hinsicht von Diffusionsprozessen betroffen: Einerseits (1) auf einer Metaebene, inwieweit SN als Innovation selbst adoptiert (also genutzt) wird, und andererseits, inwiefern (2) einzelne Formen von SN für Diffusionsverläufe von Informationen eine Rolle spielen.

Zunächst soll (1) die Verbreitung des Phänomens SN als Innovation betrachtet werden, und zwar vor dem Hintergrund des von Rogers (2003) entwickelten Innovation-Decision-Prozesses, dessen ursprüngliche Definition folgendermaßen lautet:

> „The innovation-decision process is essentially an information-seeking and information-processing activity in which an individual is motivated to reduce uncertainty about advantages and disadvantages of an innovation" (Rogers, 2003, S. 172).

Die aufeinanderfolgenden Phasen beschreiben zunächst das Wissen über eine Innovation (Knowledge Stage), die sich anschließende Bildung einer Einstellung gegenüber dieser Innovation (Persuasion Stage), dann die Entscheidung über die Übernahme bzw. Zurückweisung einer Innovation (Decision Stage), bevor es zur Verwendung der Innovation (Implementation Stage) und letztendlich zur Entscheidung über die weitere Verwendung der Innovation kommt (Confirmation Stage).

Bei der Adaption der Innovation SN als Handlungskonzept ist der komplette Innovation-Decision Process relevant, da man mit der Möglichkeit, z.B. Inhalte zu bewerten oder diese zu kommentieren, erst einmal vertraut gemacht werden muss, um sie zukünftig regelmäßig auszuführen – oder im Gegenteil überhaupt nicht zu verwenden.

> *Marie erzählt ihrer 13-jährigen Cousine Lisa von der Möglichkeit, Links direkt von YouTube aus verschicken zu können. Diese hält, wie bereits erwähnt, viel von Marie und will ihr nacheifern. Sie verschickt daraufhin einen Link zu einem Video an Freunde. Da sie ein positives Feedback bekommt, fängt sie an, regelmäßig Links zu verschicken.*

Daneben bildete Rogers (2003) im Rahmen der Diffusionsforschung fünf Adoptorenkategorien, basierend auf der individuellen Innovationsbereitschaft: Innovators, Early Adopters, Early Majority, Late Majority und Laggards. Diese Adoptorenkategorien lassen sich mit Hilfe der glockenförmigen, normalverteilten Kurve des Adoptionsprozesses idealtypisch veranschaulichen, aus der sich die Anzahl der Adoptoren zu einem bestimmten Zeitpunkt ablesen lässt (s. Abb. 16).

Abbildung 16: Adoptorenkategorien auf der Basis ihrer Innovationsbereitschaft

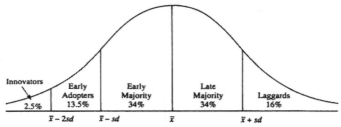

Quelle: Rogers, 2003, S. 280

Eine wichtige Rolle spielen hier erwartungsgemäß die Innovatoren: „[T]he innovator plays a gatekeeping role in the flow of new ideas into a system" (Rogers, 2003, S. 283). Meinungsführer (s. Kap. 3.1.5) finden sich allerdings vor allem unter den Early Adopters und können in ihrer Funktion „den zeitlichen Verlauf des Diffusionsprozesses positiv beeinflussen, d.h. beschleunigen" (Eisenstein, 1994, S. 127). Meinungsführer sind also bei SN in doppelter Hinsicht relevant: Sie gehören zu den Early Adopters und nutzen SN generell früher als andere Menschen, und sie verwenden gleichzeitig SN als Kommunikationstool, um ihren rollenimmanenten Funktionen nachzukommen (vgl. auch Schenk & Scheiko, 2011).

> *Da Marie, wie erwähnt, zu den Meinungsführern in ihrem Freundeskreis gehört und früh angefangen hat, SN zu nutzen, wird sie zu den Early Adopters gezählt. Lisa hat, von der Vielzahl von Maries SN-Aktionen beeindruckt, etwas später angefangen, SN zu nutzen und gehört somit zur Early Majority.*

Geht man nun davon aus, dass die Innovation SN bereits auf dieser Meta-ebene zu einem gewissen Grad diffundiert ist und von Internetnutzern angenommen wurde, stellt sich darüber hinaus (2) die Frage, inwieweit SN für die Verbreitung von einzelnen Themen oder konkreten Medieninhalten einen Einflußfaktor im Zeitverlauf darstellen kann. Bei der Diffusion von Beiträgen sind Nachrichtenfaktoren (s. Kap. 3.1.6) bekanntlich bedeutende intervenierende Variablen (Eisenstein, 1994), die die Geschwindigkeit des Diffusionsprozesses beeinflussen können. Insgesamt ist die Diffusion von Informationen und Ereignissen (im Gegensatz zur Diffusion von Produkten) durch eine wesentlich kürzere Zeitspanne gekennzeichnet. Rogers (2003) fasst diesen Befund wie folgt zusammen:

> „Nevertheless, news events diffuse in a generally similar fashion: the distribution of knowers over time follows an S-shaped curve, interpersonal and mass media channels play comparable roles, and so on. One difference from the diffusion of other innovations is that news events spread much more rapidly" (S. 75).

Betrachtet man nun die Verbreitung eines Inhaltes über SN unter Berücksichtigung des zuvor modellierten SN-Prozesses auf Mikroebene, kann sich eine weitreichende, netzwerkförmige[34] Diffusion ergeben, die durch die einzelnen SN-Aktionen (bzw. durch die Rezeption sozial navigierter Medieninhalte) ausgelöst oder verstärkt wird. Nach Jan-Hinrik Schmidt entsteht durch SN auf diese Weise ein „Netzwerk von Verweisen, die durch einen bestimmten Artikel bei *Spiegel Online* zum Beispiel [...] angestoßen sind, auf den sich eine Vielzahl von Menschen bezieht und diesen irgendwie einordnet und bewertet."[35]

Lisa ist ein großer Fan des Teenie-Idols Justin Bieber und schickt Marie häufig Links dazu. Marie schaut diese Videos immer aufmerksam an und hat somit ihr Wissen über das Thema erweitert.

Im Extremfall könnte ein Medieninhalt durch die kaskadenartige Anreicherung mit SN-Informationen in Form von Bewertungen, Klickzahlen oder Kommentaren im Zeitverlauf schneeballartig eine größere Zahl an Menschen erreichen, als dies eine einmalige massenmediale Verbreitung ermöglichen würde (s. Abb. 17). Anhand veschiedener Fallbeispiele wies Eble (2011) in seiner Studie zu den Nutzerkommentaren auf 19 *YouTube*-Videos unterschiedliche Diffusionsverläufe nach, bei denen die höchte Resonanz

---

34 Diese Arbeit beschäftigt sich nicht näher mit Erkenntnissen der Netzwerkforschung, weshalb an dieser Stelle keine weiteren Definitionen von entsprechenden Begriffen erfolgen (s. dazu ausführlicher Stegbauer & Häußling, 2010).
35 Experteninterview mit Dr. Jan-Hinrik Schmidt am 08.02.2011.

teilweise sofort nach Veröffentlichung, zuweilen aber auch erst einen Monat danach zu verzeichnen war und sich erhebliche Teile der Kommentierungen nicht auf das ursprüngliche Video, sondern auf dessen frühere Kommentierungen bezogen.

Abbildung 17: Modellierung des SN-Prozesses auf Makroebene

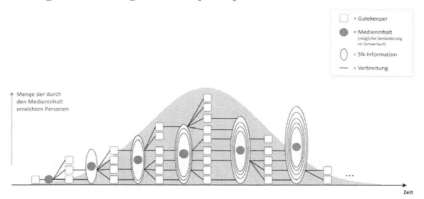

Quelle: Eigene Darstellung

Idealtypisch würde ein Medieninhalt durch verschiedene SN-Aktionen der einzelnen Gatekeeper – sowie durch die jeweilige Rezeption dieses sozial navigierten Medieninhalts durch weitere Personen – immer weiter mit SN-Informationen ‚angereichert', was im Schaubild die anwachsenden Ringe um den Medieninhalt verdeutlichen. Diese zusätzlichen Informationen, die zu den ursprünglichen Informationen des Medieninhalts hinzutreten, können dann von nachfolgenden Nutzern als weitere Relevanzindikatoren und Selektionskriterien genutzt werden (s. Kap. 3.1.6). Dadurch könnte dem Medieninhalt durch SN im Aggregat gewissermaßen eine immer größere Aufmerksamkeit zukommen, wodurch er eine wachsende Menge an Personen erreichen würde, was die bereits beschriebene Glockenkurve verdeutlicht.

Es kann sich bei diesen Gatekeepern in den unterschiedlichen Phasen sowohl um nicht-institutionelle als auch um institutionelle Gatekeeper handeln (s. Kap. 3.1.2), wobei deren Funktion Auswirkungen auf die Menge der durch den Medieninhalt erreichten Personen haben kann. Wird beispielsweise der Beitrag eines nicht-institutionellen Gatekeepers durch verschiedene SN-Aktionen mit SN-Informationen ‚angereichert' und aufgrund dessen von einem institutionellen Gatekeeper aufgegriffen, kann der Medieninhalt weitere Personen erreichen und die Aufmerksamkeit steigt an. Insbesondere tritt dieses Phänomen dann ein, wenn es sich bei diesem institutionellen Gatekeeper um einen Journalisten eines klassischen Mediums (ob online oder offline) handelt, der diesen Medieninhalt in seine klassische Form der Berichterstattung mit ihren traditionellen Verbreitungswegen integriert (Springer & Wolling, 2008). In diesem Fall lässt sich aufgrund der oft hohen Reichweite dieser Medien mit einer sprunghaften Weiterverbreitung rechnen.

Maries bei Facebook geposteter Spiegel Online-Beitrag über Guttenberg ist für Peter zunächst nur von Interesse, weil er von Marie empfohlen wurde. Er liest den Beitrag und klickt auf den ‚Gefällt mir'-Button. So erhält der Beitrag auch die Aufmerksamkeit von weiteren Kommilitonen, die den Beitrag teilweise lesen und auch auf den Button klicken. Ein befreundetes Mitglied von den Jusos schreibt sogar einen längeren Kommentar unter den geposteten Beitrag. So erreicht der Beitrag durch die SN-Aktionen der Rezeption, der Bewertung und der Produktion nach und nach immer mehr untereinander vernetzte Personen, bis irgendwann andere Statusmeldungen und gepostete Beiträge wichtiger werden. Marie hat den Beitrag aber auch an ihre Cousine Lisa geschickt, die den Link zunächst nicht öffnet, weil sie für einen Vokabeltest am nächsten Tag lernen muss. Die schneeballartige Verbreitung kommt an dieser Stelle an ein Ende, kann sich aber an anderer Stelle bei anderen Personen weiter fortsetzen.

Allerdings sei darauf hingewiesen, dass sich ein Beitrag nach seiner Veröffentlichung im Internet noch verändern kann. Im Internet spielen, wie bereits erwähnt, Schnelligkeit und Dynamik eine große Rolle (s. Kap. 3.1.6), weshalb es häufig zu inhaltlichen Veränderungen von Beiträgen kommt. Damit wird eine wechselseitige Beeinflussung zwischen dem Gatekeeper, dem Medieninhalt und den SN-Informationen möglich. Letztere können für den Gatekeeper – ob institutionell oder nicht-institutionell – beispielsweise eine Form des Feedbacks darstellen, aufgrund dessen er den Beitrag ggf. ändern und neue Inhalte hinzufügen kann. Dass SN-Informationen zu Beiträgen durchaus von den Journalisten verfolgt werden, bestätigt auch Björn Sievers:

> „Es [das Kommentieren] ist vor allen Dingen aber auch eine Möglichkeit für uns, Stimmungen wahrzunehmen, also zu gucken, was interessiert die Leute und vor allem auf welche Weise interessiert sie ein bestimmtes Thema. Und es ist manchmal auch ein Themenrechercheinstrument. [...] Wenn man dann in dem Moment in die Kommentare rein guckt, dann sieht man meistens schon, [...] dass es immer noch Lücken gibt in der eigenen Berichterstattung. Dann kann man auch das Feedback wiederum aufsammeln und benutzen für seine eigene Themenfindung."[36]

---

36   Experteninterview mit Björn Sievers am 29.01.2011.

Der in Abbildung 17 dargestellte Prozess verdeutlicht allerdings nur einen idealtypischen Verlauf, der sich zum einen noch längere Zeit fortsetzen ('Long Tail'), zum anderen aber auch zu einem früheren Zeitpunkt beendet werden kann. Letzteres wird im Modell durch jene Gatekeeper angedeutet, von denen keine weitere Verbreitung ausgeht, d.h. es erfolgt keine weitere Rezeption des jeweiligen Beitrages und es werden keine SN-Aktionen mehr ausgeführt. Insgesamt könnte SN also einerseits dazu führen, dass ein Beitrag schneller verbreitet wird – und andererseits außerdem dazu, dass er insgesamt mehr Personen erreicht.

Abbildung 18: Idealtypischer zufälliger Themenzyklus mit Phasen

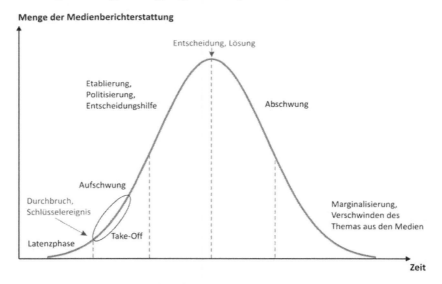

Quelle: Eigene Darstellung nach Kolb, 2005, S. 80; Rogers, 2003

Eine Adaption der glockenförmigen Diffusionskurve auf einzelne Beiträge (beispielhaft s. Abb. 18) leistet das Konzept der Themenzyklen, die sich auf die inhaltliche Karriere beziehen, die ein Thema durchläuft (Kolb, 2005).[37] An die Stelle der einzelnen Adoptorenkategorien treten nun bestimmte Phasen (Latenz-, Aufschwung-, Etablierungs-, Abschwung- und Marginalisierungsphase). In einen größeren medialen Zusammenhang eingeordnet

---

37   In diesem Zusammenhang können die Ausführungen zu der Verbreitung von Extrem-
       ereignissen genannt werden, wie z.B. die Anschläge vom 11. September (Emmer, Kuhl-
       mann, Vowe & Wolling, 2002). Hierbei kann zwar auch SN eine Rolle spielen, Extrem-
       ereignisse sind jedoch bei den weiteren Ausführungen nicht weiter von Belang.

kommt es zu einer wechselseitigen Beeinflussung der Aufmerksamkeit für einen einzelnen Beitrag, d.h. der Menge der von dem Beitrag erreichten Personen und dem Umfang der Medienberichterstattung (s. Abb. 19).

Die grau hinterlegte Kurve stellt hierbei erneut die idealtypische Verbreitung eines Medieninhalts via SN dar, während die drei gestrichelten Kurven unterschiedliche Verläufe der klassischen Medienberichterstattung (online/offline) über das Beitragsthema symbolisieren. In Fall (1) geht die professionelle Berichterstattung voraus, d.h. die Medienresonanz erreicht ihren Höhepunkt, bevor die im Wesentlichen von ihr stimulierten SN-Aktivitäten nachziehen. Der zweite Fall beschreibt eine parallele Entwicklung z.B. bei aktuellen Ereignissen, deren Medienkarriere von intensiven Kommentierungen, Bewertungen und Weiterleitungen einzelner Inhalte begleitet wird. Fall (3) hingegen deutet an, dass eine virale Verbreitung eines Beitrags über SN-Netzwerke auch zum ,Spill Over' auf die klassische Medienagenda führen kann. In der Aufschwungphase (,take off'; Abb. 18) lautet deren Definition wie folgt: „[A] spill-over effect [is] an issue spilled like a wave from the alternative into the established media" (Mathes & Pfetsch, 1991, S. 51).

Abbildung 19: Wechselwirkung zwischen der Menge der Berichterstattung und der Menge der durch den Medieninhalt erreichten Personen durch SN

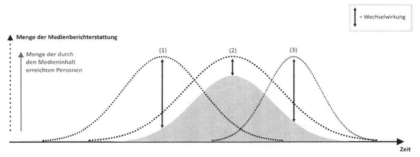

Quelle: Eigene Darstellung

Übertragen auf SN wäre analog anzunehmen, dass ein öffentlich wenig beachtetes Thema durch SN soviel Aufmerksamkeit erlangt, dass es nach seinem ,take off' via SN von den klassischen etablierten Massenmedien aufgegriffen wird. Diese könnten entweder auf Basis eines Medieninhaltes oder eben eines Themas selbst neue Medienitems hervorbringen, die ihrerseits wieder Gegenstand von SN-Prozessen werden und die Diffusion der betreffenden Inhalte beschleunigen können. Hieraus können sich anschließend auf der Makroebene erhebliche Auswirkungen von SN auf die Ausprägung von Themenzyklen ergeben, deren Dynamiken eingehender zu betrachten sind.

Auch diese Darstellungen zeigen natürlich nur exemplarische Muster, zu denen zahlreiche alternative Verläufe denkbar sind: „Insgesamt zeigt sich in Themenzyklusstudien, dass die typische Themenkarriere durchaus nachgewiesen werden kann, viele andere Themenverläufe sind jedoch denkbar" (Waldherr, 2008, S. 297).

Kurve (1): Marie verfasst auf ihrem Blog einen Kommentar zum Thema Guttenberg. Zu diesem Zeitpunkt ist die Medienberichterstattung bereits etwas abgeflacht, weshalb Maries Blogeintrag wenig Resonanz erhält.

Kurve (2): Ein Spiegel Online-Artikel, der sich gleich zu Beginn der Plagiatsaffäre mit dem Thema beschäftigte, nimmt in seiner SN-Resonanz einen ähnlichen Verlauf wie die Medienberichterstattung.

Kurve (3): Marie bekommt von ihrer Cousine Lisa ein neues Musikvideo von YouTube geschickt. Der Sänger ist bis dahin weitestgehend unbekannt und erreicht erst durch zahlreiche SN-Aktionen viele Personen. Daraufhin berichten auch die traditionellen Massenmedien über ihn.

Diese Logik folgt den Annahmen der Issue-Attention-Cycle-Forschung, wonach Themen durch einen Aufmerksamkeitsrückgang von der Agenda verschwinden bzw. von anderen Themen überlagert oder verdrängt werden (Downs, 1972). Themen stehen in Bezug auf die mediale Aufmerksamkeit in Konkurrenz zueinander, wodurch es bei einzelnen Themen zu oszillatorischen Prozessen innerhalb der Berichterstattung kommen kann.

Wäre die Affäre Guttenberg nur wenige Wochen später auf die Medienagenda gekommen, hätte sie eventuell nicht eine so hohe Aufmerksamkeit in den Massenmedien erhalten: Angesichts des Tsunamis und der Atomkatastrophe in Japan wäre sie im Verhältnis möglicherweise als weniger wichtig eingeschätzt worden und hätte in geringerem Umfang SN-Aktionen generiert. Marie hätte das Thema Guttenberg trotzdem interessiert, jedoch hätte sie zusätzlich Links über Fukushima gepostet, da es sich hierbei ebenfalls um ein Ereignis handelt, welches sie beschäftigt.

Inwiefern SN dazu beiträgt, dass ganze Themen entweder länger auf der Agenda bleiben oder wieder aufgenommen werden, d.h. inwiefern SN einen mehrgipfligen oder verlängerten Themenzyklus unterstützt, bleibt empirisch zu untersuchen. Der ‚take off'-Punkt, bei dem es während des Adoptionsprozesses zu einem sprunghaften Anstieg der Verbreitung kommt, könnte im Extremfall auch schneller oder sogar nur durch SN erreicht werden.

> *Ohne das Internet und insbesondere das Plagiatsblog[38], das Wiki[39] und die jeweils damit verbundene SN wären die Vorwürfe gegen Guttenberg wahrscheinlich weder so schnell noch so explizit verifiziert und diskutiert worden. Dadurch, dass sich eine eigene Internetgemeinde der Aufklärung angenommen hat, wurde das Thema im Internet zu einem der Hauptthemen, und auch in den klassischen Massenmedien wurden die Entwicklungen im Internet thematisiert. Dutzende Facebook-Gruppen wurden für oder gegen Guttenberg gegründet, zahlreiche Umfragen erstellt, Diskussionsforen gefüllt. Beiträge und Kommentare über Guttenberg, allgemeine Wissenschaftsethik, die Loyalität der Bild-Zeitung, die Aussagen Merkels und das Ansehen der CDU wurden verfasst, weitergeleitet und publiziert. Marie ist in diesem Falle nur eine von vielen, die in ihren Sozialen Gruppen und Netzwerken SN betreibt. Schlussendlich bleibt sogar die Frage, ob Guttenberg sich überhaupt zum Rücktritt gedrängt gefühlt hätte, wenn dieses Thema nicht so ausführlich durch die Internetnutzer verfolgt worden wäre.*

Bei all diesem Überlegungen sollten jedoch die erwähnten Hindernisse (s. Kap. 2.5) bedacht werden, die nicht nur auf Mikro- sondern auch auf Makroebene einen Einfluss auf SN – und damit auf die Verbreitung von Medieninhalten und gleicherweise auf Themen – haben können. Erfolgt nämlich eine ‚Fehlnavigation' durch falsch programmierte Systeme oder durch einen Mangel an Daten, und aggregieren sich diese Probleme, könnte dies dazu führen, dass entweder (1) eher unpopuläre Medieninhalte und Themen gar nicht mehr auf der Agenda erscheinen (wie etwa bei ‚Sparsity') oder (2) gerade Randthemen mit ihren Inhalten fälschlicherweise als populär dargestellt werden (wie bei ‚Tyranny of Minority'). Somit muss jegliche Relevanzdarstellung durch Systeme von SN immer mit Vorsicht interpretiert und mit einer möglichen ‚Fehlnavigation' gerechnet werden.

Geht man grundsätzlich davon aus, dass durch SN Themen, die sonst keine oder wenig Aufmerksamkeit erhalten würden, mit größerer Wahrscheinlichkeit auf der Medienagenda landen (Goode, 2009), kann SN zu einer möglichen Deliberation gerade im Hinblick auf politische Themen beitragen. Boczkowski und Mitchelstein (2011) fanden in ihrer Studie einen Einfluss der Themenlage auf SN, da in Wahlkampfzeiten politische Beiträge auch häufiger kommentiert wurden. Inwieweit aber eine erhöhte Aufmerksamkeit für politische Themen durch SN auch außerhalb von Wahlkämpfen besteht, bliebe zu untersuchen. Es wurde bereits angedeutet, dass SN eine Veränderung der Nachrichten- und Themenverbreitung zur Folge haben könnte, womit sich die Frage stellt, ob und in welchem Umfang dadurch

---

38   http://plagiatsgutachten.de/blog.php/einmalige-dynamik-kollaborative-dokumentation-der-guttenberg-plagiate-im-netz/

39   http://de.guttenplag.wikia.com/wiki/GuttenPlag_Wiki

Einfluss auf gesellschaftliche Wahrnehmungen und Entscheidungsprozesse ausgeübt wird.

Vor dem Hintergrund dieser durch SN beeinflussten Mediennutzungsmuster soll abschließend – als ein Indiz für die mögliche soziale Relevanz von SN auf der Makoebene – theoretisch diskutiert werden, ob SN zur Funktion der Massenmedien, zwischen gesellschaftlicher Integration und Fragmentierung auszugleichen, beitragen kann.

Das Zweite Rundfunkurteil von 1971 schrieb den Massenmedien (genauer gesagt: den öffentlich-rechtlichen Rundfunkanstalten) eine „integrierende Funktion für das Staatsganze" (BVerfGE 31, 314) zu. Die gesellschaftliche Aufgabe der Journalisten bestünde demzufolge darin, die Bürger mit allen gesellschaftlich und politisch relevanten Informationen zu versorgen. Durch das so entstandene gemeinsame Wissen soll eine einheitliche Basis von Bräuchen und Normen herausgebildet werden, welche das Gemeinschaftsgefühl fördern und aufrechterhalten soll. In einer demokratischen Gesellschaft wird sowohl Integration als auch, aufgrund der erwünschten Vielfalt, deren Gegenstück, die Fragmentierung gefordert (vgl. ausf. Rössler, 2008). Ein gewisses Maß an Vielfalt bzw. Fragmentierung erscheint innerhalb einer Gesellschaft notwendig, da unterschiedliche Inhalte der demokratischen Meinungsbildung zuträglich sind. Diese Überlegungen hat McQuail (2010) aufgegriffen und ordnet die Wirkung der Massenmedien auf die soziale Integration in vier Stufen ein, wobei er einerseits zwischen zentrifugalen und zentripetalen Effekten unterscheidet, und diese Effekte andererseits aus einer normativen Perspektive einer optimistische oder einer pessimistischen Deutung unterliegen (Schulz, 1999).

Sobald das Verhältnis zwischen Integration und Fragmentierung nicht ausbalanciert ist, kann es beispielsweise negativ interpretiert werden, wenn das gesamte Publikum homogen und gleichförmig ist und es deswegen keine Vielfalt im Sinne gegensätzlicher Meinungen mehr gibt. Ein ebenfalls negativer, aber desintegrativer Effekt könnte sich bei der Atomisierung des Medienpublikums in viele Teilpublika einstellen: Die Fragmentierungsthese würde besagen, dass bei einer zunehmenden Vielfalt an Medienangeboten auch das Publikum immer stärker segmentiert wird (Vlasic, 2004). Nach Holtz-Bacha und Peiser (1999) würde Publikumsfragmentierung somit die „Zersplitterung des Publikums in viele Teilpublika, die Unterschiedliches nutzen und nur noch selten zu einem großen Publikum zusammenkommen" (S. 41) bedeuten. Dies könnte schlimmstenfalls zu einem Verlust der gemeinsamen Erfahrungen und Werte führen, was eine Anschlusskommunikation verhindert.

Jenseits dieser beiden negativen Extreme können sich die zentripetalen und zentrifugalen Effekte jedoch auch positiv auswirken. Z.B. kann es zu einer Themenfokussierung innerhalb der Publika kommen, in denen es eine klare Verständigung über die derzeit diskussions- und lösungsbedürftigen Probleme einer Gesellschaft gibt, was die politische Steuerung erleichtern kann. Eine positive Deutung eines zentrifugalen Effekts besteht in der klassischen Forderung nach Vielfalt von Themen und Meinungen, die üblicherweise als Indiz für eine pluralistische Gesllschaftsordnung gilt.

Bezogen auf das Internet und SN bedeutet dies, dass das Internet noch mehr als die traditionellen Massenmedien schier unendlich viele Informations- und Unterhaltungsangebote bietet, die von spezialisierten Teilpublika genutzt werden können. Damit stellt sich die essentielle Frage, ob diese spezifische Form des Medienumgangs via SN die Aufspaltung in Teilpublika (und somit die weitere Fragmentierung der Gesellschaft) fördert; oder im Gegenteil eher die Bevölkerungsmehrheit durch SN von den gesellschaftlich wichtigen Informationen erreicht werden – und damit auch diejenigen, die sich aufgrund ihrer hohen Internetnutzung nicht mehr im Publikum des Print- und Fernsehjournalismus befinden und möglicherweise auch keine Online-Nachrichtenseiten besuchen, aber durch ihre Freunde auf *Facebook* zumindest in Ansätzen über das Weltgeschehen informiert werden.

Wir halten es insgesamt für wahrscheinlich, dass aufgrund von SN – wie bereits in Kap. 3.2 angedeutet – nur noch sehr selektive Ausschnitte der Medienrealität innerhalb der einzelnen sozialen Netzwerke verbreitet werden und sich diese Netzwerke vom Gesamtpublikum abspalten. Auch Wolfgang Schweiger weist auf diese Problematik hin:

> „Wir machen uns ja mittlerweile große Sorgen darüber, dass sich junge Menschen über politische Sachverhalte nicht mehr ausreichend informieren [...] Woher haben die überhaupt noch ihr politisches Weltwissen? [...] Die Agenda besteht eigentlich aus dem, was ihr soziales Umfeld in den Social Media empfohlen hat."[40]

Gleichzeitig könnte jedoch eine starke Integration innerhalb der sozialen Netzwerke stattfinden, da in der Gruppe intensive Bindungen gefördert werden. Hier setzt die mediale Aufgabe der Gemeinschaftsförderung an, wonach die Rezeption gemeinsamer Medieninhalte eine gemeinsame Lebenswelt konstituiert (Vlasic, 2004).

Mit Blick auf die soziale Integration wird die Fragmentierung in Teilpublika oft als Gefahr angesehen, weil die „Vielfalt zielgruppenorientierter Programme [es] [...] den gesellschaftlichen Gruppen ja insbesondere [erlaubt], nur solche Inhalte auszuwählen, die ihren eigenen Interessen und Meinungen entsprechen" (Holtz-Bach & Peiser, 1999, S. 42). Dadurch können sich Mitglieder von Teilpublika sehr leicht diversifizierten oder ausbalancierten Informationsangeboten entziehen und den Kontakt mit Andersdenkenden vermeiden, ohne auf ihren gewünschten Medienkonsum verzichten zu müs-

---

40 Experteninterview mit Prof. Dr. Wolfgang Schweiger am 28.01.2011.

sen. Empirisch wäre hier der Frage nachzugehen, in welchem Umfang sich die Beteiligten in ihrer Informationsbeschaffung tatsächlich durch SN determinieren. Solange die Beteiligten, so die Gegenthese, weiterhin politisch vielfältige Medienangebote rezipieren, wäre zunächst nicht von einer Gefahr für die gesellschaftliche Integration auszugehen.

Abschließend bleibt festzuhalten, dass die vorangegangenen Überlegungen vielfältige Ansatzpunkte für relevante Forschungsansätze aufzeigen; unsere nachfolgend dokumentierte, empirische Pilotstudie wird sich zunächst einem kleinen Ausschnitt aus diesem Spektrum widmen, der sich auf Erkenntnisse auf der Mikroebene konzentriert. Die Befunde können dann auch als erste Anhaltspunkte dienen, um das Phänomen SN auch auf der Meso- oder Makroebene auszuloten und für weitere Forschungsanstrengungen fruchtbar zu machen.

4 Von der Theorie zur Empirie

Nach der theoretischen Verortung des Phänomens SN auf Mikro-, Meso-
und Makroebene (Leitfragen 1 und 4) nähern wir uns nun dem Phänomen
in einer empirischen Pilotstudie, um die Leitfragen 2 und 3 zu erörtern. Wir
konzentrieren uns dabei auf die Mikroebene, um die grundlegenden Funkti-
onsweisen von SN und die potentielle Einflüsse auf die Ausführung von
SN-Aktionen und die Rezeption sozial navigierter Inhalte zu prüfen. Aus
den theoretischen Vorüberlegungen ergaben sich mit Rücksicht auf das
Erkenntnisinteresse dabei sechs Forschungsfragen. In deren Fokus stehen
die drei Hauptkomponenten aus dem Modell auf Mikroebene: die Person,
die SN ausführt oder sich daran orientiert; die Beziehung zwischen zwei
Gatekeepern, die SN betreiben; und der Inhalt, der sozial navigiert wird.

Zur Beantwortung dieser Forschungsfragen wurde für die vorliegende
Studie ein Mehrmethodendesign (s. Tab. 5) konzipiert. Hierbei handelt es
sich jedoch ausdrücklich nicht um eine klassische Triangulation, sondern um
parallel angeordnete Studien, die sich mit verschiedenen Aspekten des Phänomens SN beschäftigen. Wir greifen somit *nicht* einen einzelnen Part aus
dem SN-Prozess heraus und beleuchten ihn von verschiedenen Seiten, sondern es werden in dieser Studie voneinander getrennt zu betrachtende Teil-
prozesse mit zwei verschiedenen methodischen Herangehensweisen untersucht: einer Online-Befragung (vgl. Kap. 5) und einer Online-Inhaltsanalyse
(vgl. Kap. 6).

Tabelle 5: Methodisches Design im Überblick

	Vorstudie	**Hauptstudie**
Befragungsstudien	Halbstandardisierte Leitfadeninterviews* Leitfadengestützte Experteninterviews*	Online-Befragung
Inhaltsanalysestudien		Online-Inhaltsanalyse: Prozess Online-Inhaltsanalyse: Künstliche Woche

*werden nicht systematisch ausgewertet

Quelle: Eigene Darstellung

Die Online-Befragung zielte darauf ab, neben der deskriptiven Beschreibung der SN-Aktionen (und der Orientierung an den daraus entstehenden Informationen) den Bereich der Person und ihrer Beziehung zu anderen Personen abzudecken. Mit der Online-Inhaltsanalyse sollten die sozial navigierten Medieninhalte näher untersucht und klassifiziert werden. Eine Vorstudie in Form von halbstandardisierten Leitfadeninterviews mit Nutzern von SN[41] diente der Konzeption des Online-Fragebogens und der dort abgefragten Motivdimensionen, während die Erkenntnisse aus den leitfadengestützen Experteninterviews an den passenden Stellen in die Theoriearbeit einflossen.

Forschungsfragen

Um zunächst deskriptive Erkenntnisse zum Phänomen SN zu erlangen und einige Teile dieses bislang noch relativ unerforschten Feldes zu erschließen, wurde eine quantitative Online-Befragung eingesetzt – die Rezipienten selbst wurden also über ihr SN-Verhalten befragt, genauer gesagt: zur Ausführung von SN-Aktionen und zur Rezeption sozial navigierter Inhalte.

> FF 1: Wie häufig werden Social Navigation-Aktionen (Bewerten, Weiterleiten, Produzieren) absolut und im Verhältnis zueinander ausgeführt, und in welchen Kombinationen werden sie genutzt?
>
> FF 2: Wie werden die verschiedenen Social Navigation-Informationen bei der Auswahl von Medieninhalten genutzt?

Neben dieser Beschreibung, wie häufig SN-Aktionen ausgeführt und SN-Informationen wahrgenommen werden, sollen beide Forschungsfragen in der Auswertung auch aufeinander bezogen werden und Hinweise darauf geben, ob Personen, die z. B selbst viel weiterleiten, sich auch vermehrt an Weiterleitungen orientieren. Außerdem vermittelt sich hier schon ein Eindruck davon, welche Inhalte von den Nutzern sozial navigiert werden. Die Erhebung dieser Konstrukte war tatsächlich primär deskriptiver Natur, dient jedoch in den Auswertungen zu den Forschungsfragen 3, 4 und 5 als abhängige Variable und besitzt somit eine elementare Bedeutung für die Studie.

Innerhalb des Theoriemodells zu SN auf Mikroebene (vgl. Kap. 3.1) werden mit den Forschungsfragen 1 und 2 die intentionale SN-Aktion und die Rezeption sozial navigierter Medieninhalte, außerdem deren Wechselbeziehungen untersucht. Abbildung 20 illustriert, wie diese und die eher analytisch angelegten Forschungsfragen 3 bis 5 im Theoriemodell verortet sind.

---

41   Der Leitfaden für die halb-standardisierten Interviews findet sich im Online-Anhang B.

Abbildung 20: Forschungsfragen 1-5 im Theoriemodell

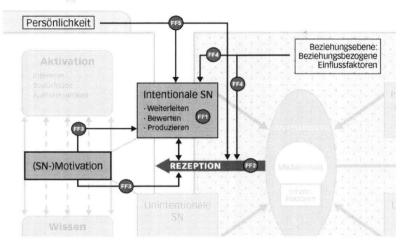

Quelle: Eigene Darstellung in Anlehung an Früh & Schönbach, 1982

Das weitere Erkenntnisinteresse der Online-Befragung liegt demnach erkennbar vor allem auf den Faktoren und Motiven, die der Person (sowie
deren sozialen Beziehungen) im Theoriemodell zuzuordnen sind, und die
die SN-Aktion und die Rezeption sozial navigierter Medieninhalte beeinflussen. Dabei interessiert in Forschungsfrage 3 zunächst die (SN-)Motivation,
die in dem Abgleich von Aktivation und Wissen zu verorten ist – mit anderen Worten also die Beweggründe für die Ausführung von SN-Aktionen
bzw. für die Rezeption von weitergeleiteten Inhalten.

FF 3: Welche Motive führen zu der Ausführung der Social Navigation-
Aktionen (Bewerten, Weiterleiten, Produzieren) oder zu der Rezeption
weitergeleiteter Medieninhalte?

Die entsprechenden Analysen sollen zeigen, inwieweit die in der Vorstudie
generierten Motive für die verschiedenen SN-Aktionen ausschlaggebend
sind, und wie sich die Beweggründe für das Ausführen einer Bewertung,
einer Weiterleitung und einer Produktion unterscheiden. Aufgrund der besonderen Relevanz von persönlichen Weiterleitungen als Orientierungshilfe
im SN-Prozess wird bei den Motiven zur Rezeption ausschließlich nach den
Motiven zur Rezeption von weitergeleiteten Inhalten gefragt (s. Kap. 3.1.5).

Die vierte Forschungsfrage behandelt einige beziehungsbezogene Einflussfaktoren (s. Kap. 3.1.6), die die soziale Dimension von SN betreffen und die Beziehungsebene näher beleuchten sollen.

> FF 4: Welchen Einfluss haben beziehungsbezogene Einflussfaktoren auf Social Navigation-Aktionen, speziell hinsichtlich des Weiterleitens oder der Rezeption weitergeleiteter Medieninhalte?

Dabei wird auch hier ein Fokus auf die SN-Aktion der Weiterleitung gelegt, da diese die persönlichste und direkteste Form von SN darstellt und die Beziehungsebene bei dieser Aktion in besonderem Maße Einfluss nehmen sollte.

Aus der Theoriearbeit ergeben sich im Bezug auf die Forschungsfrage 4 folgende konkretere forschungsleitende Annahmen, die sich jeweils auf einen Faktor konzentrieren:

> A 1: Je näher die Beziehung ist, desto
> (a) eher werden Medieninhalte im Internet weitergeleitet.
> (b) eher werden weitergeleitete Medieninhalte im Internet rezipiert.

Die Nähe der Beziehung wird hierbei nach Döring (2003) in starke und schwache Bindungen unterteilt (s. Kap. 3.1.6). Dies verdeutlicht die Wichtigkeit der Nähe der Beziehung (und die damit implementierten Verhaltensweisen, z.B. generell verstärkter Kontakt oder mehr Intimität). Es besteht die Annahme, dass eine starke Bindung sowohl die Weiterleitung von Inhalten fördert, als auch die Orientierung an derselben.

Die zweite forschungsleitende Annahme zu dem Konstrukt der beziehungsbezogenen Einflussfaktoren lautet:

> A 2: Je höher der Anonymitätsgrad ist, desto weniger werden weitergeleitete Medieninhalte im Internet rezipiert.

Hinsichtlich des Anonymitätsgrades gehen wir von drei Abstufungen aus: keine Anonymität, Pseudonymität und vollständige Anonymität (s. Kap. 3.1.6). Wir vermuten, dass weitergeleitete Medieninhalte je nach Abstufung anders rezipiert werden.

Die dritte forschungsleitende Annahme bezieht sich speziell auf einen weiteren beziehungsbezogenen Einflussfaktor:

A 3: Infolge von Vorabkommunikation wird
(a) eher eine Weiterleitung ausgeführt.
(b) eher ein weitergeleiteter Medieninhalt rezipiert.

Vorabkommunikation wird in diesem Kontext als ein der Rezeption eines Medieninhaltes bereits vorangegangenes Gespräch zwischen mindestens zwei Nutzern über das Thema des Medieninhaltes verstanden (s. Kap. 3.1.6). Wir nehmen weiterhin an, dass die Vorabkommunikation einen positiven Effekt sowohl auf die Weiterleitung als auch auf die Rezeption weitergeleiteter Medieninhalte hat. In einer Studie über das Weiterleiten von Online-Befragungen von Norman und Russell (2006) konnte dieser Faktor bereits bestätigt werden, der nun auch für SN im Gesamten geprüft werden soll: „Respondents who forwarded the survey had engaged in prior communication about the topic more often than those who did not forward the survey" (S. 1096).

Die vierte und letzte Annahme zu der Forschungsfrage 4 lautet:

A 4: Sozialer Druck ist ein
(a) begünstigender Faktor für die Weiterleitung.
(b) begünstigender Faktor für die Rezeption weitergeleiteter Medieninhalte.

Sozialer Druck wird dabei so aufgefasst, dass jemand, der einen Medieninhalt weiterleitet, von dem Adressaten auch erwartet, dass dieser den Inhalt rezipiert und ggf. selbst weiterleitet (s. Kap. 3.1.6). Es wird also davon ausgegangen, dass dieser Druck die Nutzer dazu veranlasst, Inhalte erneut weiterzuleiten, und genauso, die an sie weitergeleiteten Inhalte zu rezipieren.

Die fünfte Forschungsfrage bezieht sich im Kern auf die in den theoretischen Überlegungen betonte Persönlichkeitsdimension der Meinungsführerschaft (s. Kap. 3.1.5) des Gatekeepers.

FF 5: Führen Meinungsführer Social Navigation-Aktionen (Bewerten, Weiterleiten, Produzieren) häufiger aus und rezipieren sie häufiger weitergeleitete Medieninhalte?

Meinungsführer kennzeichnet in der Regel, dass sie sowohl mehr Informationen rezipieren als auch diese häufiger weitergeben. SN eröffnet dafür gerade im Internet immer neue Möglichkeiten. Es spricht deswegen einiges dafür, dass Meinungsführer dieses Verhalten auch im Internet beibehalten und die Möglichkeiten von SN vermehrt nutzen. Wir fragen daher, inwieweit sich die Nutzung der SN-Angebote von Meinungsführern von der der Nicht-Meinungsführer unterscheidet.

Die letzte Forschungsfrage behandelt den Bereich der Medieninhalte, und insbesondere die medieninhaltsbezogenen Faktoren im SN-Prozess; folgerichtig müssen Daten hierzu durch eine standardisierte Online-Inhaltsanalyse erhoben werden (s. Abb. 21).

Abbildung 21: Forschungsfrage 6 im Theoriemodell

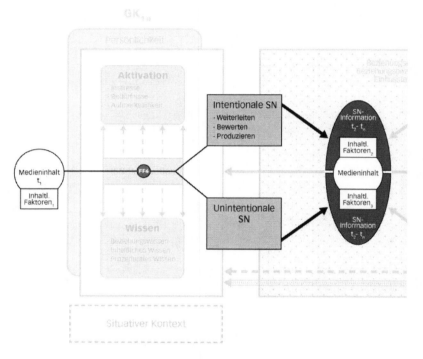

Quelle: Eigene Darstellung in Anlehung an Früh & Schönbach, 1982

Dabei erscheint klärungsbedürftig, durch welche inhaltlichen Faktoren eine SN-Aktion hervorgerufen wird, und wie diese Faktoren bei Medieninhalten ausfallen, die ‚nur‘ rezipiert werden (also mit unintentionalen SN-Informationen angereichert werden) – und von denen, die Journalisten als besonders relevant einstufen.

FF 6: Wie unterscheiden sich – in Bezug auf inhaltliche Faktoren – die meist sozial navigierten Medieninhalte auf Online-Nachrichtenseiten voneinander? Und: Wie unterscheiden sie sich von den Medieninhalten, die als Aufmacher auf der Startseite fungieren?

Wie bereits im Theoriekapitel erläutert, beziehen sich die inhaltlichen Faktoren insbesondere auf Nachrichtenfaktoren und das Nutzwertpotential (s. Kap. 3.1.6). Unter Online-Nachrichtenseiten werden professionelle Internetangebote verstanden, die sich insbesondere auf die Verteilung von Nachrichten spezialisiert haben, so z.B. die Online-Angebote der klassischen Printmedien, wie *sueddeutsche.de* und *Spiegel Online*. Als Aufmacher gelten hier jene Nachrichten, die auf der Startseite an erster Stelle angezeigt werden, während die meist sozial navigierten Medieninhalte über sogenannte Top-Listen ausgewiesen sind. So gibt es, je nach Angebot der Nachrichtenseite, die Top-Listen ‚meist gelesen‘, ‚meist kommentiert‘ oder ‚meist verschickt‘. Zu ermitteln ist, ob und wie sich die Medieninhalte dieser Top-Listen voneinander und von den Aufmacher-Beiträgen unterscheiden.

5 Das SN-Verhalten der Nutzer: standardisierte Online-Befragung

Dieses Kapitel beleuchtet das SN-Verhalten von Nutzern auf Grundlage einer Online-Befragung. Ausgehend von den Untersuchungszielen sowie der Forschungslogik (s. Kap. 5.1.1.) werden in den methodischen Vorbemerkungen die Stichprobe (s. Kap. 5.1.2) und der Aufbau des Fragebogens sowie die gewählten Operationalisierungen erläutert (s. Kap. 5.1.3). Anschließend wird die Durchführung von Pretest und Hauptstudie (Kap. 5.1.4) beschrieben, bevor im Ergebnisteil zur Befragung die Auswertungsstrategie beschrieben (5.2) und dann die Befunde entlang der Forschungsfragen vorgestellt und kritisch reflektiert werden (Kap. 5.3 bis 5.6).

5.1 Methodik

5.1.1 Untersuchungsziele und Forschungslogik

Die Befragungsstudie greift auf Basis des SN-Modells auf Mikroebene wichtige Komponenten aus dem SN-Prozess zwischen zwei Gatekeepern heraus. Dabei orientiert sich die Studie an fünf Forschungsfragen:

FF 1: Wie häufig werden Social Navigation-Aktionen (Bewerten, Weiterleiten, Produzieren) absolut und im Verhältnis zueinander ausgeführt, und in welchen Kombinationen werden sie genutzt?

FF 2: Wie werden die verschiedenen Social Navigation-Informationen bei der Auswahl von Beiträgen im Internet genutzt?

FF 3: Welche Motive führen zu der Ausführung der Social Navigation-Aktionen (Bewerten, Weiterleiten, Produzieren) oder zu der Rezeption weitergeleiteter Medieninhalte?

FF 4: Welchen Einfluss haben beziehungsbezogene Einflussfaktoren auf Social Navigation-Aktionen, speziell hinsichtlich des Weiterleitens oder der Rezeption weitergeleiteter Medieninhalte?

FF 5: Inwieweit führen Meinungsführer Social Navigation-Aktionen (Bewerten, Weiterleiten, Produzieren) häufiger aus und inwieweit rezipieren sie häufiger weitergeleitete Medieninhalte?

Die Untersuchungsanlage beruht zentral auf der Gegenüberstellung der beiden Perspektiven, die bei SN eine Rolle spielen: Einerseits die Ausführung von SN-Aktionen (eher im Sinne eines Kommunikators), und andererseits die Rezeption sozial navigierter Medieninhalte als Adressat. Die Beantwortung der Forschungsfragen erfolgt zum Teil durch Analysen zu den oben formulierten, forschungsleitenden Annahmen und lässt sich für die Entwicklung von Analysemodellen in die zwei Untersuchungsbereiche der SN-Aktion (s. Abb. 22) und der Rezeption (s. Abb. 23) untergliedern:

Abbildung 22: Analysemodell Online-Befragung, Ausführung von SN-Aktionen

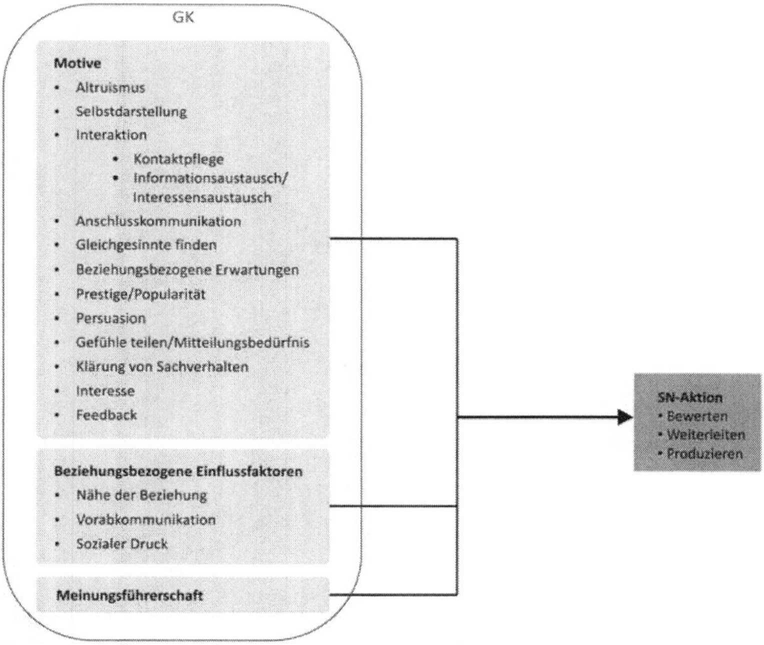

Quelle: Eigene Darstellung

Während für die Ausführung von SN die individuellen Gatekeeper-Variablen als Einfluss auf die verschiedenen SN-Aktionen (Bewerten, Weiterleiten und Produzieren) aufgefasst werden, muss sich eine Erhebung von Einflüssen auf die Rezeption von Beiträgen mit SN-Informationen auf die weitergeleiteten Medieninhalte beschränken. Bei diesen zeigte die Vorstudie nämlich den größten Einfluss von sozialen Beziehungen bzw. der beziehungsbezogenen Einflussfaktoren. Diese Eingrenzung der Erhebung war auch aus forschungsökonomischen Gründen geboten, da ansonsten beispielsweise der Fragebogen extrem lang geworden wäre und zu viel Zeit zur Beantwortung beansprucht hätte.

Abbildung 23: Analysemodell Online-Befragung, Rezeption weitergeleiteter Medieninhalte

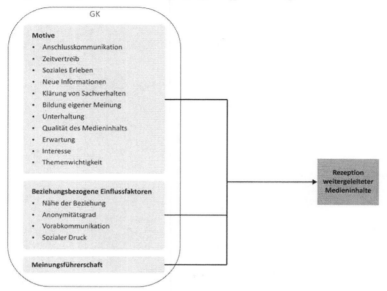

Quelle: Eigene Darstellung

Für Forschungsfrage 4 wurden vier gerichtete forschungsleitende Annahmen zur Handlung des Weiterleitens formuliert (s. o.):

A 1: Je näher die Beziehung ist, desto
(a) eher werden Medieninhalte im Internet weitergeleitet.
(b) eher werden weitergeleitete Medieninhalte im Internet rezipiert.

A 2: Je höher der Anonymitätsgrad ist, desto weniger werden weitergeleitete Medieninhalte im Internet rezipiert.

A 3: Infolge von Vorabkommunikation wird
(a) eher eine Weiterleitung ausgeführt.
(b) eher ein weitergeleiteter Medieninhalt rezipiert.

A 4: Sozialer Druck ist ein
(a) begünstigender Faktor für die Weiterleitung.
(b) begünstigender Faktor für die Rezeption weitergeleiteter Medieninhalte.

Die Datenerhebung mittels Online-Befragung bietet sich vor allem deshalb an, weil SN im Internet untersucht werden soll und folglich die zu untersuchende Population dort direkt angesprochen werden kann. Diese empirische Methode bringt die Möglichkeit, Verhaltensweisen der Vergangenheit sowie Handlungsabsichten für die Zukunft und damit kognitive Inhalte zu messen (Kromrey, 2009). Zusätzliche Vorteile der Online-Befragung sind die Steigerung des empfundenen Anonymitätsgrades sowie die damit einhergehende Vermutung, dass Antworten im Internet weniger durch soziale Erwünschtheit beeinflusst werden (Mühlenfeld, 2004; Taddicken, 2009).

5.1.2 Stichprobe

Die Grundgesamtheit für die Befragung stellt die deutschsprachige Bevölkerung ab 14 Jahren mit Internetzugang dar. Laut ARD/ZDF Online-Studie 2010 nutzten zum Zeitpunkt der Untersuchung 69,4 Prozent dieser Gruppe gelegentlich das Internet und können somit mit SN in Berührung kommen. Dies entspricht fast 50 Millionen Menschen in Deutschland (Van Eimeren & Frees, 2010). Für die Untersuchung wurde eine Stichprobe von 600 Teilnehmern angestrebt, die durch ein Self-Selected-Sample generiert wurde. Insgesamt muss berücksichtigt werden, dass Online-Befragungen nicht repräsentativ sind (Starsetzki, 2007) und „[a]ufgrund der nicht repräsentativen Verteilung der Internetanschlüsse […] sowohl […] Online-Panel als auch daraus zu ziehende Zufallsstichproben u.a. nach Alter, Geschlecht und Bildung stark verzerrt" sind (Blasius & Brandt, 2009, S. 161; Maurer & Jandura, 2009; Baur & Florian, 2009).

Die Probanden-Akquise erfolgte auf Social Networking Sites, via Newsletter und durch das Socio-Scientific Panel (SoSci-Panel). Dieses Online-Panel besteht aus einem nicht repräsentativen Pool mit 44.421 registrierten Personen (Stand: 31. Januar 2011). Aus diesem wurde eine einfache Zufallsstichprobe von insgesamt 5.000 Personen gezogen, welche ebenfalls stark verzerrt war, da die Mehrheit der SoSci-Panel-Teilnehmer zwischen 20 und 29 Jahre alt und 58 Prozent der Mitglieder Frauen sind (Socio-Scientific Panel, 2011). Zwar wurde die Teilnahme nicht an ein bestimmtes Alter oder einen Bildungsgrad der Probanden gekoppelt, sondern lediglich eine private Nutzung des Internets verlangt, unabhängig davon wie diese ausgeprägt war – dennoch ergab sich eine Verzerrung hin zu einem überproportionalen Studierendenanteil.

5.1.3 Messinstrument

Der Fragebogen selbst wurde mit Hilfe der Befragungssoftware *Unipark* programmiert.[42] Auf der Startseite der Befragung befand sich ein kurzer Einleitungstext, der über die anonyme Teilnahme sowie über die circa 20-minütige Dauer informierte. Als Thema der Studie wurde an dieser Stelle ‚Orientierung im Internet' genannt und auf das ausgeschriebene Gewinn-spiel hingewiesen. Die Integration dieses Gewinnspiels sollte – vor allem mit Blick auf die Länge des Fragebogens – einen Anreiz für die Teilnahme dar-stellen und durch die Vielfalt an Preisen jede Altersgruppe in der Stichprobe ansprechen (Cook, Heath & Thompson, 2000; Batinic & Moser 2005). Dass Teilnehmer den Fragebogen (um einen Preis zu gewinnen) evtl. wahllos beantworten würden, wurde bei der Aufbereitung der Daten berücksichtigt (s. Kap. 5.2).

Im Verlauf der Befragung wurden immer wieder konkrete Ausfüllanwei-sungen und Hinweise gegeben, um dem Teilnehmer zu verdeutlichen, aus welcher Perspektive (Ausführung von SN-Aktionen oder Rezeption sozial navigierter Medieninhalte) die jeweils folgenden Fragen beantwortet werden sollten. Was unter den einzelnen SN-Aktionen zu verstehen war und wie diese ausgeführt werden können, wurde in Form von kurzen Überleitungen erläutert. Mehrfach wurde daran erinnert, dass sich der gesamte Fragebogen auf Beiträge im Internet bezieht, dies sowohl Texte, Bilder oder Bilderreihen als auch Videos einschließt, und Beiträge über Produkte (wie etwa auf *ama-zon.de*) nicht gemeint sind. Schließlich erfolgte verschiedentlich der Hinweis, dass sich sämtliche Angaben nur auf die private Internetnutzung beziehen sollten.

Das Layout des Fragebogens war bewusst in schlichten Farben gehalten, um eventuelle Ablenkungseffekte zu vermeiden (Dillman, 2007). Als einzi-ges gestalterisches Element wurden ein eigens gestalteter Header auf jeder Fragebogenseite sowie das Logo der Forschungsgruppe als zusätzliche Refe-renz eingeblendet. Des Weiteren hatte der Proband durch eine Fortschritts-anzeige die Möglichkeit, jederzeit den Stand innerhalb des Fragebogens zu überprüfen. Das gesamte Messinstrument (vgl. Abb. 24) wurde im Zuge der Erhebung mehrfach auf seine inhaltliche sowie formale Qualität geprüft. Dabei flossen auch Hinweise und Anmerkungen durch die Leitung des SoS-ci-Panel mit ein und der Fragebogen erfüllte die zur Teilnahme an diesem Panel notwendigen Anforderungen (Socio-Scientific Panel, 2011).

---

42   Eine vollständige Itemübersicht und Fragen des Fragebogens befindet sich im Online-Anhang C.

Abbildung 24: Struktur des Fragebogens

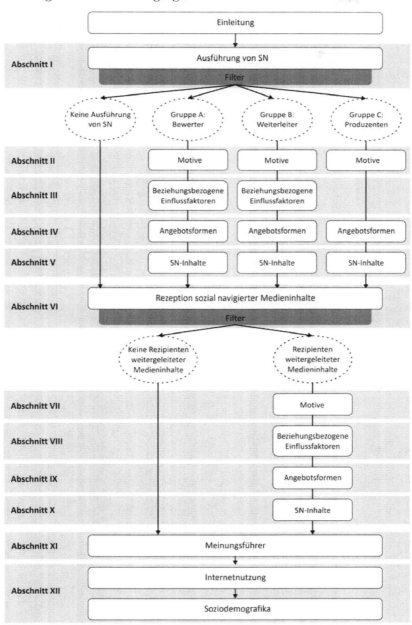

Quelle: Eigene Darstellung

Fragebogenaufbau

Im ersten Teil der Erhebung (Abschnitt I bis V) wurden zunächst Fragen zur Ausführung von SN-Aktionen gestellt, um den Probanden den Einstieg in die Thematik zu erleichtern; denn vermutlich würde es dem Teilnehmer leichter fallen, eine spezifische Handlung wie das Bewerten oder das Weiterleiten eines Beitrages zu reflektieren, als sich an eine Rezeption (Abschnitt VI bis X) zu erinnern, die aufgrund von SN stattgefunden hat.

Abschnitt I

Nach der Einleitung wurde die Ausführung von SN abgefragt und die Probanden daraufhin in vier Gruppen eingeteilt: zum einen diejenigen, die keine SN-Aktionen ausführten; zum anderen die Gruppe A der Bewerter, die Gruppe B der Weiterleiter und die Gruppe C der Produzenten, die im weiteren Verlauf (vergleichbar einem Split-Ballot-Design) speziell Fragen zu dem jeweiligen Verhalten beantworteten.[43] Alle Probanden, die Beiträge ausschließlich bewerteten bzw. weiterleiteten, wurden direkt den entsprechenden Gruppen zugeteilt. Wurde vom Teilnehmer angegeben, dass er Beiträge weiterleitet *und* bewertet, wurde er per Zufallsauswahl in eine der beiden Gruppen einsortiert, um eine gleichmäßigere Verteilung zu erreichen. In der Vorstudie war die Gruppe C der Produzenten stark unterbesetzt, weshalb sämtliche Personen automatisch als ‚Produzenten‘ eingestuft wurden, sobald sie im letzten Vierteljahr neue Inhalte in Bezug auf schon bestehende Medieninhalte verfasst hatten – unabhängig davon, welche der anderen Aktionen sie sonst ausführten.

Abschnitt II bis V

Alle drei Gruppen wurden im Folgenden für die ihnen zugewiesene SN-Aktion zu deren Motiven (Abschnitt II), genutzten Angebotsformen (Abschnitt IV) sowie sozial navigierten Inhalten (Abschnitt V) befragt. Beziehungsbezogene Einflussfaktoren (Abschnitt III) wurden nur in den Gruppen A und B gemessen. Für Gruppe C konnten hingegen (bedingt durch die große Anzahl an unterschiedlichen Anwendungen, die eine Produktion im World Wide Web ermöglichen) keine anschaulichen und allgemein verständlichen Produktionssituationen unter Berücksichtigung von beziehungsbezo-

---

43   Die detaillierte Abfrage aller SN-Aktionen bei allen Befragten hätte einen unzumutbaren Fragebogenumfang erzeugt, wie die diesbezügliche Reaktanz im Rahmen des Pretests verdeutlichte.

genen Einflussfaktoren formuliert werden, die die komplexen SN-Situation der Produktion mit der Bewertung und der Weiterleitung vergleichbar machten. Führte ein Teilnehmer überhaupt keine SN-Aktion aus, wurde er direkt zum zweiten Untersuchungsbereich (Abschnitt VI) des Fragebogens weitergeleitet, in dem sämtliche Gruppen ungeachtet ihres Ausführungsverhaltens bei SN, befragt wurden.

Abschnitt VI bis X

Abschnitt VI überprüfte das Rezeptionsverhalten bezüglich SN: Sobald ein Teilnehmer angab, sich Beiträge anzusehen, die ihm weitergeleitet werden, wurde er in einen zusätzlichen Fragebogenpfad geschaltet, wo er für die Rezeptionsseite zu Motiven (Abschnitt VII) und beziehungsbezogenen Einflussfaktoren (Abschnitt VIII) befragt wurde, sowie außerdem zu genutzten Angebotsformen (Abschnitt IX) und Inhalten (Abschnitt X).

Abschnitt XI und XII

Abschließend erfolgten, wiederum für alle Teilnehmer, die Abfrage der Meinungsführerskala, eine Frage zur Internetnutzung sowie die Erfassung einiger Soziodemografika.

Operationalisierung

Da es sich hierbei um die erste detaillierte Erhebung zum Thema SN handelt, konnte bei der Fragebogengenerierung nur auf wenige bestehende Skalen zurückgegriffen werden. Ein Großteil der verwendeten Items musste zudem hinsichtlich der Spezifika von SN überarbeitet und umformuliert werden. In Anlehnung an existierende Items und an jene Dimensionen, die die in einer qualitativen Vorstudie befragten Internetnutzer[44] als Grund für ihr SN-Verhalten genannt hatten, wurden für die Fragebogenabschnitte insgesamt etwa 80 Items speziell generiert.

---

44 Im Zeitraum vom 17. Dezember 2010 bis zum 07. Januar 2011 wurden 25 internetaffine Personen verschiedenen Alters aus ganz Deutschland in Leitfadeninterviews befragt, wobei darauf geachtet wurde, dass jede SN-Aktion zumindest von einigen der Probanden ausgeführt wurde.

Abschnitt I: Ausführung von SN

Zur Beantwortung von Forschungsfrage 1 dienten in erster Linie fünf Fragen zur Häufigkeit der Ausführung von verschiedenen SN-Aktionen. Da Bewertungen ebenso wie das Produzieren verschiedene Ausprägungen aufweisen können (vgl. die Definition in Kap. 2.4), wurden beide SN-Aktionen durch jeweils zwei Items abgefragt, in denen die Ausprägungen jeweils mit Beispielen unterlegt wurden.

Der Proband wurde hier nach seiner Nutzung in einer durchschnittlichen Woche gefragt (numerische Skala, an 0 bis 7 Tagen). Aufgrund der vermuteten Seltenheit der SN-Aktion der Produktion wurde eine offene Frage nach der Häufigkeit der Ausführung innerhalb des letzten Vierteljahres verwendet. Für den Fall der Ausführung mehrerer SN-Aktionen wurden die jeweiligen Kombinationsmöglichkeiten auf Nominalniveau abgefragt.

Abschnitt II: Motive für die Ausführung von Social Navigation

Für den ersten Teil der dritten Forschungsfrage (Welche Motive führen zu der Ausführung der Social Navigation-Aktionen [Bewerten, Weiterleiten, Produzieren]?) wurden insgesamt 13 Motive für die Ausführungsperspektive vorgegeben (s. Tab. 6), die durch die Vorstudie generiert sowie mit der Forschungsliteratur (z. B. Altmann, 2011, S. 148) und mit den Motiven der Meinungsführerschaft (s. Kap. 3.1.5) abgeglichen wurden.

Aus der Vorstudie stammen hierfür als Motivation für das Bewerten die Möglichkeit, anderen Personen Hilfestellung bei der Auswahl von Medieninhalten zu geben (*Altruismus*); seine *Meinung und ein Feedback abgeben* zu können, sowie generell ein *Interesse* für den Gegenstand zu bekunden; außerdem der Wunsch, seine *Gefühle in Bezug auf einen Medieninhalt mitzuteilen* oder sich mit der Bewertung *selbst darstellen zu können*. Für die Weiterleitung hatte sich gezeigt, dass den Probanden das eigene *Interesse* am Inhalt sowie der Wunsch, den *Kontakt* mit dem Adressaten der Weiterleitung zu pflegen, wichtig waren. Ähnlich der Bewertung sollte anderen Personen durch die Auswahl guter Inhalte bei der Suche nach Information geholfen werden (*Altruismus*). Ferner wurde weitergeleitet, um beim nächsten persönlichen Aufeinandertreffen *Gesprächsstoff zu haben*, die eigenen *Gefühle zu teilen* oder weil man hoffte, vom Gegenüber auch etwas *empfohlen zu bekommen*. Manche Probanden wollten außerdem durch SN *Gleichgesinnte finden* und die eigene *Meinung mit der von anderen Personen vergleichen* (bzw. diese von der eigenen *Meinung überzeugen*).

Die Produktion sollte der Vorstudie zufolge primär dazu dienen, auf interessante Artikel *aufmerksam zu machen*, um die *eigene Meinung darzustellen* und *Andersdenkende zu überzeugen* Auch Motive der *Anschlusskommunikation* schienen relevant – zum einen schlicht durch den Wunsch, *Rückmeldungen zu erhalten*; zum anderen wollten einige Befragte durch ihren Beitrag eine *Diskussion über ein Thema erzeugen*. Schließlich wurde produziert, um *Sachverhalte zu klären, Anderen Feedback zu geben, Kontakte zu pflegen bzw. Gleichgesinnte zu finden*– insbesondere aber, um sich *selbst darstellen* zu können und die eigene *Popularität zu steigern*.

Tabelle 6: Motive zur Ausführung von SN

Motive zur Ausführung von SN
• Altruismus
• Interaktion:
o   Kontaktpflege
o   Informationsaustausch/Interessensaustausch
• Gleichgesinnte finden
• Beziehungsbezogene Erwartungen
• Selbstdarstellung
• Prestige/Popularität
• Persuasion/Überzeugen von eigener Meinung
• Anschlusskommunikation
• Klärung von Sachverhalten
• Gefühle teilen/Mitteilungsbedürfnis
• Interesse
• Feedback

Quelle: Eigene Darstellung

Aufgrund der vorliegenden Informationen konnten zur Zusammenstellung der Motiv-Items drei getestete Skalen genutzt werden[45]: Grundlage bildete die Internetnutzungsskala von Papacharissi und Rubin (2000)[46], von der sechs Items übernommen wurden, vervollständigt durch sechs Items zur Ermittlung von Nutzungsmotiven von Social Networking Sites (Kolo & Unger, 2009)[47] und (für das Motiv *Altruismus*) die Adaption von drei der ursprünglich vier Items der Skalendimension ‚Concern for other consumers'[48] aus einer Studie zum Thema Electronic Word-of-Mouth (Henning-Thurau et al., 2004). Weitere sechs Motive (*Beziehungsbezogene Erwartungen, Gefühle teilen/Mitteilungsbedürfnis, Anschlusskommunikation, Klärung von Sachverhal-*

---

45   Eine vollständige Übersicht aller Items befindet sich im Online-Anhang C.
46   Cronbachs α zwischen .73 und .85
47   Cronbachs α zwischen .61 und .85
48   Cronbachs α: .80

ten, Interesse sowie *Feedback*) konnten nicht durch bestehende Skalen abgebildet werden, weshalb eigene Formulierungen verwendet wurden.

Alle verwendeten Items wurden in jeder Fragebogengruppe – ggf. für jede SN-Aktion angepasst – anhand einer fünfstufigen Likert-Skala (1 = *trifft überhaupt nicht zu* bis 5 = *trifft voll und ganz zu*, sowie Ausweichkategorie: *weiß nicht*) abgefragt. Die Vorgaben wurden für jeden Teilnehmer randomisiert, um systematische Ausstrahlungseffekte zu vermeiden.

Abschnitt VII: Motive zur Rezeption sozial navigierter Medieninhalte

Für die Abfrage der Motive zur Rezeption weitergeleiteter Beiträge (Teil 2 der Forschungsfrage 3: Welche Motive führen zu der Rezeption weitergeleiteter Medieninhalte?) bot sich, aufgrund der Ähnlichkeit zum Konzept der TV-Erlebnisfaktoren, die Skala von Dehm und Storll (2003) als Grundlage an. Insgesamt ergaben sich 11 Motive mit 25 Items (s. Tab. 7).

Tabelle 7: Motive zur Rezeption weitergeleiteter Medieninhalte

Motive zur Rezeption weitergeleiteter Medieninhalte
• Soziales Erleben
• Neue Informationen
• Klärung von Sachverhalten
• Bildung eigener Meinung
• Unterhaltung
• Qualität des Medieninhalts
• Erwartung
• Interesse
• Themenwichtigkeit
• Anschlusskommunikation
• Zeitvertreib

Quelle: Eigene Darstellung

Laut Vorstudie sehen Probanden weitergeleitete Beiträge an, weil sie generell *Interesse* für das Thema zeigen, sowie eine hohe *Qualität des Medieninhaltes* und *neue Informationen* erwarten, die helfen, einen *Überblick über zentrale und wichtige Themen* zu gewinnen und *Sachverhalte zu klären* . SN-Inhalte würden zur *Meinungsbildung* zu einem Thema beitragen, und auch das Motiv der *Anschlusskommunikation* könnte bei der Rezeption eine Rolle spielen, denn einige Befragte gaben an, dass sie sich weitergeleitete Medieninhalte ansehen, um später mit anderen darüber sprechen zu können. Hinzu kommt, dass einige

Personen Spaß und Freude an weitergeleiteten Beiträgen haben, was auf ein *Unterhaltungsmotiv* schließen lässt, während andere davon ausgingen, dass beim Absender die *Erwartung* besteht, dass sie selbst darauf reagierten. Operationalisierungen für fünf dieser Motivdimensionen aus der Vorstudie (*Anschlusskommunikation, Soziales Erleben, Neue Informationen, Klärung von Sachverhalten, Bildung eigener Meinung, Unterhaltung*) konnten von Dehm und Storll (2003) übernommen werden, neben zwei Ergänzungen (*Soziales Erleben, Zeitvertreib*). Alle verwendeten Items wurden entsprechend an die Rezeption von weitergeleiteten Beiträgen angepasst. Die Items der vier übrigen Motive (*Qualität des Medieninhalts, Erwartung, Interesse, Themenwichtigkeit*) wurden erneut selbst formuliert, wie zuvor beschrieben randomisiert und mittels derselben fünfstufigen Likert-Skala abgefragt.

Abschnitt III und VIII: Beziehungsbezogene Einflussfaktoren

Mit Blick auf Forschungsfrage 4 und die dort formulierten forschungsleitenden Annahmen, wurden die Auswirkungen der beziehungsbezogenen Einflussfaktoren mittels vier Konstrukten getestet. Die *Nähe der Beziehung* war anhand von sieben Abstufungen von ‚Partner' bis ‚Unbekannt' operationalisiert. Mittels einer dichotomen Antwortskala (‚trifft zu/trifft nicht zu', sowie Ausweichkategorie) konnte so ermittelt werden, an welche Personentypen die Probanden für gewöhnlich Beiträge weiterleiten und von welchen Personentypen sie sich weitergeleitete Beiträge ansehen. Die verschiedenen *Anonymitätsgrade* der Internetnutzer wurden in drei Ausprägungen eingeteilt: ‚Vollständige Anonymität', ‚Pseudonymität' und ‚keine Anonymität' (s. Kap. 2.3; dichotome Antwortskala wie zuvor). Die *Vorabkommunikation* vor der Ausführung einer SN-Aktion oder der Rezeption weitergeleiteter Beiträge wurde mit einem Item anhand der fünfstufigen Likert-Skala erhoben (s. o.). Der Einflussfaktor *Sozialer Druck* (als Einfluss von Freunden und Bekannten) und seine Auswirkung wurden mittels zweier eigens hierfür formulierter Items und anhand der bekannten fünfstufigen Likert-Skala ermittelt.

Abschnitt VI: Rezeption sozial navigierter Medieninhalte

Um einen Überblick darüber zu bekommen, welche SN-Informationen überhaupt bei der Rezeption von Beiträgen im Internet eine Rolle spielen, wurde anhand einer dichotomen ‚Ja/Nein'-Vorgabe) die Nutzung der verschiedenen SN-Informationen festgehalten (FF 2). Dafür wurden sieben Items generiert, die die verschiedenen Ausprägungen von SN-Informationen abbilden (Bewertungen, Weiterleitungen, Produziertes und Klickzahlen).

Abschnitt IV, V, IX und X: Angebotsformen und Inhalte

Die abgefragten Angebotsformen[49] (z.B. E-Mail und private Netzwerke, über die SN-Aktionen ausgeführt und Inhalte rezipiert werden) basieren auf den Vorgaben der ARD/ZDF Online-Studie 2010 (Busemann & Gscheidle, 2010) und wurden durch in der Vorstudie genannte Web-Angebote ergänzt. Der Proband schätzte die Häufigkeit seiner Nutzung solcher Angebotsformen ein (1 = ‚nie‘ bis 5 = ‚immer‘, sowie Ausweichkategorie). Zusätzlich war die Möglichkeit gegeben, weitere Ergänzungen offen zu nennen. Als Pendant wurde bzgl. der Rezeption gefragt, über welche Wege die Beiträge weitergeleitet werden, die der Proband rezipiert. Welche Art von Inhalten (Aktuelle Nachrichten, Service-Informationen etc.) dabei wie oft sozial navigiert bzw. rezipiert werden, wurde durch sieben inhaltlich trennscharfe Kategorien erhoben (1 = ‚nie‘ bis 5 = ‚immer‘, sowie Ausweichkategorie).

Abschnitt XI: Meinungsführer

Die Ermittlung der Meinungsführerschaft erfolgte durch Selbsteinschätzung mittels einer Adaption der klassischen Meinungsführerskala von Rogers und Cartano (1962). Sie zeichnet sich nicht nur durch ihre Probandenfreundlichkeit (aufgrund dichotomer Antwortvorgaben) aus, sondern genießt allgemeine Anerkennung in der Meinungsführerforschung (Schenk, 2007) und lässt sich auf verschiedenste Gegenstandsbereiche anwenden. Hierfür wurden alle sechs Items der Skala ins Deutsche übersetzt und das Konstrukt ‚Methoden in der Landwirtschaft‘ (übersetzt aus dem Original) durch ‚Inhalte im Internet‘ ausgetauscht.

Abschnitt XII: Internetnutzung und Soziodemografie

Für die Beschreibung der Stichprobe und für differenziertere Auswertungen wurden die Probanden schließlich zu ihrer durchschnittlichen Internetnutzung pro Tag befragt und soziodemografische Daten wie Geschlecht, momentane Tätigkeit, höchster Bildungsabschluss und das jeweilige Alter in Erfahrung gebracht.

5.1.4 Durchführung von Pretest und Hauptbefragung

Die Durchführung mehrerer Pretests diente vor allem einem kritischen Blick auf die Inhaltsvalidität des Instuments. Dabei wurden auch die Bearbeitungsdauer, die Bedienungsfreundlichkeit sowie die Verständlichkeit der

---

49   Die Angebotsformen werden in der vorliegenden Auswertung nicht berücksichtigt, da sie nicht Gegenstand des primären Forschungsinteresses waren.

einzelnen Anweisungen, Fragen, Items und Antwortoptionen überprüft. Als Zielgruppe für den Pretest kamen (analog zur eigentlichen Erhebung) alle Internetnutzer ab 14 Jahren in Frage, wobei sich letztlich eine Alterspanne der Teilnehmer von 20 bis 57 Jahren ergab. Um den Fragebogen anschließend optimal überarbeiten zu können, wurde eine Kombination verschiedener Pretest-Techniken angewandt (Kurz, Prüfer & Rexroth, 1999): Zum einen wurde der Proband aufgefordert, während oder nach dem Antworten seine Gedanken zu formulieren, die zu seiner jeweiligen Antwort geführt haben (,Think-Aloud-Technik'). Mit der Methode des Paraphrasierens sollte andererseits herausgefunden werden, ob der Proband die Frage sinngemäß verstanden hatte; er sollte dazu die Frage noch einmal mit eigenen Worten formulieren. Ob komplexere Fragen (etwa zum Produzieren von SN-Informationen/Abschnitt I) in Kombination mit spezifischen Hinweisen im Fragebogen (Aussagen nur über Handlungen im privaten Bereich etc.) verstanden wurden, erwies sich anhand konkreter Verständnisfragen zum betreffenden Abschnitt (,Random-Probe-Technik'; Kurz, Prüfer & Rexroth, 1999).

Sämtliche Anmerkungen und Erkenntnisse aus den Pretests wurden von den Interviewern protokolliert und in einem Gesamtüberblick zusammengeführt. Aufgrund der detaillierten Hinweise aus den acht Durchläufen konnten Mängel des Fragebogens (z.B. hinsichtlich der Filterführung, dem Layout der Skalen oder den Anleitungen und Überleitungen) identifiziert und ausgeräumt werden. Außerdem wurden erneut sämtliche Motiv-Skalen auf ihre Verständlichkeit sowie auf inhaltliche Dopplungen hin überprüft und ggf. überarbeitet. Aufgrund der breiten Altersspanne konnten einzelne Begriffe in Skalen auf ihre allgemeine Verständlichkeit getestet werden. Daraufhin wurde etwa in Abschnitten III und VIII der Begriff ,Nick-Name' zusätzlich mit einer Erklärung versehen, um somit den Fragebogen für alle Altersklassen in der angestrebten Stichprobe verständlich zu machen.

Die Hauptbefragung wurde anschließend über einen Zeitraum von 14 Tagen (vom 8. April bis zum 22. April 2011) durchgeführt. Aufgrund der Vorgabe des SoSci-Panels, die gewünschte Stichprobengröße zu circa 50 Prozent selbst zu akquirieren, wurde der Fragebogenlink zuvor in zwei Etappen veröffentlicht: zunächst über private Profile bei Social Networking Sites und die *Facebook*-Seite des Referats Presse- und Öffentlichkeitsarbeit/Marketing der Universität Erfurt; in einer zweiten Welle durch Newsletter verschiedener Fachschaftsräte und des Studierendenrates der Universität Erfurt. Durch die Kooperation mit dem SoSci-Panel wurde der Fragebogen dann am 12. April an 4.000 Teilnehmer verschickt, in einer zweiten Welle noch einmal an 1.000 weitere Personen. Insgesamt konnte innerhalb kurzer Zeit ein hoher Rücklauf von rund 2.000 ausgefüllten Fragebogen erzielt werden, der sich bei der Auswertung allerdings nicht mehr nach Zugangsweg unterscheiden ließ.

5.2 Auswertungsstrategien und Stichprobenbeschreibung

5.2.1 Datenbereinigung und -aufbereitung

Nach einer Feldzeit von 14 Tagen wurde der Fragebogen offline gestellt und die Daten mit dem Statistikprogramm PASW Statistics 18 (ehemals SPSS) ausgewertet. Insgesamt riefen 1.967 Personen den Fragebogen auf (s. Tab. 8), wovon 308 Personen anschließend nicht mit der Bearbeitung begannen (15,7 Prozent). Von den verbleibenden 1.659 Personen beendeten 451 den Fragebogen nicht gültig, was einer Abbruchquote von weiteren 22,9 Prozent entspricht. Dabei konnte kein Punkt im Fragebogen ermittelt werden, an dem besonders viele Personen ausgestiegen sind, denn die Abbrüche verteilten sich über alle Seiten des Fragebogens annähernd gleich. 1.208 Befragte füllten den Fragebogen vollständig aus; nach Durchführung von Konsistenz- und Plausibilitätstests ergab sich für die vorliegende Studie eine endgültige Stichprobe von 1.205 Personen (61,3 Prozent der Aufrufe).

Tabelle 8: Ausschöpfung der Online-Stichprobe

	Absolute Häufigkeit	Anteil an allen aufgerufenen Fragebögen in Prozent
Aufgerufene Fragbögen	**1967**	**100,0**
davon: Bearbeitung nicht begonnen	*308*	*15,7*
Fragebogen begonnen	1659	84,3
davon: Fragebogen nicht gültig beendet	*451*	*22,9*
Beendete Fragebögen	1208	61,4
Stichprobe nach Datenbereinigung und -aufbereitung	**1205**	**61,3**

Quelle: Eigene Darstellung

5.2.2 Beschreibung der Stichprobe

Von diesen 1205 Teilnehmern, deren Datensätze gültig waren und in die Analyse eingingen, waren 449 Männer (37 Prozent) und 756 Frauen (63 Prozent). Die Befragten waren zwischen 14 und 77 Jahre alt (M=29,05 Jahre; SD=11,12) und aufgrund der Rekrutierungspraxis überdurchschnittlich gut gebildet: Über 88 Prozent gaben als höchsten Bildungsabschluss mindestens die Hochschulreife an, und 58 Prozent der Befragten waren Schüler,

Studenten und Auszubildende. Im Durchschnitt nutzen die Befragten an einem typischen Tag in der Woche 181 Minuten (rund 3 Stunden) das Internet (SD=133,09). Die Stichprobe erweist sich damit hinsichtlich verschiedener Merkmale als gegenüber der deutschsprachigen Bevölkerung ab 14 Jahren mit Internetzugang verzerrt, weshalb jede Form der Verallgemeinerung der Befunde hochgradig spekulativ wäre. Wie geplant handelt es sich damit um eine Pilotstudie zur Social Navigation unter Internet-Nutzern, die erste Erkenntnisse über gewandelte mediale Selektionsmuster in der Online-Welt erbringen soll und keinen Anspruch auf Repräsentativität erhebt.

Nach Abschluss der Befragung ergab sich aufgrund des oben beschriebenen Filteralgorithmus' (s. Kap 5.1.3) eine überraschende Verteilung auf die vier Split-Ballot-Gruppen, die sich durch die Ausführung bzw. Nicht-Ausführung von verschiedenen SN-Aktion zusammensetzten (vgl. Tab. 9). Entgegen der Erwartungen aufgrund der qualitativen Vorstudie stellten die als Produzenten definierten Personen (also incl. aller Kombinationen) in der vorliegenden Stichprobe das Gros der Teilnehmer: Gut jeder Zweite zählte zu dieser Gruppe. Ungefähr gleichstark vertreten waren (a) Personen, die nur weiterleiteten und bewerteten (15 Prozent), also anhand eines Zufallsmechanismus' einer der beiden Teilgruppen zugeordnet wurden; (b) die Nicht-Nutzer der erfragten SN-Aktionen (14 Prozent); und (c) diejenigen, die nur weiterleiteten (14 Prozent). Reine Bewerter waren mit knapp über 5 Prozent die kleinste Teilgruppe.

Tabelle 9: Verteilung der Gruppen nach SN-Aktion in der Stichprobe

Split-Ballot-Gruppe	Absolute Häufigkeiten	Prozentualer Anteil an der Stichprobe
Nicht-Nutzer	172	14,3
Bewerter	157	13,0
davon: reine Bewerter	*64*	*5,3*
Weiterleiter	252	20,9
davon: reine Weiterleiter	*165*	*13,7*
Produzenten	624	51,8
Gesamt	**1205**	**100,0**

Quelle: Eigene Darstellung

Letztlich wurden anhand der modifizierten Meinungsführerskala von Rogers und Cartano (1962, s. Kap. 5.1.3) 208 Befragte (17 Prozent) für die weitere Auswertung der Gruppe der Meinungsführer zugeordnet, da sie wie vorgeschrieben alle sechs Items positiv beantworteten (Dressler & Telk, 2009).

5.3 Ausführung von SN-Aktionen & Rezeption sozial navigierter Inhalte

In einem ersten Auswertungsschritt werden zunächst die beiden deskriptiven Forschungsfragen beleuchtet, die sich im Theoriemodell zum einen bei der Ausführung von SN-Aktionen (FF1) und zum anderen bei der Rezeption sozial navigierter Inhalte (FF2) verorten lassen (vgl. Abb. 25).

Abbildung 25: Forschungsfragen 1 und 2 im Theoriemodell

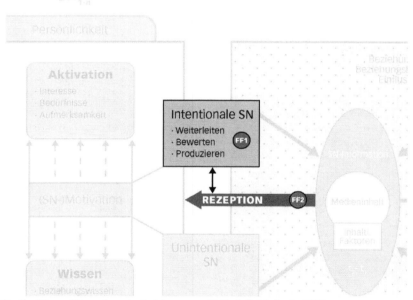

Quelle: Eigene Darstellung in Anlehnung an Früh & Schönbach, 1982

5.3.1 Ausführung der Social Navigation-Aktionen

FF 1: Wie häufig werden Social Navigation-Aktionen (Bewerten, Weiterleiten, Produzieren) absolut und im Verhältnis zueinander ausgeführt, und in welchen Kombinationen werden sie genutzt?

Vierzehn Prozent der Befragten in der vorliegenden Stichprobe führten während der erfragten Zeiträume überhaupt keine der SN-Aktionen aus (s. Tab. 9). Sie wären im Sinne der theoretischen Überlegungen als Lurker zu bezeichnen (vgl. Kap. 3.1.4) und spielen, wie bereits erwähnt, in Zusammenhang mit SN trotzdem eine nicht zu vernachlässigende Rolle, da davon ausgegangen werden kann, dass sie je nach Internetnutzung und Anwendung zumindest Footprints hinterlassen, an denen sich andere Nutzer orientieren können.

Im Hinblick auf die Bewertung von Medieninhalten im Internet wurden zwei mögliche Varianten der Bewertung abgefragt: die Bewertung in Form von Ratingskalen wie Sterne-Bewertungen oder ‚Gefällt mir'-Buttons; und die Bewertung durch einen Kommentar. Für die erste Alternative gaben über die Hälfte der Befragten an, diese mindestens einmal pro Woche in Anspruch zu nehmen (s. Tab. 10). Nutzer dieser Bewertungsform (n=689) beurteilten Medieninhalte im Internet im Durchschnitt an knapp drei Tagen pro Woche. Genau 50 Prozent der Nutzer (und damit etwas weniger als bei der Bewertung per Ratingskala[50]) gaben an, Inhalte im Internet mindestens einmal pro Woche mittels kurzer Kommentare wie beispielsweise „Finde ich gut!" zu bewerten. Wenn eine sprachliche Beurteilung abgegeben wurde (n=602), so geschah das an zwei bis drei Tagen pro Woche und etwas seltener als die Bewertung per Ratingskala.

Mehr als zwei Drittel der Befragten in unserer Stichprobe leiteten mindestens einmal in der Woche einen Medieninhalt weiter, im Durchschnitt an knapp zwei Tagen pro Woche (n=845). Im Vergleich zu den Aktionen des Bewertens zeigte sich also, dass zwar insgesamt mehr Personen weiterleiten; wenn jedoch weitergeleitet wird, so geschieht dies durchschnittlich seltener als im Falle der Bewertung.

Etwas weniger als die Hälfte der Befragten gab an, mindestens einmal in den letzten drei Monaten einen Beitrag im Internet inhaltlich ergänzt zu haben. Mindestens einen Blogbeitrag zu einem bestehenden Medieninhalt schrieben immerhin 17 Prozent. Von den Befragten führten insgesamt betrachtet 48 Prozent überhaupt keine Produktion aus, 38 Prozent eine Art von Produktion und 14 Prozent sogar beide Arten der Produktion. Trotz der internet-affinen Stichprobe zeigt die ARD/ZDF Onlinestudie 2011 ein ähnliches Ergebnis, da 47 Prozent der Befragten kein Interesse daran haben, Inhalt im Internet zu erstellen, 29 Prozent jedoch zumindest ein leichtes Interesse äußerten (Busemann & Gscheidle, 2011). Wurde nur eine Aktion ausgeführt (n=495), so war dies in der großen Mehrheit von 90 Prozent der Fälle die inhaltliche Ergänzung und nur bei 10 Prozent das Schreiben von Blogeinträgen zu bestehenden Inhalten. Auch qualitative Erhebungen stützen diesen Befund (vgl. z. B. Altmann, 2011, S. 136ff.).

---

50   Zu den Ratingsskalen gehören alle Formen technisch standardisierter Möglichkeiten zur Bewertung von Medieninhalten (s. Kap. 2.4) – von fein abgestuften Skalen über Schulnoten und Sternchen-Bewertungen hin zur dichotomen Wahl von ‚Mag ich' bzw. ‚Mag ich nicht' oder lediglich einer ‚Gefällt mir'-Option wie im Online-Netzwerk *Facebook*.

Tabelle 10: Nutzungshäufigkeit der einzelnen SN-Aktionen

SN-Aktion	Anteil Nutzer (%)	Anteil Nicht-Nutzer (%)	Ø Nutzungs-häufigkeit, alle Befragten M (SD)	Ø Nutzungs-häufigkeit der Nutzer; M (SD)
Bewerten per Ratingskala	57,2	42,8	1,61 (2,02)	2,82 (1,94)
Bewerten per Kommentar	50,0	50,0	1,19 (1,69)	2,38 (1,70)
Weiterleiten	70,1	29,9	1,53 (1,62)	2,18 (1,52)
Produktion durch inhaltliche Ergänzung	48,1	51,9	10,40 (50,33)	21,60 (70,89)
Produktion durch Blogbeiträge mit Bezug auf Medieninhalte	17,3	82,7	1,27 (6,12)	7,31 (13,14)

Für die Aktionen des Bewertens und des Weiterleitens wurde die Nutzungshäufigkeit anhand der durchschnittlichen Nutzung pro Woche (von ‚an 0 Tagen‘ bis ‚an 7 Tagen‘) erhoben. Für die Aktionen des Produzierens wurde die Nutzungshäufigkeit durch eine offene Abfrage der Nutzung in den letzten 3 Monaten erhoben. n=1205

Quelle: Eigene Darstellung

Über alle Befragten hinweg war damit die Weiterleitung von Inhalten im Internet die populärste SN-Aktion, gefolgt von der Bewertung mittels Ratingskala und der Bewertung per Kommentar. Insgesamt wurde die inhaltliche Ergänzung durch Kommentare häufiger ausgeführt als das Verfassen von Blogbeiträgen über Medieninhalte. Allerdings produzierten wenige Teilnehmer nach eigenen Angaben viel, der Großteil der Befragten hingegen sehr wenig. Dies entpricht den bekannten Mustern, wonach es unter den Internetnutzern insgesamt eben nur wenige Aktive gibt, die ein wirkliches Interesse an Teilhabe im Sinne ergänzender Produktion haben (Busemann & Gscheidle, 2010), diese dann jedoch wiederum meist sehr aktiv und engagiert sind.

Die Ergebnisse bestätigen, dass wohl nur wenige Onliner überhaupt keine SN-Aktionen ausführen. Zwar setzte sich die Stichprobe der vorliegenden Studie zu großen Teilen aus jungen, internetaffinen und gut gebildeten Menschen zusammen; aber auch diese präferierten eher SN-Aktionen wie Bewertungen per Kommentar, Ratingskalen oder Weiterleitungen, die recht wenig Aufwand erfordern. Dennoch führten viele der Befragten darüber hinaus auch die aufwändigere SN-Aktion des Produzierens aus.[51]

---

51   Zwar könnte es hier aufgrund der schwierigen Operationalisierung (s. Kap. 5.1.3) zu Ungenauigkeiten bei der Messung gekommen sein, die Verständlichkeit des Items wurde allerdings schon durch ein anschauliches Beispiel und ausführliche Erklärungen erhöht.

5.3.2 Kombinationen der Social Navigation-Aktionen

Um Aufschluss darüber zu erhalten, ob die Personen, die mehr als eine der oben genannten Aktionen ausführten, diese je nach Situation auch gleichzeitig nutzten (also beispielsweise einen Inhalt bewerten *und* weiterleiten), wurden die jeweils möglichen Kombinationsmöglichkeiten auf ihre Nutzung hin erfragt. Die Kombination einer Bewertung mit einer Weiterleitung, also die eher einfachen und schnellen SN-Aktionen, wurde von 67 Prozent derjenigen, die beide Aktionen ausführten (n=604), schon einmal genutzt. Von denjenigen Befragten, die bewerteten und produzierten (n=502), führten 64 Prozent beide Aktionen auch parallel aus. Personen, die sowohl weiterleiteten als auch produzierten, taten dies in 61 Prozent der Fälle (n=500) schon einmal in Kombination. Bezogen auf die Personen, die zuvor für alle Aktionen angaben, diese zu nutzen (n=423), waren es 44 Prozent Kombinationen. Ob diese Kombinationen vor allem deshalb stattfinden, weil immer mehr Anbieter entsprechende Optionen implementieren, oder weil sich tatsächlich eine tiefergehende Motivation dahinter verbirgt, kann mit den vorliegenden Daten nicht beantwortet werden.

5.3.3 Social Navigation bei der Medienrezeption

> FF 2: Wie werden die verschiedenen Social Navigation-Informationen bei der Auswahl von Beiträgen im Internet genutzt?

Um die Rolle von SN-Informationen bei der Auswahl von Beiträgen zu beleuchten, wurde den Teilnehmern eine Auswahl von sieben Arten von SN-Informationen vorgestellt und erfragt, ob sie diese bereits einmal für Selektionszwecke berücksichtigt haben. Im Schnitt wurden bereits 3,58 (SD=1,78) der sieben vorgestellten Alternativen mindestens einmal genutzt, um Inhalte auszuwählen (s. Tab. 11). Vier von fünf Befragten gaben an, Inhalte rezipiert zu haben, weil diese (oder ein Link, der auf die betreffende Webseite verwies) an sie weitergeleitet wurden. Auch die Bewertung eines Inhalts durch eine Ratingskala spielte für die Mehrheit der Befragten schon einmal bei der Auswahl von Beiträgen eine Rolle, gefolgt von der Bewertung eines Inhalts per Kommentar. Etwas weniger als die Hälfte der Befragten orientierte sich indessen an inhaltlichen Ergänzungen durch andere Nutzer oder an (direkt im Artikel oder innerhalb einer Top-Liste ausgewiesenen) Klickzahlen der jeweiligen Beiträge. Für etwas mehr als jeden vierten Teilnehmer war ein vorhandener Blogbeitrag zu einem Medieninhalt ein möglicher Grund, diesen zu rezipieren, während nur jeder fünfte Befragte sich an

Hinweisen bezüglich der Häufigkeit der Weiterleitung eines Beitrages (entweder im Artikel direkt oder anhand einer Top-Liste) orientierte.

Tabelle 11: Nutzung von SN-Informationen

‚Ich habe weitergeleitete Beiträge schon einmal angeschaut, weil …‘	Trifft zu. (Angaben in Prozent)	Trifft nicht zu. (Angaben in Prozent)
… sie durch eine Ratingskala bewertet waren.	71,0	29,0
… sie durch Kommentare bewertet wurden.	61,4	38,6
… ich diese geschickt bekommen habe.	83,0	17,0
… sie häufig weitergeleitet wurden.	19,1	80,9
… sie hohe Klickzahlen hatten.	46,1	53,9
… es zu diesen Beiträgen inhaltliche Ergänzungen Anderer gab.	48,0	52,0
… es zu diesen Beiträgen Blogeinträge gab.	28,9	71,1
n=1205.		

Quelle: Eigene Darstellung

5.3.4 Unterschiede zwischen der Ausführung von SN-Aktionen und der Rezeption sozial navigierter Inhalte

Über die Forschungsfrage hinaus wurde untersucht, ob sich Personen, die sich intensiver an SN-Informationen orientierten, im Hinblick auf die Ausführung von SN-Aktionen von Personen unterschieden, die sich selbst weniger intensiv an SN orientieren. Hierfür wurden zunächst sieben Gruppen nach der Anzahl der bereits genutzten SN-Informationen gebildet. Je weniger sich Personen an SN-Informationen orientierten, desto seltener führten sie auch SN-Aktionen aus (mit Ausnahme der Produktion). Dieser Unterschied ist sowohl höchst signifikant für Bewertungen per Ratingskala ($F(7, 1197)=25,73$; $p<.001$) als auch per Kommentar ($F(7, 1197)=20,73$; $p<.001$) sowie bei der Weiterleitung von Inhalten ($F(7, 1197)=18,66$; $p<.001$)[52]. Es gilt das Motto: „Wer viel erhält, sendet auch mehr, und umgekehrt" (Schnorf, 2008, S. 106).

---

52   Bei allen zuvor untersuchten Variablen war die Voraussetzung der Normalverteilung nicht gegeben; für die untersuchten Variablen wurden die vorliegenden Ergebnisse von T-Tests daher mit einem U-Test nach Mann-Whitney bestätigt.

Signifikante Unterschiede gab es bezüglich der Häufigkeit der Produktion in Form von inhaltlichen Ergänzungen ($F(7, 1197)=2,76$; $p<.01$) und in Form von Blogbeiträgen zu Medieninhalten ($F(7, 1197)=2,60$; $p<.05$). Für die inhaltliche Ergänzung sowie für die Produktion von Blogbeiträgen ging dabei aber die Häufigkeit der Ausführung nicht mehr aufsteigend mit der Häufigkeit der Orientierung an SN-Informationen einher. Erst bei einer Aufteilung in zwei annähernd gleich große Gruppen (‚Orientierung an vier oder mehr SN-Informationen [n=362]‘ vs. ‚an drei oder weniger [n=547]‘) zeigte sich das erwartete Muster sowohl für die inhaltliche Ergänzung (M= 15,11 (SD= 67,51) vs. 5,38 (18,57); $p < .01$) als auch für das Erstellen von Blogbeiträgen (1,59 (6,65) vs. 0,84 (4,55); $p < .05$).

Zwar erlauben die Daten keine Aussage darüber, wie häufig eine Orientierung stattfindet; allerdings zeigte sich, dass Personen, die besonders aktiv SN-Aktionen ausführten, gleichzeitig viele der SN-Informationen schon einmal bei der Auswahl von Beiträgen nutzten. Dieses Ergebnis lässt sich dahingehend interpretieren, dass Personen SN-Aktionen und SN-Informationen tatsächlich in beide Richtungen nutzen: Wer selbst ausführt, vertraut auch den von anderen Personen angebotenen Informationen und berücksichtigt diese bei der Auswahl seiner Medieninhalte – und wer solche Informationen nutzte, der war umgekehrt auch selbst bereit, Anderen Informationen weiterzugeben. Im Hinblick auf die nicht ganz so deutlichen Ergebnisse bei der Produktion sei erneut auf die Schwierigkeit der Erhebung dieser verwiesen (s. Kap. 5.1.3). Zudem sei aus Gründen der Vollständigkeit auch eine Studie von Larsson (2011) erwähnt, die bezüglich der Nutzung von interaktiven Elementen schwedischer Online-Nachrichtenseiten neben der eigenen Ausführung von SN-Aktionen auch die Wertschätzung solcher Aktionen und Informationen erfragte und derzufolge es auch einen Nutzertyp gibt, der die SN-Informationen sehr wertschätzt, obwohl er selbst solche Aktionen nicht ausführt.

Hinsichtlich der durch die Nutzer navigierten Inhalte in der Stichprobe (s. Tab. 12) zeigte sich, dass häufig Unterhaltungsangebote sowie Freizeitinformationen bewertet wurden. Weitergeleitet wurden ebenfalls Unterhaltungsangebote und mehr noch Informationen aus Wissenschaft, Forschung und Bildung. Etwas anders sah es hingegen beim Produzieren aus: Hier wurde neben den eben genannten Kategorien auch besonders häufig auf aktuelle Nachrichten Bezug genommen. Keine Rolle spielten für alle Formen von SN-Aktionen Service-Informationen (wie beispielsweise Wetterberichte) und Informationen zu Wirtschaft und Börse. Bei der Rezeption weitergeleiteter Beiträge waren es ebenfalls vor allem Unterhaltungsangebote, die häufig genutzt wurden; außerdem Inhalte, die auf Freizeitinformationen hinwiesen. Erneut wurden Service-Informationen wie der Wetterbericht oder Wirtschaftsinformationen hier weniger häufig rezipiert.

Tabelle 12: Häufigkeit von Inhalten, differenziert nach SN-Aktionen
(Mittelwerte und Standardabweichungen)

Navigierte und rezipierte Inhalte	Bewerten (n=155)	Weiter- leiten (n=249)	Produk- tion (n=611)	Rezeption (n=988)
Unterhaltungsangebote (z.B. Musikvideos, Comedy)	**2,32 (1,12)**	2,76 (1,09)	2,86 (1,15)	**3,17 (1,09)**
Freizeitinformationen/ Veranstaltungstipps	2,27 (1,02)	2,71 (0,95)	2,83 (1,05)	3,04 (0,97)
Informationen aus Wissen- schaft, Forschung, Bildung	2,05 (1,07)	**2,84 (1,00)**	2,89 (1,05)	2,86 (1,00)
Aktuelle Nachrichten (z.B. Geschehen in der Region, Deutschland und der Welt)	2,03 (1,06)	2,59 (1,01)	**3,00 (1,04)**	2,76 (1,02)
Sportinformationen	1,54 (0,99)	1,62 (0,93)	1,83 (1,06)	1,87 (1,06)
Informationen zu Wirtschaft und Börse	1,43 (0,77)	1,51 (0,82)	1,65 (0,90)	1,63 (0,88)
Serviceinformationen (z.B. Wetter, Verkehr)	1,36 (0,74)	1,61 (0,79)	1,80 (0,89)	1,69 (0,85)
Die Items für die einzelnen Inhalte wurden mittels Likert-Skalen erfragt, wobei die ganzzahligen Abstufungen von 1 = ‚Nie' bis 5 = ‚Immer' reichten.				

Quelle: Eigene Darstellung

5.4 Motive für Social Navigation

Um den Einfluss verschiedener Motive auf die Häufigkeit der Ausführung der SN-Aktionen Bewerten, Weiterleiten und Produzieren und die Rezeption von SN zu erheben (s. Abb. 26), wurde jede einzelne Gruppe auf die Motive für die ihr zugeordnete SN-Aktion (s. Kap. 5.1.3) befragt. Die jeweiligen Motivskalen wurden mittels einer Reliabilitätsanalyse auf Eindimensionalität geprüft. Gegebenenfalls wurden einzelne Items ausgeschlossen, um die interne Konsistenz zu verbessern. Da es für einige Motive keine getesteten Skalen gab und diese erst neu entwickelt, andere Items angepasst und umformuliert wurden, erzielten einzelne Motivskalen keine zufriedenstellenden Reliabilitätswerte. Diese Dimensionen wurden dann jeweils über jenes Item operationalisiert, welches das Motiv am besten nachbildete.

Zunächst wird im Folgenden für jede SN-Aktion die Verteilung der Motive veranschaulicht, um grundsätzlich aufzuzeigen, wie die jeweilige Motivation unter den Befragten überhaupt ausgeprägt war. Zur Beantwortung von

Forschungsfrage 3 wurden daraufhin jeweils schrittweise multiple Regressionen gerechnet, da erwartet wurde, dass nicht bei jeder Aktion alle Motive auftreten würden und zunächst einmal diejenigen mit der höchsten Erklärungskraft herausgefiltert werden sollten.

FF 3: Welche Motive führen zu der Ausführung der Social Navigation-Aktionen (Bewerten, Weiterleiten, Produzieren) oder zu der Rezeption weitergeleiteter Medieninhalte?

Abbildung 26: Forschungsfrage 3 im Theoriemodell

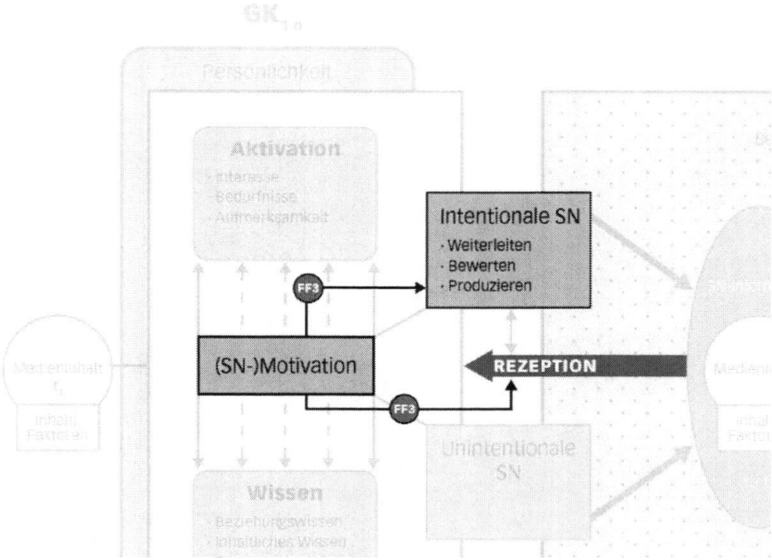

Quelle: Eigene Darstellung in Anlehnung an Früh & Schönbach, 1982

5.4.1 Motive für die Ausführung von SN-Aktionen (Bewerten, Weiterleiten, Produzieren)

Über alle SN-Aktionen hinweg zeigen sich zwar kleinere Unterschiede in der Relevanz der Motivdimensionen; im Großen und Ganzen allerdings erweisen sich durchaus erwartet das *Interesse*, der *Informations- bzw. Interessenaustausch* und das Geben von *Feedback* als bedeutsame Motive (s. Tab. 13). Bei der Verteilung der Motive für das Bewerten beispielsweise sind die Motive, sich *selbst darstellen* zu wollen ebenso wenig ausgeprägt wie *Prestigegründe*.

In der schrittweisen Regression für die Häufigkeit des Bewertens per Ratingskala besaß jedoch lediglich die Dimension *Interesse* Erklärungskraft ($\beta =$ .22): Je höher das *Interesse* für die Beiträge war, desto mehr wurde bewertet; der Varianzerklärungsanteil des Interesses lag jedoch auf sehr geringem Niveau (R^2=.048, t = 2,67**)[53]. Insgesamt konnten die abgefragten Motive nicht erklären, warum häufiger per Ratingskala bewertet wurde. Möglicherweise ist das Bewerten eine Tätigkeit, die man eher reflexartig und nebenbei, manche Personen vielleicht sogar habitualisiert ausführen; dann wären sich die Befragten ihrer Motive kaum bewusst und können sie in einer Erhebung nicht äußern. Eventuell ist die Bewertung per Ratingskala so niedrigschwellig (s. Kap. 2.2), dass sie kaum kognitive Energie verlangt und es deswegen auch keine ausgeprägte Motivation hierfür braucht.

Tabelle 13: Motivdimensionen für das Bewerten per Ratingskala, Weiterleiten und die Produktion

Motivdimensionen Bewertung	Bewertung (n=155)	Weiter-leitung (n=244)	Produktion (n=606)
Interesse	**3,52 (1,09)**	**3,57 (1,11)**	**4,25 (0,93)**
Informations-/Interessenaustausch	3,42 (1,24)	**3,57 (1,23)**	3,91 (1,04)
Feedback	3,26 (1,32)	2,10 (1,05)	3,26 (1,29)
Persuasion/Überzeugen v. eig. Meinung	3,06 (1,00)	2,06 (1,18)	2,55 (1,26)
Kontaktpflege	3,06 (1,29)	2,75 (1,27)	3,29 (1,28)
Klärung von Sachverhalten	2,72 (1,20)	3,30 (1,14)	3,41 (1,09)
Gefühle teilen/Mitteilungsbedürfnis	2,69 (1,34)	2,88 (1,47)	2,91 (1,33)
Anschlusskommunikation	2,54 (1,33)	3,22 (1,31)	2,92 (1,32)
Altruismus	2,50 (1,10)	2,02 (1,13)	2,54 (1,15)
Beziehungsbezogene Erwartungen	2,38 (0,98)	2,60 (0,91)	2,54 (0,98)
Gleichgesinnte finden	2,32 (1,10)	1,79 (0,97)	2,61 (1,35)
Selbstdarstellung	2,06 (1,14)	1,72 (0,91)	2,40 (1,08)
Prestige/Popularität	1,66 (0,99)	1,58 (0,98)	1,93 (1,11)
Antwortvorgaben: Likert-Skalen von 1 = ‚Stimme überhaupt nicht zu' bis 5 = ‚Stimme voll und ganz zu'.			

Quelle: Eigene Darstellung

---

53 Multiple Regression, schrittweise Selektion (Kriterien: Wahrscheinlichkeit von F-Wert für Aufnahme $\leq$,050; Wahrscheinlichkeit von F-Wert für Ausschluss $\geq$,100) R^2=.048, korrigiertes R^2=.041; Durbin-Watson: 2,06; F(df)=7,14(1, 143), p<.01 * p<.05, ** p<.01, *** p<.001; n=157

Für das Bewerten per Kommentar besaßen die Motive *Informationsaustausch* (β=.39) eine positive und *Altruismus* (β=-.21) eine negativ erklärende Kraft[54], die zudem insgesamt etwas höher war als zuvor für das Bewerten per Ratingskala.

Sprich: Der Wunsch, sich über Informationen auszutauschen, führte demzufolge dazu, eher per Kommentar zu bewerten. Je altruistischer eine Person handelt, desto seltener führte sie hingegen eine solche Bewertung aus; auch hier zeigten die erfragten Motive aber einen geringen Varianzerklärungsanteil (R^2=.13, t = 4,55*** bzw. -2,43*; n=155). Dieses Ergebnis verwunderte auf den ersten Blick, denn gemäß den theoretischen Vorüberlegungen sollte ein hohes Bedürfnis, Anderen zu helfen, im Sinne von SN dazu führen, sich auch eher an den SN-Aktionen zu beteiligen. Der negative Einfluss lässt darauf schließen, dass Personen, die weniger bewerteten, altruistischer sind – möglicherweise empfanden sie das Bewerten per Kommentar nicht als das geeignete Mittel, Anderen im Rahmen von SN zu helfen und wollten bei der Bewertung eher nur ihr eigenes Empfinden kundtun.

Betrachtet man die Motive für das Weiterleiten von Inhalten, so wird deutlich, dass auch hier das Interesse am Thema eine zentrale Rolle spielt, aber vor allem das Bedürfnis zum Informationsaustausch wichtig ist (s. Tab. 13). Auch hier spielen Selbstdarstellungs- und Prestigebedürfnis keine große Rolle. Insgesamt boten die Motive im Grunde genommen jedoch keine Erklärung dafür, wie häufig die Teilnehmer Inhalte weiterleiteten: Von den in die Regression eingeschlossenen Motiven zeigte lediglich der *Informationsaustausch* (β=.23) eine insgesamt geringe Erklärungskraft (R^2=.05, t=3,59***; n=244)[55]. Auch hier scheinen die erhobenen Motive also kaum einen Einfluss auf die Häufigkeit der Ausführung der SN-Aktion gehabt zu haben. Wie zuvor scheint denkbar, dass das Weiterleitungsverhalten weniger motivational gesteuert ist und es andere Gründe dafür gibt, dass manche Personen mehr weiterleiten als andere.

Unter den Motiven für die Produktion dominierten das Interesse und das Bedürfnis nach Informationsaustausch (s. Tab. 13). Auch hier war das Motiv, sich selbst darstellen zu wollen nach Selbsteinschätzung der Befagten ebensowenig Grund für die Ausführung der SN-Aktion wie die Suche nach Prestige. Auch für die Produktion war die Suche nach erklärenden Motiven

---

54   Multiple Regression, schrittweise Selektion (Kriterien: Wahrscheinlichkeit von F-Wert für Aufnahme ≤ ,050; Wahrscheinlichkeit von F-Wert für Ausschluss ≥ ,100) R^2=.130, korrigiertes R^2=.118; Durbin-Watson: 1,88; F(df)=10,61(2, 142); p<.001 * p<.05, ** p<.01, *** p<.001; n=155

55   Multiple Regression, schrittweise Selektion (Kriterien: Wahrscheinlichkeit von F-Wert für Aufnahme ≤ ,050; Wahrscheinlichkeit von F-Wert für Ausschluss ≥ ,100) R^2=.052, korrigiertes R^2=.048; Durbin-Watson: 2,16; F(df)= 12,87(1, 233), p<.001 * p<.05, ** p<.01, *** p<.001; n=244

für die Häufigkeit der Ausführung vergeblich. Zumindest die erhobenen Motive besaßen kaum eine Erklärungskraft für die Häufigkeit von inhaltlichen Ergänzungen (R^2=.04; n=612)[56] und Blogbeiträgen zu bestehende Medieninhalten (R^2=.03; n=593)[57]. Lediglich die Bedürfnisse, *Gleichgesinnte zu finden* (β=.13, t=3,14**) und sich im Anschluss an die Ausführung der Aktion mit jemandem über die ergänzten Inhalte unterhalten zu können (*Anschlusskommunikation*; β=.12, t=2,81**), hatten einen sehr geringen positiven Einfluss darauf, wie häufig die Teilnehmer inhaltlich ergänzten. Ein ähnlich schwaches Bild zeigte sich für das Erstellen von Blogbeiträgen zu bestehenden Medieninhalten. Zwar erreichten – auch aufgrund der relativ hohen Fallzahl – drei der abgefragten Motive statistische Erklärungskraft: Der Wunsch, seine *Gefühle mit Anderen zu teilen* und *Gleichgesinnte zu finden*, führte auf sehr niedrigem Niveau dazu, Blogeinträge zu bestehenden Medieninhalte zu erstellen, während sich das Bedürfnis, *Feedback* zu erhalten, negativ hierauf auswirkte. Die β-Werte liegen allerdings um .10 oder darunter und sollen daher nicht weiter interpretiert werden.

Insgesamt zeichneten sich die erhobenen Motive über alle Befragten durch eine minimale Erklärungskraft hinsichtlich der jeweiligen SN-Aktion aus. Dies kann zum einen am Auflösungsgrad der abhängigen Variablen liegen: Da dort – aufgrund der Leitfadeninterviews der Vorstudie – lediglich nach der Nutzung in einer durchschnittlichen Woche (bzw. in den letzten drei Monaten) gefragt wurde, lassen sich keine Aussagen über die Intensität der Nutzung an einzelnen Tagen machen. Vielleicht sollte aber auch nach alternativen Gründen dafür gesucht werden, warum SN-Aktionen ausgeführt werden, denn mittlerweile laufen (mit Ausnahme der Produktion) viele SN-Aktionen möglicherweise habitualisiert oder unbewusst ab.

5.4.2 Motive für die Rezeption weitergeleiteter Medieninhalte

Alle Befragten, die schon einmal weitergeleitete Inhalte rezipiert hatten, wurden hinsichtlich ihrer Motive für diese Rezeption befragt. Vor allem die Erwartung *neuer Informationen*, aber auch der Wunsch nach *Unterhaltung* wurden als stärkste Motive für die Rezeption von weitergeleiteten Beiträgen angegeben (s. Tab. 20 in Kap. 5.6.3), während das *soziale Erleben* und die

---

56 Multiple Regression, schrittweise Selektion (Kriterien: Wahrscheinlichkeit von F-Wert für Aufnahme $\leq$,050; Wahrscheinlichkeit von F-Wert für Ausschluss $\geq$ 0,100) R^2=.040, korrigiertes R^2=.037; Durbin-Watson: 1,94; F(df)= 11,77(2, 563), p < .001 * p<.05, ** p<.01, *** p<.001; n=612

57 Multiple Regression, schrittweise Selektion (Kriterien: Wahrscheinlichkeit von F-Wert für Aufnahme $\leq$,050; Wahrscheinlichkeit von F-Wert für Ausschluss $\geq$ 0,100) R^2=.029, korrigiertes R^2=.024; Durbin-Watson: 1,96; F(df)=5,55(3, 562), p<.01 * p<.05, ** p<.01, *** p<.001; n=593

Erwartungshaltung Anderer eher keine Rolle spielten. Die stärksten Beweggründe waren damit eher mit dem Medieninhalt verknüpft und wurden weniger aufgrund der sozialen Komponente ihrer Quelle durch SN rezipiert. Die Befragten rezipierten Beiträge also eher, weil sie die Inhalte interessieren und weniger, weil sie glaubten, es würde von ihnen erwartet. Lediglich *Anschlusskommunikation*, also das Bedürfnis sich danach über den Beitrag unterhalten zu können, konnte noch als stärkeres beziehungsbezogenes Motiv identifiziert werden.

5.5 Die Rolle beziehungsbezogener Einflussfaktoren

FF 4: Welchen Einfluss haben beziehungsbezogene Einflussfaktoren auf Social Navigation-Aktionen, speziell hinsichtlich des Weiterleitens oder der Rezeption weitergeleiteter Medieninhalte?

Da über die Motive hinaus auch ein Einfluss weiterer, beziehungsbezogener Einflussfaktoren erwartet wurde (s. Abb. 27), ließ sich Forschungsfrage 4 theoriegeleitet in vier forschungsleitende Annahmen umsetzen. Diese konnten hier nur aufgrund der Selbstauskunft der Befragten analysiert werden, weshalb sich für eine Validierung der Zusammenhänge eine weitere Überprüfung (z.B. mittels eines experimentellen Designs) empfiehlt, da manche Verhaltensweisen vermutlich eher einer Beobachtung zugänglich sind.

Abbildung 27: Forschungsfrage 4 im Theoriemodell

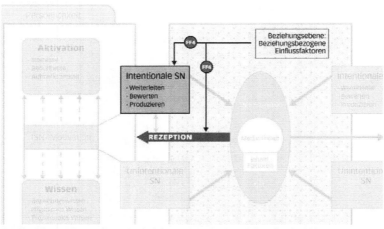

Quelle: Eigene Darstellung in Anlehnung an Früh & Schönbach, 1982

A 1: Je näher die Beziehung ist, desto
(a) eher werden Medieninhalte im Internet weitergeleitet.
(b) eher werden weitergeleitete Medieninhalte im Internet rezipiert.

Die Teilnehmer wurden gefragt, an wen sie für gewöhnlich Beiträge weiterleiten; die Vorgaben waren vom Lebenspartner und dem besten Freund (bzw. der besten Freundin) – also Personen, die einem prinzipiell näher stehen – bis hin zu Personen abgestuft, die einem lediglich bekannt oder sogar unbekannt waren (s. Tab. 14).[58]

Tabelle 14: Weiterleitungen nach der Nähe der Beziehung

Frage: ‚An welche Personen leiten Sie für gewöhnlich Beiträge weiter?‘	Trifft zu. (%)	Trifft nicht zu. (%)
An meinen Partner/meine Partnerin (n=239)	67,4	32,6
An meine Familie (n=246)	65,4	34,6
An meinen besten Freund/meine beste Freundin (n=247)	84,6	15,4
An meinen Freundeskreis (n=246)	85,0	15,0
An Bekannte (n=244)	53,7	46,3
An entfernte Bekannte (n=238)	16,3	83,2
An Unbekannte (n=241)	2,9	97,1

Quelle: Eigene Darstellung

Erwartungsgemäß wurde an Personen, die einem näher stehen, durchaus eher weitergeleitet – vor allem an die besten Freunde und den Freundeskreis. Dass die Zustimmung zu diesen beiden Gruppen höher ausfiel als für den Partner (bzw. die Partnerin) und die Familie, wird damit zusammenhängen, dass man den Partner häufiger sieht, sich deswegen eher per face-to-face-Kommunikation über Medieninhalte austauscht, und im Hinblick auf die Familie nicht per se eine intensive Beziehung vorausgesetzt werden kann. Da die Befragten in der Stichprobe zudem sehr jung und internetaffin waren, wäre es auch möglich, dass viele ihrer älteren Familienmitglieder nicht in dem Maße mit Computern vertraut sind wie sie selbst und Inhalte daher weniger an diese weitergeleitet werden. Zudem wurden insbesondere Unterhaltungsangebote häufig weitergeleitet, die man eventuell eher mit

---

58   Für die Frage nach dem Lebenspartner war vorausgesetzt, dass Personen, die derzeit keinen Partner haben, sich eine Situation mit Partner vorstellen – neben der Option, die Frage mit ‚Ich weiß nicht‘ zu beantworten. Dennoch ist nicht ganz auszuschließen, dass Befragte ohne Partner die Frage mit ‚Trifft nicht zu‘ beantworteten.

Personen mit ähnlichem Humor teilt. Diese Annahme wird dadurch gestützt, dass SN u.a. genutzt wird, um mit den Personen in Kontakt zu bleiben, die man (anders als es vermutlich für den Partner gilt) nicht so häufig
sieht, aber mit denen man eine enge Beziehung führt. Einen ähnlichen Befund formulieren auch Bondad-Brown et al. (2011) zur Weiterleitung von
Videos: "The *social relation* who provided this content link or clip is over-
whelmingly a friend, much less so a relative, a bit less a spouse, and even less
so from a coworker" (S. 23, Hervorh. im Orginal). Die Ergebnisse legen also
nahe, dass Beiträge im Internet tatsächlich eher weitergeleitet werden, je
näher die Beziehung ist.

Analog zur wahrscheinlicheren Ausführung einer Weiterleitung kann
auch angenommen werden, dass sich eine nähere Beziehung positiv auf die
Wahrscheinlichkeit der Rezeption auswirkt (s. Tab. 15). Die Werte zur Rezeption weitergeleiteter Inhalte durch Personen, die einem mehr oder weniger nahe stehen, ähneln denen der Ausführung der SN-Aktion des Weiterleitens: Inhalte, die durch Freunde weitergeleitet wurden, rezipierten die meisten Befragten auch. Leitete der Partner etwas weiter oder kam der Inhalt
von einem Familienmitglied, stimmten weniger Teilnehmer der Frage zu, ob
sie sich diese Beiträge auch ansahen. Die Gründe können, analog zur Ausführung, in unterschiedlichen Interessen liegen oder darin bestehen, dass
man diese Personen allgemein häufiger oder länger sieht. Im Zuge laufender
Debatten über Datenschutz und Gefahren bei der Online-Nutzung (z.B.
durch Viren und Spähprogramme) erstaunt allerdings, dass knapp 12 Prozent der Befragten auch Inhalte von Personen öffneten, die ihnen gänzlich
unbekannt waren.

Tabelle 15: Rezeption weitergeleiteter Beiträge nach der Nähe der Beziehung

Frage: ‚Von welchen Personen sehen Sie sich weiterge-leitete Beiträge an?‘	Trifft zu. (%)	Trifft nicht zu. (%)
Von meinem Partner/meiner Partnerin (n=922)	76,2	23,8
Von meiner Familie (n=962)	85,6	14,4
Von meinem besten Freund/meiner besten Freundin (n=982)	93,0	7,0
Von meinem Freundeskreis (n=980)	95,4	4,6
Von Bekannten (n=922)	80,5	19,5
Von entfernten Bekannten (n=891)	37,3	62,7
Von Unbekannten (n=912)	12,3	87,7

Quelle: Eigene Darstellung

Grundsätzlich kann die zweite Teilannahme jedoch auf Grundlage der vorliegenden Daten ebenfalls bestätigt werden, weshalb resümiert werden kann, dass die *Nähe der Beziehung* durchaus einen Einflussfaktor auf die Ausführung von SN und die Rezeption sozial navigierter Inhalte (hier jeweils im speziellen Fall des Weiterleitens) darstellt.

> A 2: Je höher der Anonymitätsgrad ist, desto weniger werden weitergeleitete Beiträge im Internet rezipiert.

Abgekoppelt von einer spezifischen Situation wurde angenommen, dass die Bereitschaft, weitergeleitete Beiträge im Internet zu rezipieren, auch davon abhängt, ob ersichtlich ist, wer sich hinter der Weiterleitung verbirgt. Demzufolge müsste ein höherer Anteil der Befragten zustimmen, Beiträge dann zu rezipieren, wenn genau ersichtlich ist, welche Person für die Weiterleitung verantwortlich ist.

Tabelle 16: Rezeptionsbereitschaft nach Anonymitätsgrad

Frage: ‚Ich sehe mir Beiträge im Internet an, wenn diese ...‘	Trifft zu. (%)	Trifft nicht zu. (%)
‚... von anonymen Personen weitergeleitet werden.‘ (n=890)	10,9	89,1
‚... von Personen weitergeleitet wurden, deren Nick-Name (Nutzername) ersichtlich ist.‘ (n=815)	39,3	60,7
‚... von Personen weitergeleitet wurden, deren Name ersichtlich ist.‘ (n=832)	80,6	19,4

Quelle: Eigene Darstellung

Die Ergebnisse sprechen eindeutig für diese Annahme (s. Tab. 16): Wenn nicht klar ist, wer sich hinter einer Weiterleitung verbirgt (hoher *Anonymitätsgrad*), waren nur 11 Prozent der Befragten gewillt, Beiträge anzusehen. Dies korrespondiert mit vorangegangenen Überlegungen, da auch hier Sicherheitsbedenken bei den Befragten einen Ausschlag dafür geben, Beiträge nicht anzusehen. Fiel der *Anonymitätsgrad* hingegen niedrig aus, waren vier von fünf Befragten bereit, Beiträge zu rezipieren. Der Umstand, ob ersichtlich ist, wer hinter einer Weiterleitung steht, nimmt also durchaus einen Einfluss auf die Rezeption sozial navigierter Inhalte.

A 3: Infolge von Vorabkommunikation wird
a) eher eine Weiterleitung ausgeführt.
b) eher ein weitergeleiteter Inhalt rezipiert.

Die Vorstudie legte nahe, dass Gespräche über Medieninhalte ein wichtiger Anreiz für SN-Aktionen und die Rezeption sozial navigierter Inhalte sein könnten (s. Kap. 4). Das Gespräch über eine Thematik wird dann sozusagen medial verlängert und ins Netz übertragen – oder dort wieder aufgegriffen und fortgeführt. Die Befragten (n=242)[59] sollten daher einschätzen, inwieweit Gespräche über eine Thematik Anreiz für sie waren, später auch Beiträge dazu weiterzuempfehlen. Ein Großteil der Befragten (64,0 %) leitete Beiträge nach ihrer Selbsteinschätzung tatsächlich eher weiter, wenn sie sich vorher über das betreffende Thema mit Anderen ausgetauscht hatten, und nur jeder Vierte (25,2 %) zeigte sich von einem vorherigen Gespräch unbeeindruckt. Das vorherige Gespräch kann somit in bestimmten Fällen durchaus als Anreiz für anschließende SN-Aktionen betrachtet werden, wobei zu klären wäre, ob es hier thematische Unterschiede gibt. Analog führen vorherige Gespräche über Medieninhalte auch dazu, dass weitergeleitete Inhalte nach *Vorabkommunikation* beim Rezipienten eher auf Aufnahmebereitschaft stoßen. Danach gefragt, ob ein vorhergehendes Gespräch über einen Beitrag dazu führt, später auch eher zu rezipieren, stimmte die Hälfte der Befragten zu (51,0 %; n=974). Nur etwa jeder Dritte (33,4 %) sah hingegen keinen Grund darin, sich einen empfohlenen Beitrag dann eher anzusehen, wenn vorher über diesen gesprochen wurde. Dies könnte einerseits daran liegen, dass diese Personen unabhängig – von Vorabkommunikation – alle an sie weitergeleiteten Beiträge lesen; oder diese Personen machen ihre Entscheidung, einen weitergeleiteten Beitrag zu rezipieren, von anderen Faktoren abhängig als von einem vorherigen Gespräch.

A 4: Sozialer Druck ist ein
a) begünstigender Faktor für die Weiterleitung.
b) begünstigender Faktor für die Rezeption weitergeleiteter Inhalte.

Das Konstrukt *sozialer Druck* (s. Kap. 3.1.5) wurde mittels zweier Items abgebildet, die – mit Einschränkungen – als eindimensional (Cronbachs α=.65) bezeichnet werden können. Das Konstrukt misst, inwieweit Personen sich verpflichtet fühlen, ihnen empfohlene Inhalte auch an Andere

---

59   Diese Frage wurde lediglich denjenigen Personen gestellt, die angaben, nur weiterzuleiten oder zusätzlich bewerten; Produzenten, die auch weiterleiten, sind ausgeklammert.

weiterleiten zu müssen. Zwischen beiden Konstrukten bestand zwar ein signifikanter, aber nur schwacher positiver Zusammenhang (r=.15, p<0.05). *Sozialer Druck* kann somit als begünstigender Faktor für die SN-Aktion der Weiterleitung angesehen werden, hat allerdings nur einen geringen Einfluss. Im Hinblick auf die Rezeption weitergeleiteter Inhalte unter *sozialem Druck* wurden alle Teilnehmer, die angaben, weitergeleitete Inhalte rezipiert zu haben (n=947), gefragt, ob ihre Freunde und Bekannten von ihnen erwarten würden, dass sie sich weitergeleitete Inhalte auch ansehen. Dieser Einschätzung stimmten zwei Drittel der Befragten (68,7 %) zu – sie gehen davon aus, dass Personen, die ihnen Inhalte schicken, auch mit ihrer Kenntnisnahme rechnen. Gestützt auf die Selbstauskünfte der Befragten ließ sich die Annahme zum Einfluß des sozialen Drucks auf SN also bestätigen.

5.6 Der Einfluss von Persönlichkeitsfaktoren: Meinungsführerschaft

Forschungsfrage 5 betrachtet das SN-Verhalten der Meinungsführer und repräsentiert dabei eine Operationalisierung des Einflußfaktors ‚Persönlichkeit' im Theoriemodell (s. Abb. 28).

FF 5: Inwieweit führen Meinungsführer Social Navigation-Aktionen (Bewerten, Weiterleiten, Produzieren) häufiger aus und inwieweit rezipieren sie häufiger weitergeleitete Medieninhalte?

Abbildung 28: Forschungsfrage 5 im Theoriemodell

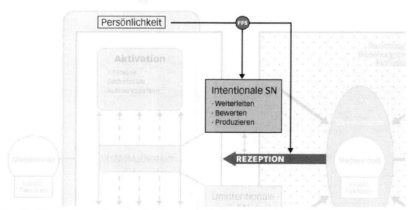

Quelle: Eigene Darstellung in Anlehnung an Früh & Schönbach, 1982

5.6.1 Ausführung der Social Navigation-Aktionen (Bewerten, Weiterleiten, Produzieren) durch Meinungsführer

Bezogen auf SN stellt sich die Frage, ob Meinungsführer SN-Aktionen allgemein häufiger ausführen und wenn ja, in welchem Umfang sie dies häufiger tun als Nicht-Meinungsführer. In Übereinstimmung mit den bereits erwähnten Charakteristika von Online-Meinungsführern (s. Kap. 3.1.5) hielten sich die in der vorliegenden Stichprobe identifizierten Meinungsführer an einem durchschnittlichem Tag höchst signifikant länger im Internet auf (M=219,21 Minuten; SD=144,51; t(1128)=-4,13, p<.001) als Nicht-Meinungsführer (M=177,16; SD=129,87). Der Vergleich der Häufigkeiten, mit denen die einzelnen SN-Aktionen ausgeführt werden zeigt ebenfalls höchst signifikante Unterschiede zwischen beiden Gruppen, und zwar sowohl für das Bewerten per Ratingskala und das Bewerten per Kommentar als auch für das Weiterleiten von Inhalten (s. Tab. 17).

Tabelle 17: Unterschiede in der Ausführungshäufigkeit von Bewertung und Weiterleitung zwischen Meinungsführern und Nicht-Meinungsführern

	Meinungsführer	Nicht-Meinungsführer	
	M (SD)	M (SD)	p
Bewerten per Ratingskala	2.38 (2.46)	1.49 (1.89)	< .001[a]
Bewerten per Kommentar	1.70 (1.97)	1.12 (1.60)	< .001[b]
Weiterleiten von Inhalten	2.32 (1.85)	1.38 (1.52)	< .001[c]
Häufigkeit der Ausführung einer Aktion in einer durchschnittlichen Woche (Anzahl an Tagen). Meinungsführer: n=208; Nicht-Meinungsführer: n=922. [a] $t_{korr}(264,91)=-4,89$ / [b] $t_{korr}(271,47)=-4,00$ / [c] $t_{korr}(273,68)=-6,88$			

Quelle: Eigene Darstellung

Meinungsführer bewerteten im Schnitt an knapp einem Tag mehr in der Woche Inhalte per Ratingskala, und sie leiteten auch an knapp einem Tag mehr in der Woche Inhalte weiter. Für die Bewertung per Kommentar zeigte sich ein nicht ganz so deutlicher Unterschied, aber auch hier waren die Meinungsführer aktiver. Insgesamt wurden SN-Aktionen aber durchschnittlich auf eher niedrigem Niveau ausgeführt.[60] Ein weniger deutliches Bild

---

60   Als problematisch könnte sich hier die Operationalisierung der Variablen erweisen, die nur nach der Nutzungshäufigkeit anhand von Wochentagen fragte. Es lassen sich somit, wie bereits erwähnt, keine Aussagen über die Intensität der Nutzung an den einzelnen Tagen machen: Jemand, der an einem Tag sechs Bewertungen ausführt, hat hier eine niedrigere Aktivität als eine Person, die an fünf Tagen jeweils eine Nutzung ausführt.

ergab sich für die Produktion (s. Tab. 18). Zwar zeigte sich, dass Meinungs-führer im Schnitt häufiger produzierten; wie bereits erwähnt gab es jedoch eine kleine Gruppe höchst aktiver Produzenten, die die Ergebnisse durch extreme Werte verzerrten. Die Varianz in den Gruppen war daher größer als die Varianz zwischen den Gruppen und die Ergebnisse demzufolge nicht signifikant. Eine Betrachtung ohne Extremwerte führte zu signifikanten Ergebnissen, ist aber hier nicht unumstritten, da es in der Blogosphäre durchaus einige sehr engagierte und aktive Personen gibt.

Tabelle 18: Unterschiede in der Ausführungshäufigkeit (Produktion) zwischen Meinungsführern und Nicht-Meinungsführern

Art der Produktion	Meinungsführer	Nicht-Meinungsführer	
	M (SD)	M (SD)	p
Inhaltliche Ergänzung	14.38 (37.28)	10.18 (54.65)	n. s.[a]
Erstellung von Blogbeiträgen	2.38 (9.07)	1.63 (17.32)	n. s.[b]
Häufigkeit der Ausführung einer Aktion im Zeitraum der letzten 3 Monate (Anzahl an Tagen). Meinungsführer: n=208; Nicht-Meinungsführer: n=922. [a] t(1128)=-1,05 / [b] t(1128)=-0,61			

Quelle: Eigene Darstellung

5.6.2 Motive der Meinungsführer

Die oben beschriebenen Regressionen der Motive auf die Ausführungshäu-figkeiten von SN-Aktionen wurden auch gesondert nur für die Meinungs-führer in der Stichprobe berechnet. Die Ergebnisse weichen in Teilen ab, was vor allem für das Bewerten von Inhalten per Ratingskala gilt. Hier besaß das Motiv, *Sachverhalte zu klären* (welches im Übrigen ein typisches Mei-nungsführermotiv ist; s. Kap. 3.1.5) eine verhältnismäßig hohe Erklärungs-kraft für die Bewertung per Ratingskala[61]. Negativ wirkten sich die Motiv-dimensionen *Prestige* und *Selbstdarstellung* aus. Da die Bewertung häufig ano-nym ist, bietet sich hier nicht die Möglichkeit, sich individuell zu präsentie-ren, weshalb sie eventuell seltener ausgeführt wird. Möglicherweise befürch-

---

61   Motive der Meinungsführer (n = 20) für das Bewerten per Ratingskala:
      Klärung von Sachverhalten: β st.=.804; ΔR^2=.244, t=4,19**; Prestige: β st.=-.445, ΔR^2=.193, t=-2,46*; Selbstdarstellung: β st.=-.400, ΔR^2=.136, t=-2,19*
      Multiple Regression, schrittweise Selektion (Kriterien: Wahrscheinlichkeit von F-Wert für Aufnahme $\leq$,050; Wahrscheinlichkeit von F-Wert für Ausschluss $\geq$,100); R^2=.574, korrigiertes R^2=.488; Durbin-Watson: 2,29
      F(df)=6,73(2, 16), p<.01; * p<.05, ** p<.01, *** p<.001;

ten Meinungsführer auch, dass das Bewerten von Inhalten im Internet ihrer Außendarstellung abträglich sein könnte, während ihnen – in ihrer Selbstwahrnehmung – die *Klärung von Sachverhalten* wichtig war und sie hierzu durch ihre Bewertung beitragen mochten. Für die Häufigkeit der Bewertung per Kommentar zeigten die Motive keine Erklärungskraft.

In Bezug auf das Weiterleiten hingegen erreichte das Regressionsmodell eine hohe Erklärungskraft[62]. Ein hoher Antrieb, *Sachverhalte zu klären*, wirkte sich negativ auf die Häufigkeit der Weiterleitung aus – ebenso wie das Bedürfnis, *Feedback* auf die eigene Aktion zu erhalten. Hohe *Erwartungen an die Beziehung zum Gegenüber* wirkten sich jedoch positiv aus. Möglicherweise sehen Meinungsführer die Weiterleitung von Inhalten als nicht geeignet, eine tiefergehende Auseinandersetzung über Inhalte zuzulassen, die sie dann vielleicht lieber in einem anderen Rahmen ausführen. In dem Fall würde die Weiterleitung lediglich ausreichen, um Andere kurz über weniger wichtige Inhalte zu informieren, während man Dinge mit Klärungsbedarf lieber persönlich bespricht.

Zur Erklärung der produktionsbezogenen Aktivitäten von Meinungsführern konnten die abgefragten Motive nicht nennenswert beitragen (R^2=.07 bzw. .04; n=133 bzw. 134). Teilweise (z.B. im Hinblick auf die Bewertung per Ratingskala) kamen bei der Ausführung von SN-Aktionen typische Motive der Meinungsführerschaft zur Geltung (*Klärung von Sachverhalten*); insgesamt betrachtet haben die Motive jedoch auch hier kaum Erklärungskraft, vermutlich aus besagten Gründen.

5.6.3 Rezeption weitergeleiteter Medieninhalte durch Meinungsführer

Unsere Meinungsführer gaben an, bereits häufiger einen Medieninhalt oder einen Link zu diesem erhalten und diesen dann rezipiert zu haben (Chi^2(1) =10,95; p<0.01). So sind 91 Prozent der Meinungsführer (n=208) schon einmal einer Weiterleitung gefolgt, während 81 Prozent der Nicht-Meinungsführer (n=922) dies taten. Beide Werte liegen auf hohem Niveau, die große Mehrheit der Befragten orientierte sich also schon einmal an weitergeleiteten Inhalten. Inwieweit daraus jedoch auch eine höhere Intensität der Nutzung von weitergeleiteten Medieninhalten resultiert, kann auf Basis der vorliegenden Daten nicht beurteilt werden. Für die Häufigkeit, mit der Meinungsführer den übrigen SN-Informationen Beachtung schenkten, ergibt sich ein ähnliches Bild: Meinungsführer orientieren sich generell eher an SN-

---

62   Motive der Meinungsführer (n = 40) für das Weiterleiten: Feedback: β st.=-.411; t=-2,736*; Beziehungserwartungen: β st.=.712; t=3,085**; Klärung von Sachverhalten: β st. =-.857; t=-4,277*** / Multiple Regression (Einschluss) R^2=.565, korrigiertes R^2=.347; Durbin-Watson: 2,24 / F(df)=12,87(13, 26), p<.05; * p<.05, ** p<.01, *** p<.001.

Informationen wie Top-Listen, die aufzeigen wie oft ein Inhalt an andere weitergeleitet wurde, oder an Blogeinträgen zu Medieninhalten (s. Tab. 19).

Tabelle 19: Unterschiede bei der Orientierung zwischen Meinungsführern und Nicht-Meinungsführern

Haben sich schon einmal orientiert an SN-Informationen wie …	Meinungsführer	Nicht-Meinungsführer	
	(%)	(%)	p
Ratingskalen	72,1	71,9	n.s.[a]
Kommentarbewertungen	66,8	61,6	n.s.[b]
Weiterleitungen	90,9	81,3	< .01[c]
Top-Listen Weiterleitung	27,9	17,1	< .001[d]
hohen Klickzahlen	51,4	46,6	n.s.[e]
inhaltliche Ergänzungen	53,4	47,5	n.s.[f]
Blogeinträge bez. auf Medieninhalte	43,3	25,9	< .001[g]

Meinungsführer: n=208; Nicht-Meinungsführer: n=922.
[a] Chi^2(1)=0,04 / [b] Chi^2(1)=1,98 / [c] Chi^2(1)=10,95 / [d] Chi^2(1)=12,68 / [e] Chi^2(1)=1,57 / [f] Chi^2(1)=2,33 / [g] Chi^2(1)=24,75

Quelle: Eigene Darstellung

Für diejenigen SN-Informationen, die in beiden Gruppen häufig bereits einmal genutzt wurden, bestehen keine signifikanten Unterschiede. Diese Anwendungen werden von Online-Angeboten auch besonders oft offeriert und weisen somit einen hohen Durchdringungsgrad auf. Deswegen sind hier Deckeneffekte in der Nutzung wahrscheinlich, während lediglich die (eher seltener anzutreffenden) SN-Informationen aus den Top-Listen oder Blogeinträgen zu differenzieren vermögen: Diese wurden von den Meinungsführern signifikant häufiger bereits einmal genutzt. Dies könnte zum einen daran liegen, dass Meinungsführer überhaupt alle SN-Informationen, die sich ihnen bieten, unterschiedslos häufiger verwenden; oder sie könnten diesen Anwendungen vielleicht eher vertrauen. So führten sie, wie oben erwähnt, eher Weiterleitungen aus als Nicht-Meinungsführer und verließen sich somit eventuell stärker auf die aggregierte Form dieser SN-Aktion.

Auch für die Rezeption weitergeleiteter Inhalte interessierte, ob Unterschiede zwischen Meinungsführern und Nicht-Meinungsführer hinsichtlich ihrer Motivlage existieren (vgl. Tab. 20). Insbesondere die generell schon stark ausgeprägten Motive waren den Meinungsführern signifikant wichtiger; lediglich hinsichtlich des Bedürfnisses nach *Unterhaltung* zeigte sich kein Unterschied. Aus diesen Befunden könnte man schließen, dass Meinungsführer generell eine höhere Motivation haben, weitergeleitete Inhalte zu rezipieren als Nicht-Meinungsführer: Es ist ihnen wichtig, auf dem Laufenden zu bleiben und neue Informationen aufzunehmen, über die sie im Anschluss auch mit den Personen sprechen möchten, die ihnen diese Beiträge zugänglich gemacht haben.

Tabelle 20: Unterschiede hinsichtlich der Stärke der Motive für die Rezeption weitergeleiteter Inhalte zwischen Meinungsführern und Nicht-Meinungsführern

Motive für die Rezeption	alle Befragten M (SD) (n=959)	Meinungsführer M (SD)	n	Nicht-Meinungsführer M (SD)	n	T-Test
Neue Informationen	3,68 (0,88)	3,83 (0,80)	189	3,63 (0,90)	746	t(933) = -2,73, p < .01
Unterhaltung	3,35 (0,95)	3,48 (0,86)	189	3,34 (0,95)	746	t(933) = -1,86, n.s.
Anschluss-kommunikation	3,25 (1,19)	3,42 (1,07)	187	3,22 (1,20)	739	t_{korr}(314,80) = -2,24, p < .05
Themen-wichtigkeit	3,10 (1,22)	3,40 (1,12)	184	3,03 (1,24)	738	t_{korr}(306,11) = -3,94, p < .001
Meinungsbildung	3,06 (1,26)	3,28 (1,21)	187	3,00 (1,26)	738	t(923) = -2,67, p < .01
Interesse	2,75 (1,25)	2,96 (1,25)	185	2,69 (1,25)	717	t(900) = -2,55, p < .05
Qualität der Inhalte	2,64 (1,27)	2,75 (1,26)	187	2,59 (1,27)	730	t(915) = -1,55, n.s.
Zeitvertreib	2,44 (1,10)	2,72 (1,08)	187	2,39 (1,09)	744	t(929) = -3,61, p < .001
Klärung von Sachverhalten	2,41 (1,20)	2,54 (1,18)	183	2,39 (1,21)	732	t(913) = -1,14, n.s.
Soziales Erleben	2,34 (0,92)	2,36 (0,82)	189	2,35 (0,95)	745	t_{korr}(327,41) = -0,20, n.s.
Erwartung	1,98 (1,13)	2,17 (1,14)	185	1,93 (1,13)	733	t(916) = -2,55, p < .05

Antwortvorgaben: Likert-Skalen von 1 = ‚Stimme überhaupt nicht zu' bis 5 = ‚Stimme voll und ganz zu', n=959.

Quelle: Eigene Darstellung

5.7 Methodische Einschränkungen

Im Lichte der Ergebnisse dieser Pilostudie stellen sich selbstverständlich Fragen nach der Zulässigkeit des Vorgehens, ebenso wie nach der Reliabilität und Validität des Instruments – gerade angesichts der bescheidenen Erklärungskraft der abgefragen Motivkataloge. Auf der einen Seite ist es sicher schwierig für die Befragten, sich und ihr Medienverhalten in der Vergangenheit zu reflektieren: Die eher schnell ausführbaren und wenig aufwändigen SN-Aktionen werden möglicherweise nicht in einem Ausmaß bedacht, das es den Nutzern später erlaubt, sich genau an jede einzelne Aktion, die sie ausgeführt haben, zu erinnern. Die Studie versuchte, diesem Umstand dadurch Rechnung zu tragen, dass die Befragten Auskünfte hinsichtlich einer durchschnittlichen Woche geben sollten, was eine halbwegs reliable Einschätzung durchaus realistisch erscheinen ließ. Als Auflösungsgrad wurde dafür die Anzahl der Tage gewählt, an denen die jeweiligen SN-Aktionen ausgeführt wurden. Eventuell hat auch dieser Fragemodus aber zu Verzerrungen geführt; vielleicht würde eine Einschätzung der generellen Häufigkeit der Nutzung pro Tag oder Woche zu aussagekräftigeren Ergebnissen führen.

Andererseits erscheint im Rückblick auch die Operationalisierung der Motivdimensionen nicht unproblematisch: Neben bereits mehrfach getesteten und erprobten Skalen (z.B. für die Motivdimension *Altruismus*) kamen auch Skalen zum Einsatz, die zwar aus der Theoriearbeit und den Ergebnisse der Vorstudie resultierten, sich jedoch im Feld als nicht konsistent erwiesen. Letztendlich wurden diverse Motive lediglich über ein Item operationalisiert. Dies bestätigt einmal mehr, dass der Aufwand für die Operationalisierung von Konstrukten durch geeignete Skalen nicht unterschätzt werden sollte und sich im Rahmen einer Pilotstudie kaum realisieren lässt.

Problematisch erwiesen sich ebenfalls die mannigfaltigen Möglichkeiten, wie sich SN-Aktionen in Internetangeboten implementieren lassen, denn diese sollten möglichst universell und in einer Frage erhoben werden, die jeweils genau die fünf relevanten SN-Aktionen (Bewerten per Ratingskala und Kommentar, Weiterleiten sowie Produzieren durch inhaltliche Ergänzungen und Blogbeiträge) abdeckt. Zum einen bedingte dies viele Erklärungen und lange Textpassagen bereits zu Beginn des Fragebogens, was vorzeitige Abbrüche der Befragung herausfordert (Dillman, 2007). Zum anderen erwies es sich als recht kompliziert, die Beschreibungen und Erklärungen so zu formulieren, dass erfahrene Nutzer sich nicht über Banalitäten ärgern mussten, gleichzeitig eher unerfahrene Nutzer aber nicht überfordert wurden. Zwar war nach dem durchgeführten Pretest weitestgehend davon auszugehen, dass ein gemeinsam geteiltes Verständnis über die erfragten Aktionen bestand; mit Sicherheit ließ sich dies aber nicht voraussetzen.

Im Hinblick auf die hohe Aktivität und Nutzungshäufigkeit des Bloggens gehen die vorliegenden Ergebnisse nicht mit anderen Studien zu diesem Thema konform, die einen sehr viel niedrigeren Anteil an aktiven Bloggern ausweisen (Busemann & Gscheidle, 2011). Dieser Umstand lässt sich nur in bedingtem Maße mit der verzerrten Stichprobe begründen. Erklärungen, die durch Beispielbilder und Screenshots begleitet werden, hätten in Bezug auf die Verständlichkeit ggf. das Verständnis verbessern können und wären angesichts der multimedialen Optionen eines Online-Fragebogens durchaus realisierbar gewesen; sie hätten den Fragebogen allerdings noch umfangreicher gemacht und die Bearbeitungszeit verlängert. In zukünftigen SN-Studien könnten diese visualisierten Beispiele und Unterstützungen zur Verdeutlichung der einzelnen SN-Aktionen jedoch durchaus sinnvoll eingesetzt werden.

Fraglich erscheint zudem, ob auch wirklich alle Nutzer die definitorischen Hinweise gelesen, verstanden und sich bis zum Ende des Fragebogens daran erinnert haben – insbesondere die Beschränkung auf die Internetnutzug im privaten Bereich. Dies könnte gerade deswegen zu einem Problem werden, als der Fragebogen mit einer durchschnittlichen Beantwortungszeit von etwas unter 15 Minuten (SD=12,33) zwar zeitlich im üblichen Rahmen lag, die verhältnismäßig hohe Standardabweichung illustriert aber, dass er je nach Filtersetzung und Klickweg für manche Teilnehmer recht lang werden konnte. Dies betraf vor allem diejenigen Befragten, die neben der Ausführung einer Aktion auch noch angaben, per E-Mail weitergeleitete Beiträge rezipiert zu haben, da sie zusätzlich auch noch zu den Beweggründen für diese Rezeption gefragt wurden. Sie mussten somit gleich zwei Mal über ihre Motive Auskunft geben.

Hinsichtlich der Zusammensetzung und Güte der Stichprobe kann – wie bei fast allen Online-Befragungen – natürlich kein Anspruch auf Repräsentativität erhoben werden (Baur & Florian, 2009; Maurer & Jandura, 2009). Aus der Rekrutierung der Teilnehmer durch die Weitergabe des Links per *Facebook* und Newsletter universitärer Fachschaften ist es im Ergebnis nicht weiter verwunderlich, dass hauptsächlich Studenten und höher gebildete Personen Auskunft gaben. Verzerrungen konnten auch durch die Befragten, die aus dem SoSci-Panel gewonnen wurden, nicht nivelliert werden. Denn es legen „einige Studien [...] den Schluss nahe, dass sich die Teilnehmer an solchen Access-Panels im Hinblick auf verschiedene soziodemografische Merkmale auch von den übrigen Internetnutzern unterscheiden" (Maurer & Jandura, 2009, S. 65).

5.8 Zwischenfazit: Social Navigation aus Sicht der Nutzer

Die Ergebnisse der Pilotstudie – methodische Unzulänglichkeiten konzediert (s. Kap. 5.7) – verdeutlichen, dass SN-Aktionen tatsächlich bereits von den meisten Befragten ausgeführt wurden. Die aufgrund der qualitativen Vorstudie formulierten Annahmen konnten durch Daten einer standardisierten Befragung von über 1.000 Internetnutzern untermauert werden: Ein Großteil der Onliner kommt zumindest hin und wieder mit SN-Aktionen in Kontakt, wobei diese auch teilweise in Kombinationen genutzt werden.

Nicht nur für die Ausführung von SN-Aktionen, sondern auch für die Orientierung an SN-Informationen belegen die Ergebnisse eine rege Nutzung: ein Großteil der Befragten gab an, durch SN-Informationen auf Medieninhalte aufmerksam geworden zu sein. Eine erhöhte Ausführung von SN-Aktionen scheint dabei mit der Orientierung an SN-Informationen einherzugehen, womit sich ein Konzept des gleichzeitigen Gebens und Nehmens von Informationen bestätigen würde.

Im Hinblick auf die motivationale Komponente von SN-Ausführung und -Rezeption sind die Ergebnisse nicht aussagekräftig; aber trotz mancher Probleme bei der empirischen Erhebung lassen sie darauf schließen, dass klassische Motivkataloge wenig zur Erklärung der Nutzungshäufigkeit beitragen können. Neben eher situationsübergreifenden Motiven wurde insbesondere auch ein Einfluss von situationsspezifischen beziehungsbezogenen Einflussfaktoren erwartet. Die forschungsleitenden Annahmen wurden durch die Befunde erhärtet – anscheinend hängt es von mehreren Faktoren (wie beispielsweise der *Anonymität* und der *Nähe der Beziehung*) ab, wie sich SN konkret gestaltet. Weiterführende (insbesondere experimentelle) Untersuchungen könnten ermitteln, ob es je nach individuellen und situativen Rahmenbedingungen Unterschiede in der SN-Zuwendung gibt.

Unsere Ergebnisse legen in dieser Hinsicht nahe, dass Personen, die in Bezug auf Medieninhalte im Internet als Meinungsführer gelten, auch aktiver bei der Ausführung von SN-Aktionen und der Rezeption weitergeleiteter Inhalte sind. Dieser Befund kommt alles andere als unerwartet, denn er verdeutlicht nur einmal mehr, dass Personen, die generell gerne und viel ihre Meinung kundtun (oder oft um diese gefragt werden), auch eher solche Kommunikationsmodi nutzen, die ihnen dieses Verhalten im Internet ermöglichen. Da Meinungsführern im Hinblick auf die Zirkulation von Informationen wichtige Funktionen beigemessen werden, könnte auch diese Erkenntnis möglicherweise Anstoß für weiterführende Untersuchungen sein.

Alles in allem geben die Ergebnisse einen ersten Einblick in die Zusammenhänge zwischen jenen Elementen des Theoriemodells, die Prozesse zur Ausführung von SN und die Rezeption sozial navigierter Inhalte betreffen und durch individuelle Motivlagen, beziehungsbezogene Einflussfaktoren sowie das persönliche Merkmal der Meinungsführerschaft beeinflusst werden (Forschungsfragen 1 bis 5). Um weitere Charakteristika des SN-Prozesses zu ermitteln, die sich gemäß der transaktionalen Logik weniger mit dem einzelnen Nutzer, sondern mit Merkmalen der durch SN angereicherten Botschaft befassen, wird nun über die Befunde einer zweiten, inhaltsanalytisch angelegten Pilotstudie am Beispiel von Online-Nachrichtenangeboten berichtet.

6 SN auf Online-Nachrichtenseiten: standardisierte Inhaltsanalyse

Dieses Kapitel beschreibt den Aufbau, die Durchführung und die Befunde der zweiten Pilotstudie, einer Online-Inhaltsanalyse von SN-Botschaften im Kontext der aktuellen journalistischen Berichterstattung von Online-Nachrichtenanbietern. In einer Untersuchung aus dem Jahr 2011 zeichneten sich z. B. 68% der Online-Auftritte deutscher Tageszeitungen durch eine artikelbezogene Kommentarfunktion aus; außerdem erlaubten 23% eine Bewertung von Artikeln und 28% das Hochladen einzelner Artikel, wobei die Anteilswerte unter auflagenstärkeren, überregionalen Anbieter nochmals deutlich höher ausfielen (Trost & Schwarzer, 2012, S. 92-103). Daher schienen uns für eine Pilotstudie die Web-Ausgaben deutscher Qualitäts-Printmedien ein geeigneter Ausgangspunkt. Zunächst werden Entwicklung und Aufbau der Inhaltsanalyse verdeutlicht (s. Kap. 6.1 und 6.2), anschließend in einem Methodenabschnitt die Einheiten und die verwendeten Codebücher mit ihren Kategorien erläutert (s. Kap. 6.3) und schließlich die Befunde vorgestellt (s. Kap. 6.4 bis 6.7) und reflektiert (s. Kap. 6.8 und 6.9).

6.1 Konzept der inhaltsanalytischen Pilotstudie

Die oben formulierte Forschungsfrage, die mittels der Online-Inhaltsanalyse beantwortet werden soll, lautet:

> FF 6: Wie unterscheiden sich – in Bezug auf inhaltliche Faktoren – die meist sozial navigierten Medieninhalte auf Online-Nachrichtenseiten voneinander?
>
> Und: Wie unterscheiden sie sich von den Medieninhalten, die als Aufmacher auf der Startseite fungieren?

Sie betrifft, wie Abbildung 29 illustriert, die Medieninhalte, die im SN-Prozess auf die verschiedenen Gatekeeper treffen und von diesen nach und nach mit SN-Informationen angereichert werden. Untersucht werden insbesondere inhaltliche Faktoren, die das *Nutzwertpotential*, die *Nachrichtenfaktoren* und das jeweilige *Thema* umfassen.

Dabei interessieren besonders die Unterschiede zwischen (1) den Medieninhalten, die sich aufgrund von SN in den verschiedenen *Top-Listen* (,meist gelesen', ,meist kommentiert' und ,meist verschickt') befinden, und (2) sol-

chen Medieninhalten, die durch Journalisten und Redakteure auf der Startseite von Nachrichtenseiten unter den ersten drei *Aufmacherbeiträgen* platziert
wurden. Ein weiterer Aspekt adressiert die Platzierung von Beiträgen auf der
Startseite im Zeitverlauf. Letztendlich sollen dann anhand der Ergebnisse
der Inhaltsanalyse Rückschlüsse auf die Gatekeeper gezogen werden, die als
Individuen bereits im Mittelpunkt der ersten Teilstudie (s. Kap. 5) standen.

Abbildung 29: Forschungsfrage 6 im Theoriemodell

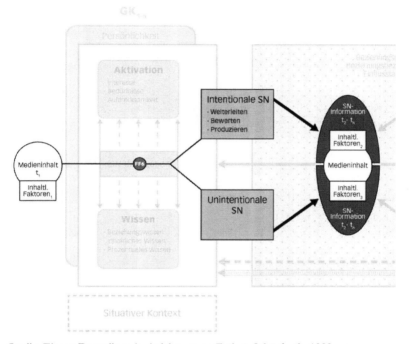

Quelle: Eigene Darstellung in Anlehnung an Früh & Schönbach, 1982

Die in der Kommunikationswissenschaft häufig angewandte Methode der
Inhaltsanalyse hat sich über viele Jahre hinweg entwickelt und verändert
(vgl. Berelson, 1952; Früh, 2007; Merten, 1995, Diehlmann, 2010; Rössler,
2010). Eine solche Weiterentwicklung versuchen wir auch in dieser Pilotstudie, bei der eine Vielzahl von Beiträgen mit ihren inhaltlichen Merkmalen
und ihrer Platzierung untersucht werden und Vergleiche zwischen Aufmacherbeiträgen und sozial navigierten Beiträgen gezogen werden soll. Da
aufgrund dieses Erkenntnisinteresses Medieninhalte im WWW untersucht
werden sollen, ist auf die Möglichkeiten und Schwierigkeiten der Anwen-

dung einer standardisierten Inhaltsanalyse auf Online-Inhalte – vor allem im Rahmen einer Untersuchung von SN – einzugehen (vgl. ausf. Lünich, Hautzer & Rössler, 2012). Eine besondere Herausforderung stellt hierbei die Dynamik des WWW dar: Webseiten verschwinden über Nacht, Layouts von Startseiten ändern sich stündlich und die Veränderungen der Beiträge auf Online-Nachrichtenseiten sind teilweise im Sekundentakt zu verfolgen. Diese häufigen Modifikationen auf sämtlichen Ebenen führen dazu, dass u.a. die Bestimmung der Grundgesamtheit und der Analyseeinheit kompliziert wird (Rössler, 2010; Wirth & Lauf, 2001; Welker & Wünsch, 2010). Die Grundgesamtheit ließe sich zwar theoretisch feststellen, bleibt aber für die Forschung aufgrund der oben beschriebenen Dynamik und der noch immer eingeschränkten Archivierbarkeit unbekannt. Für diese Pilotstudie wurde deshalb eine bewusste Auswahl des Untersuchungsmaterials konzipiert.

Außerdem verändert sich das Material durch das Aufrufen der Seite durch den Rezipienten (in diesem Fall: der Forscher selbst), weshalb aufgrund dieser Reaktivität des Materials (im Gegensatz zu den gleichbleibenden Inhalten etwa einer gedruckten Zeitung) nicht generell von einheitlichen Inhalten auf den Webseiten ausgegangen werden kann. Dies stellte vor allem für das vorliegende Erkenntnisinteresse ein Problem dar, da die Forscher die Beiträge zur Codierung natürlich anklicken müssen – und damit zwangsläufig die durch die Aufsummierung der Klickzahlen zustande kommenden Top-Listen (in geringem Maße) beeinflussen (Lünich et al., 2012).

Ein weiterer Aspekt, der die Heterogenität der zu untersuchenden Inhalte befördert, ist die multimediale und hypertextuelle Organisation von Inhalten im Internet. Durch miteinander gekoppelte Medienangebote und Verknüpfungen zu anderen Inhalten via eingebundener Links wird die Überschaubarkeit des Untersuchungsmaterials stark eingeschränkt, und strenge Eingrenzungen bei den zu analysierenden Inhalten werden notwendig (Welker & Wünsch, 2010). Dementsprechend wird auch für diese Pilotstudie eine Eingrenzung der Untersuchungseinheit auf einen überschaubaren Bereich vorgenommen, der zwar den Erkenntnisgewinn einschränkt, aber forschungsökonomisch notwendig war (s. Kap. 6.3.1).

6.2 Forschungslogik der Pilotstudie

Um die Forschungsfrage und die damit zusammenhängenden Vermutungen zu beantworten, wurden zwei verschieden gestaltete, aber inhaltlich miteinander verknüpfte Inhaltsanalysen ausgeführt: (1) eine Prozessanalyse und (2) eine Breitenanalyse von Nachrichtenseiten.

Für die fallstudienhafte *Prozessanalyse* von *Spiegel Online* wurden zu aufeinander folgenden Zeitpunkten – in diesem Fall in einem 30-minütigen

Rhythmus – über sieben Tage hinweg eine Codierung des Untersuchungsmaterials vorgenommen. Dabei wurde das Material ‚live' von zwei Codierern
anhand eines Codebuches (s. Online-Anhang D1) bearbeitet, und zwar (s.
Abb. 30) u.a. die *Nachrichtenfaktoren*, das *Nutzwertpotential*, die *Themen* und die
jeweilige *Platzierung* des Beitrages zu den festgelegten Zeitpunkten und somit
die relevanten SN-Informationen codiert. Die Erhebung ähnelt dadurch
mehreren hintereinander geschalteten Beobachtungen, was sicherstellt, dass
über einen Zeitraum von einer Woche möglichst sämtliche Änderungen der
relevanten Beiträge erfasst werden und die Pilotstudie somit der dynamischen Komponente des Theoriemodells zumindest teilweise gerecht werden
kann. Eine Live-Codierung wurde gewählt, um die Problematik der Speiche-
rung von großen Datenmengen, die bei der Archivierung von Online-Nachrichtenseiten auf mehreren Ebenen entstehen würde, zu vermeiden (vgl.
Lünich et al., 2012).

Abbildung 30: Messmodell Prozessanalyse

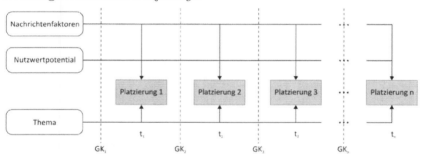

Quelle: Eigene Darstellung

Die gewählte Anlage birgt jedoch auch Probleme: Zum einen besteht die
Gefahr, dass bei der Live-Codierung unerwartete Schwierigkeiten auftreten,
die im Nachhinein nicht mehr behoben werden können. Zum anderen kann
es bei der Reduzierung des Untersuchungszeitraums auf eine Woche zu
Verzerrungen durch dominierende Themen kommen, wie sie beispielsweise
durch Großereignisse entstehen.

Um ein Korrektiv für diese Problematik zu erhalten, wurde zusätzlich eine *Breitenanalyse* von Online-Inhalten und SN-Informationen (s. Abb. 31)
durchgeführt. Dies bedeutet, dass eine Online-Inhaltsanalyse mit separatem
Codebuch auf archiviertes Material von drei verschiedenen Online-
Nachrichtenseiten angewendet wurde, basierend auf einer ‚gestauchten'
künstlichen Woche (s. Kap. 6.3.2). Die Auswahl der Untersuchungstage
anhand eines rotierenden Prinzips gewährleistete, dass durch die Verteilung

des Materials über einen größeren Zeitraum z.B. dominierende Themen nicht zu stark das Untersuchungsmaterial beeinflussen (Früh, 2007). Durch die in die Auswahl einbezogenen Online-Nachrichtenseiten (*Spiegel Online*, *Zeit Online*, *sueddeutsche.de*) sollte des Weiteren gesichert werden, dass mögliche Besonderheiten, die ausschließlich auf die Eigenarten eines Mediums zurückzuführen sind, nicht zu Verzerrungen führen.

Abbildung 31: Messmodell Breitenanalyse

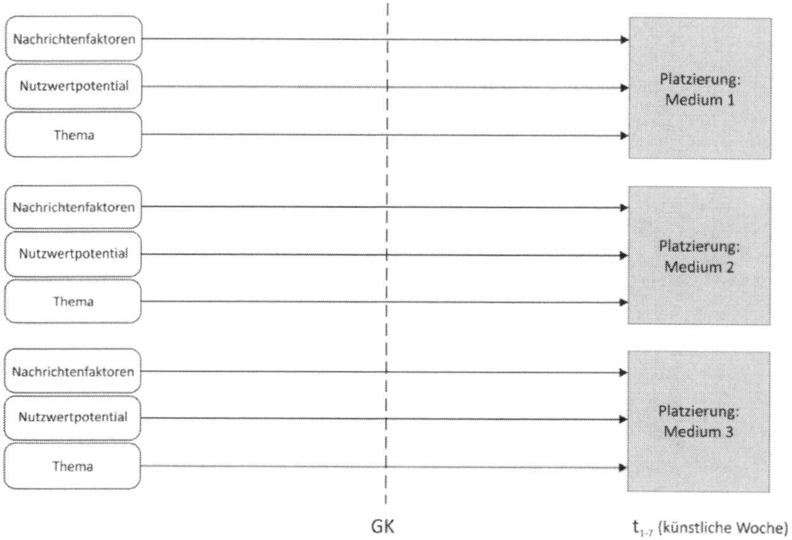

Quelle: Eigene Darstellung

Die nachfolgende Darstellung von Methode, Instrumenten und Ergebnissen wird an der jeweiligen Stelle auf die Unterschiede der Vorgehensweise und des Materials in der Erhebung im Prozess und der künstlichen Woche (Breitenanalyse) eingehen.

6.3 Stichprobe, Einheiten und Instrumente

6.3.1 Untersuchungsmaterial

Als Untersuchungsmaterial für die empirische Bearbeitung des Forschungsinteresses kämen für die vorliegende Online-Inhaltsanalyse beinahe sämtliche Beiträge auf Social Networking Sites, Blogs und Online-Nachrichten-seiten in Frage. Die Erhebung konzentriert sich auf *Online-Nachrichtenseiten*, weil die Beiträge auf anderen Seiten (wie z.b. *Facebook*) der Forschung nur eingeschränkt zugänglich sind. Außerdem waren zum Erhebungszeitpunkt lediglich auf einigen Online-Nachrichtenseiten die SN-Daten systematisch in Top-Listen aufbereitet, sodass bloß dort (in gewissem Maße) die hinter einer Platzierung stehende technische Struktur durchdrungen werden konnte.

In der Prozessanalyse bilden nur Beiträge der deutschen Online-Nach-richtenseite *Spiegel Online* das Untersuchungsmaterial. Die Reduktion auf die-ses eine Medienangebot wird durch die aufwändige (und bisher unerprobte) Konzeption der Inhaltsanalyse auf Prozessebene begründet. Zudem sollten die Inhalte möglichst vielfältig sein und nicht primär dem Bereich des Bou-levardjournalismus entstammen, wie es beispielsweise auf *bild.de* der Fall ist. *Spiegel Online* eignet sich insofern besonders gut, da es laut der IVW-Daten für Januar 2011 die Online-Nachrichtenseite klassischer Anbieter mit den höchsten Nutzerzahlen darstellt (IVW, 2011). Da insgesamt sehr viele Nut-zer diese Seite als Informationsquelle nutzen, kann auch davon ausgegangen werden, dass viele Meinungsführer *Spiegel Online* lesen und sich dort über wichtige Themen informieren.

Das Untersuchungsmaterial der Breitenanalyse bilden (wie erwähnt) Bei-träge der deutschen Online-Nachrichtenseiten *Spiegel Online, sueddeutsche.de* und *Zeit Online*. Auch die Auswahl dieser Medien begründet sich durch die hohen Nutzungszahlen, die die IVW (2011) ausgewiesen hat. Außerdem sind auf den drei Seiten jeweils unterschiedliche Kombinationen von Top-Listen anzutreffen, sodass mögliche Einflüsse durch die spezifische Top-Listen-Kombination von *Spiegel Online* ausgeglichen werden können: Bei *Spiegel Online* sind dies die Top-Listen ‚meist gelesen' und ‚meist verschickt'; bei *Zeit Online* ‚meist gelesen' und ‚meist kommentiert'; und bei *sueddeutsche.de* sind es ‚meist verschickt' und ‚meist kommentiert'. Alle Toplisten fanden sich auf der rechten Hälfte der jeweiligen Webseite wieder und waren zwi-schen anderen Feldern (wie beispielsweise Werbung oder Wetterinformatio-nen) eingebettet. Zudem sind alle drei Online-Nachrichtenseiten aufgrund ihrer jeweiligen Printausgaben – dem Magazin *Spiegel*, der Tageszeitung *Süd-deutsche Zeitung* und der Wochenzeitung *DIE ZEIT* – dem Qualitätsjourna-lismus zuzurechnen, was eine gewisse Vergleichbarkeit absichert.

Die drei ersten Beiträge der Startseite (Aufmacherbeiträge) und die drei ersten Beiträge der ausgewiesenen Top-Listen für die ‚meist gelesenen', ‚meist kommentierten' und ‚meist verschickten' Beiträge bilden das Untersu-chungsmaterial dieser Pilotstudie. Dieses Material wird im Rahmen der Pro-zessanalyse ‚live' codiert und liegt bei der Codierung der künstlichen Woche in Form archivierter Screenshots vor. Die Reihenfolge der Archivierung über die Medien wurde ausgelost und erfolgte daraufhin jeden Tag begin-

nend mit *Zeit Online*, gefolgt von *sueddeutsche.de* und *Spiegel Online*. Die Beiträge wurden anhand von Screenshots immer um 19 Uhr des jeweiligen Tages
mit dem Programm ‚Snapshot'[63] und dem Videoarchivierungsprogramm
‚DownloadHelper'[64] abgespeichert. Der Zeitpunkt bestimmt sich aus der bei
der ZDF-Studie Communiy festgestellten, besonders hohen Internetnutzung zu dieser Tageszeit (Busemann, Fisch & Frees, 2012).

6.3.2 Untersuchungszeitraum

Den Untersuchungszeitraum bildet für die Prozessanalyse die Woche vom
29. März bis zum 4. April 2011. Die Beiträge wurden während der Live-
Codierung täglich von 6 Uhr bis 24 Uhr alle 30 Minuten codiert. Nach 24
Uhr wurde die Codierung ausgesetzt, da eine mehrtägige Beobachtung der
Startseite von *Spiegel Online* ergab, dass in diesem Zeitraum nur noch sehr
wenige bis überhaupt keine Änderungen oder Verschiebungen der Beiträge
vorkamen. Auch der 30-Minuten-Rhythmus wurde nach längerer Beobachtung der Bewegungen auf der Startseite von *Spiegel Online* als geeignet angesehen, da die Beiträge und ihre Platzierung nur selten noch häufiger geän-
dert wurden – es sei denn durch Eilmeldungen aufgrund von Sonderereig-
nissen. Insgesamt gab es daher täglich zwischen 6 und 24 Uhr 37 – und auf
die gesamte Woche gerechnet 259 – Messzeitpunkte. Bei der Breitenanalyse
wurde ab dem Starttag 8. Februar 2011 über vier Kalenderwochen (KW)
hinweg eine künstliche Woche erzeugt (s. Tab. 21).

Tabelle 21: Entstehung der ‚gestauchten' künstlichen Woche

	Mo	Di	Mi	Do	Fr	Sa	So
6. KW	07	08	09	10	11	12	13
7. KW	14	15	16	17	18	19	20
8. KW	21	22	23	24	25	26	27
9. KW	28	01	02	03	04	05	06

Quelle: Eigene Darstellung

Die Kenntnis der Ereignislage während des erhobenen Berichterstattungs-
zeitraumes ist deswegen wichtig, weil aufgrund der geringen Fallzahl der
jeweiligen Stichproben und des zeitlich eingeschränkten Erhebungszeitrau-
mes die Ergebnisse in Richtung der Großereignisse verzerrt sein können

---

63   https://addons.mozilla.org/de/firefox/addon/fireshot/
64   https://addons.mozilla.org/de/firefox/addon/video-downloadhelper/

(Schulz, 1990). Gerade weil in den Erhebungszeiträumen mehrere Groß-ereignisse in der medialen Berichterstattung vertreten waren, müssen die Ergebnisse der Pilotstudie und die Interpretation des Themeneinflusses, der deswegen erst am Ende der Auswertung behandelt wird, mit einer gewissen Vorsicht betrachtet werden.

Die wichtigsten Themen im Zeitaum der Breitenanalyse waren die Auf-stände in Ägypten und Libyen, die Plagiatsaffäre des damaligen Verteidi-gungsministers zu Guttenberg, eine Hartz IV-Reform, die Besetzung des Bundesbankchefpostens, die Landtagswahl in Hamburg, der Lokführer-Streik und der Auftritt von Monica Lierhaus bei der Goldenen-Kamera-Verleihung. In der Woche der Prozessanalyse waren als Themen hauptsäch-lich die Atomkatastrophe in Fukushima, Aufstände in Libyen, die Koran-verbrennung in Afghanistan, die Stabilisierung des Euros, der Atomausstieg Deutschlands, Landtagswahlen in Baden-Württemberg und Rheinland-Pfalz sowie der Rücktritt Guttenbergs in der Berichterstattung präsent.

6.3.3 Definition der Einheiten

Eine zentrale Entscheidung bei jeder Inhaltsanalyse betrifft die Definition der jeweiligen Einheiten (Rössler, 2010), genauer (1) die Auswahleinheit, (2) die Analyseeinheit, (3) die Codiereinheit und (4) die Kontexteinheit.

(1) Die *Auswahleinheit* der Prozessanalyse bilden die ersten drei Beiträge auf der linken Hälfte der Startseite von *Spiegel Online* (s. 1 in Abb. 32) wäh-rend des oben definierten Untersuchungszeitraums. Zum anderen sind es die meist sozial navigierten Medieninhalte; diese beziehen sich hier auf die drei ersten Beiträge in den beiden in der rechten Spalte der Online-Nachrichtenseite befindlichen Top-Listen ‚meist gelesen‘ und ‚meist ver-schickt‘ (s. 2 in Abb. 32). Die Beiträge aus der *Spiegel Online*-Top-Liste ‚meist gesehen‘ werden hierbei nicht codiert, da die anderen untersuchten Online-Nachrichtenseiten diese spezielle Top-Liste zu Videobeiträgen nicht aufgrei-fen und somit kein Vergleichskriterium vorhanden ist. Bei der Breitenanaly-se gehören zur Auswahleinheit die ersten auf der linken Seite der Startseite geposteten Artikel und die jeweils vorhandenen Hitlisten auf den Online-Nachrichtenseiten *Spiegel Online* (www.spiegel.de), *Zeit Online* (www.zeit.de) und *sueddeutsche.de* (www.sueddeutsche.de).

(2) Die *Analyseeinheit* von Prozess- und Breitenanalyse bildet der einzelne Beitrag, auch in seiner symbolisierten Form als Headline einer Top-Liste. Ein Beitrag ist in dieser Studie ein redaktioneller Text, ein Bild, eine Bilder-reihe, eine interaktive Grafik mit zugehörigem Text oder ein Video bzw. eine Kombination dieser Elemente. Ein Beitrag auf der Startseite grenzt sich von anderen Beiträgen durch feine graue Linien oder weiße Freiflächen ab.

Abbildung 32:
Spiegel Online-Startseite

1= Aufmacherbeiträge, 2= Top-Listen

Quelle: Modifizierter
Screenshot von
www.spiegel.de; 19.04.2011

Da auch diese Analyse davon ausgeht, dass im ersten Teil eines Beitrages die relevanten Informationen enthalten sind (Hooffacker, 2010; Meier, 2007), werden bei einem redaktionellen Text nur der Teaser und die ersten drei Absätze sowie die prominenteste visuelle Darstellung näher betrachtet. Letztere ist diejenige, die flächenmäßig den größten Platz einnimmt und außerdem zumeist am Anfang des Beitrages platziert ist. Besteht der Beitrag hauptsächlich aus einer visuellen Komponente (wie z.B. einer Bilderreihe oder einem Video) wird der dazugehörige Text für die Codierung hinzugezogen (vgl. die Befunde von Hoffmann, 2011, S. 65). Bei einer Bilderreihe oder einer interaktiven Grafik werden das Bild auf der Startseite und die ersten drei Bilder der Bilderstrecke oder der interaktiven Grafik betrachtet, bei einem Video die ersten 30 Sekunden. Bei einem ‚Newsticker' gilt die jeweils erste Meldung (inklusive der Überschrift, dem Teaser und der flächenmäßig größten visuellen Darstellung) auch als eigenständiger Beitrag.

(3) Die *Codiereinheiten* sind für beide Teilstichproben identisch und bestehen aus inhaltlichen und formalen Einheiten: Die inhaltlichen Einheiten bilden die *Nachrichtenfaktoren*, das *Nutzwertpotential* und das *Thema*; die wichtigste formale Einheit stellt die *Platzierung* des Medieninhalts innerhalb der Aufmacherbeiträge bzw. innerhalb der Listen der sozial navigierten Beiträge dar.

(4) Sollte der Codierer noch weitere Hinweise zur Codierung der inhaltlichen Kategorien benötigen, gilt sowohl bei der Prozessanalyse als auch bei der künstlichen Woche als *Kontexteinheit* zuerst das von der jeweiligen Online-Nachrichtenseite vorgegebene Ressort (inklusive des Unterressorts). Zusätzlich kann im nächsten Schritt der restliche Beitrag zu Rate gezogen werden. Wenn dies den Codierer zur Bestimmung der Ausprägung der Kategorien nicht ausreicht, können weitere Zusatzinformationen (wie beispielsweise geschichtliche Einordnungen oder Kommentare, die am rechten oder linken Rand des jeweiligen Beitrages erscheinen) hinzugezogen werden.

6.3.4 Erhebungsinstrument

Die Codebücher bilden bei einer Inhaltsanalyse das entscheidende Instrument, anhand dessen das Material bearbeitet wird. Denn hier wird der „Bedeutungsgehalt jeder Kategorie […] durch die Angabe von Indikatoren und Messvorschriften so bestimmt, dass klar erkennbar wird, welche Merkmale und Einheiten des Textmaterials von den Codierern in welche Daten […] überführt werden" (Früh, 2007, S. 156). Dieser Abschnitt stellt die jeweiligen Codebücher der Prozessanalyse und der Breitenanalyse vor, die sich an Studien von Fretwurst (2008), Eickelkamp (2005, 2011), Engelmann et al. (2010) und Rössler (2010) anlehnen. Das ausführliche Codebuch zur Prozessanalyse befindet sich im Online-Anhang D1. Insgesamt lassen sich die für diese Studie gewählten Kategorien im Folgenden aufteilen (s. Tab. 22) in formale und inhaltliche Kategorien.

Tabelle 22: Kategorien im Überblick

	Prozessanalyse	Breitenanalyse
Formale Kategorien	Codierer, Wochentag, Hauptkomponente des Beitrages, Tickerbezug, Platzierung, Anzahl der Kommentare	
	Ober- und Unterressort, Änderung des Beitrages	Medium, Oberressort
Inhaltliche Kategorien	Thema, Nachrichtenfaktoren, Nutzwertpotential	

Quelle: Eigene Darstellung

Formale Kategorien

Die formalen Kategorien der Prozessanalyse und der Breitenanalyse unterscheiden sich nur minimal: Teilweise wurden die Kategorien an die verschiedenen Gegebenheiten der zwei Analysen angepasst und somit leicht umgestaltet. Zunächst wurden wie üblich die *Namen der Codierer*, der *Wochentag* und bei der Breitenanalyse zusätzlich der *Name des Mediums* festgehalten (Brosius, Haas & Koschel, 2009; Rössler, 2010); außerdem das *Ressort*, dem der Beitrag zuzuordnen ist, und die flächenmäßig *größte Komponente des Beitrages* (unterschieden nach Text, Bild, interaktiven Grafiken, Bilderstrecken und Video). Die Kategorie *Kommentare* beinhaltet die zu jedem Beitrag verfasste Anzahl der Kommentare.

Um die dynamischen Änderungen innerhalb der Online-Nachrichtenseiten aufzufangen, codiert die Kategorie *Änderung des Beitrages* bei der Prozessanalyse, ob sich der Beitrag bereits verändert hat oder sich noch in absehbarer Zeit verändern wird.[65] Ein Sonderfall dieser Studie ist das mögliche Auftauchen eines *Tickers* auf der Startseite einer der Online-Nachrichtenseiten. Ein *Ticker* ist eine nach Datum und Uhrzeit sortierte Liste von aktuellen Kurzmeldungen zu einem bestimmten Thema, die über einen gewissen Zeitraum hinweg kontinuierlich aktualisiert (und somit erweitert) wird. Um diesen Änderungen gerecht zu werden, wird jede Meldung inklusive der zugehörigen Visualisierung und des Teasers als eigener Beitrag codiert. Die Überschrift des *Tickers* wird daher bei der Codierung der Prozessanalyse in einem dynamischen Codebuch, das gleich noch ausführlicher beschrieben wird, in einer gesonderten Spalte festgehalten.[66]

Denn eine für diese Studie besonders relevante, formale Kategorie stellt die *Platzierung* dar: Dort wird festgehalten, wie ein Beitrag zu einem bestimmten Zeitpunkt auf der jeweiligen Startseite des Online-Angebots positioniert ist. Er kann dabei entweder durch den Journalisten (bzw. Redakteur) unter einem der ersten drei Aufmacherbeiträge – oder durch SN als einer der ersten drei Beiträge in den Top-Listen platziert worden sein. Durch diese Kategorie kann vor allem bei der Prozessanalyse beobachtet werden, wie sich die Beiträge auf der Startseite von *Spiegel Online* im Zeitverlauf be-

---

65 Letzteres ist beispielsweise bei Eilmeldungen der Fall, bei denen darauf hingewiesen wird, dass der Beitrag laufend um eingehende Neuigkeiten zu einem Ereignis ergänzt wird. Bei einer erkannten Änderung wurde der gesamte Beitrag zum nächsten Erhebungszeitpunkt übercodiert und die festgestellten Änderungen inklusive des Änderungszeitpunktes in einem Kommentarfeld festgehalten.

66 Damit können verschiedene Meldungen, die unter einem Ticker auftauchen und als separate Beiträge codiert wurden, im Nachhinein diesem Ticker zugeordnet werden. Bei der Breitenanalyse wurde der Ticker in einer separaten Kategorie dichotom codiert, da davon ausgegangen werden kann, dass durch die großen Abstände der einzelnen Tage nicht derselbe Ticker bei mehreren Tagen auftaucht.

wegen. Dies erfordert ein dynamisches Codebuch-Element, in dem die Beiträge unter ihr *Grobthema* mit der zugehörigen Überschrift und einem Beitragscode eingeordnet werden. Wenn bei der nächsten Codierung (zu einem anderen Zeitpunkt) derselbe Beitrag wiederholt auftaucht, wird er anhand seiner Überschrift (inklusive seines Codes) wiedergefunden, und es wird in der Eingabemaske nur noch die neue Platzierung ergänzt. Am Ende der Prozessanalyse können somit sämtliche durchlaufene Platzierungen eines Beitrages überblickt werden (s. Tab. 23).

Tabelle 23: Auszug aus der Codierungsmatrix – Platzierungsposition

Beitrag	Inhaltliche Kategorien	...	Platz. Aufmacher T1	Platz. ‚meist gelesen' T1	Platz. ‚meist verschickt' T1	Platz. Aufmacher T2	...
GAU in Fukushima	...		1		1	2	
Westerwelles widersinnige Doktrin	...		2	3		3	
Koalition zofft sich wegen Altmeiler	...		3		2		
Siebenjährige findet Boa constrictor in Toilette	...					1	
...							
Beitrag n							

Quelle: Eigene Darstellung

Inhaltliche Kategorien

Die verwendeten inhaltlichen Kategorien lassen sich dahingehend unterscheiden, ob sie aus anderen Studien unverändert übernommen, noch bearbeitet oder neu hinzugefügt wurden (s. Tab. 24). Zunächst sollen nun die bei der Prozessanalyse und der Breitenanalyse identisch angewendeten inhaltlichen Kategorien beschrieben werden.

Tabelle 24: Überblick über die inhaltlichen Kategorien

Übernommene Kategorien	Bearbeitete Kategorien	Neu hinzugefügte Kategorien
Spezifisches Thema des Beitrages	Grobthema	Humor
Nutzwertpotential	Altthema	
Aktualität	Ereignistyp	
Bezug	Herkunft der Akteure	
Kontroverse	Ereignisland	
Kriminalität	Reichweite	
Nutzen/Erfolg	Aggression/physische Gewalt	
Schaden/Misserfolg		
Glück	Prominenz	
Tragik	Überraschung	
Einfluss	Visualisierung	
Personalisierung	Bildtechnik	
Tiere		
Kuriositäten		
Superlative		
Sexualität/Erotik		
Freude		
Trauer/Traurigkeit/Enttäuschung		
Ärger/Wut/Drohgebärden		
Furcht/Panik		

Quelle: Eigene Darstellung

Die Operationalisierung der Nachrichtenfaktoren wird zum großen Teil aus der Studie ‚Nachrichten im Interesse der Zuschauer' von Fretwurst (2008) übernommen. Zum einen ist der Katalog von Fretwurst einer der aktuellsten Nachrichtenfaktorenkataloge, bei dem sämtliche bisher aufgestellten Kataloge älterer Studien analysiert und zum großen Teil integriert wurden. Zum anderen wurden Faktoren wie *Kuriositäten,* die sich für diese Studie besonders in Bezug auf die durch SN platzierten und wahrscheinlich eher der Unterhaltung zuzurechnenden Beiträge eignen könnten, von ihm neu hinzugefügt. Und schließlich ging Fretwurst in seiner Studie rezipientenorientiert vor, wie auch die vorliegende Pilotstudie; zwar beleuchtet diese keine Fernsehberichterstattung, jedoch aber Online-Nachrichten, die durch die Kombination von Bild, Video und Text ähnliche Faktoren zu ihrer Beschreibung benötigen.

Die übernommenen Faktoren und ihre Bedeutung lauten somit:

- *Aktualität* bezieht sich auf den Beitragsanlass.
- Der *Bezug* bildet die Bezugnahme auf ein Land ab, das sich auch vom Ereignisort unterscheiden kann.
- *Kontroverse* bezieht sich auf dargestellte Meinungsverschiedenheiten.
- *Kriminalitä*t wird bei bewusst gesetzeswidrigem Handeln codiert.
- *Valenz* wird durch die Kategorien *Nutzen/Erfolg* und *Schaden/Misserfolg* erhoben. Dabei werden ideeller Nutzen (wie persönlicher Erfolg) und existentieller Nutzen (wie Gesundheit und Leben) sowie materieller, politischer, ideeller Schaden und langfristige Beeinträchtigungen codiert.
- *Schicksal* wird durch die Kategorien *Glück* und *Tragik* erhoben.
- *Einfluss* bezieht sich auf den Einfluss des genannten Akteurs.
- *Personalisierung* zeigt, inwieweit Einzelpersonen im Vordergrund des Beitrages stehen.
- Der Unterhaltung zuzurechnende Kategorien sind *Tiere, Kuriositäten, Sexualität/Erotik* und *Superlative.*
- Emotionen werden anhand der Kategorien *Freude, Trauer/Traurigkeit/Enttäuschung, Ärger/Wut/Drohgebärden* und *Furcht/Panik* festgemacht.

Ein Faktor, der aus dem Codebuch von Fretwurst nicht übernommen wird, ist die *gesellschaftliche Relevanz,* die dort durch die Kategorien *Sachpolitik* und *Parteipolitik* codiert wurde. Diese Unterscheidung war für die vorliegende Studie nicht unmittelbar relevant, weil es sich bei den Inhalten auf den Online-Nachrichtenseiten nicht hauptsächlich um Politikberichterstattung handelt und somit diese Differenzierung zu ausführlich wäre. Auch die weiterführende Untergliederung der Kategorien *Nutzen* und *Schaden* in möglich/tatsächlich und individuell/gesellschaftlich wird für diese Studie als zu kleinschrittig empfunden und daher nicht aufgenommen. Eine an das Material dieser Studie angepasste Kategorie bildet das *Altthema,* bei dem dichotom codiert wird, ob der Beitrag auf eine in der Vergangenheit liegende Berichterstattung Bezug nimmt.

Da die Codierer bei der Codiererschulung Probleme bei der Unterscheidung von den verschiedenen Ereignisarten hatten, wurde der *Ereignistyp* von den vier bei Fretwurst verwendeten Ausprägungen auf eine dichotome Vorgabe (statische Situationen und konkrete Handlungen inklusive der Folgen) begrenzt. Die Kategorien *Ereignisland* und *Herkunft der Akteure,* die dem Faktor *Nähe* zuzurechnen sind, werden im Zuge der Codiererschulung ebenfalls aus Vereinfachungsgründen auf jeweils ein Land reduziert. Die *Reichweite,* die in früheren Studien durch vier Ausprägungen gekennzeichnet war, wurde auf drei Ausprägungen verdichtet: die mittlere Betroffenenreichweite schien verzichtbar, da die Differenzierung zwischen geringer und großer Betroffenenreichweite ausreichen sollte. Die gleiche Reduktion wurde bei *Aggression/physische Gewalt* (keine, geringe, massive Gewalt) und *Prominenz* einer genannten Person (keine, geringe, massive Prominenz) vorgenommen. Die Kategorie *Überraschung* für Ereignisse, die den Erwartungen widersprechen, wurde von drei Ausprägungen auf eine dichotome Vorgabe (keine/geringe vs. große Überraschung) eingeschränkt, um die Codierung reliabler zu gestalten.

Die bereits in anderen Studien auf unterschiedliches Codiermaterial angewendete Kategorie *Visualisierung* (Ruhrmann et al., 2003; Maier et al., 2006) wird für diese Studie insofern angepasst, als sie nun die Ausprägungen ‚keine Visualisierung', ‚einfache Visualisierung' (durch ein Bild) und ‚mehrfache Visualisierung' (wenn eine Bilderstrecke oder Video vorhanden ist) vorsieht. Die Kategorie *Bildtechnik* lehnte sich an die Kategorie ‚Fototechnik' von Rössler, Haschke und Marquart (2010) an. Dafür wurden die Ausprägungen abgeändert (‚nicht vorhanden/schwach' vs. ‚stark' in ‚kommt vor' vs. ‚kommt nicht vor') und die Beschreibungen an das Instrument der vorliegenden Studie insofern angepasst, als auch Videos und interaktive Grafiken eingeschlossen werden. Die neu konzipierte Kategorie *Humor* mit dichotomer Ausprägung (‚kommt nicht vor', ‚kommt vor') wurde angewendet, wenn der Beitrag auf allgemein humoristische Darstellungen abzielte, wie es z.B. in dem Ressort ‚SPAM' von *Spiegel Online* der Fall ist. Die Kategorie erscheint auch deswegen sinnvoll, weil sowohl im Anschluss an die Nutzerbefragung als auch aufgrund der Beobachtung der Beiträge der Top-Listen vermutet werden kann, dass eine humoristische Darstellung die Nutzer dazu eher bringt, die Beiträge zu verschicken und somit eine SN-Aktion auszuführen.

Zur Erhebung des *Nutzwertpotentials* eines Beitrags dienten die Kategorien *Anleitung/Anweisung, Problemlösung, Warnung, weiterführender Hinweis, unmittelbare Orientierung für das praktische Leben und andere Ratgebung*, die aus einer Studie von Eickelkamp (2005, 2011) komplett übernommen wurden (abgesehen von kleinen inhaltlichen Ergänzungen und der Anpassung auf das Codiermaterial dieser Studie). Das *Nutzwertpotential* soll hierbei eine Ergänzung zu den Nachrichtenfaktoren bilden, da vermutet wird, dass das *Nutzwertpotential*, also der in dem Beitrag explizit vorhandene Nutzen für den Rezipienten, eine besondere Komponente bei der Entscheidung zum Ausführen einer SN-Aktion darstellt (s. Kap. 3.1.6).

Eine inhaltliche Kategorie, die bei der Prozessanalyse und der Breitenanalyse unterschiedlich gehandhabt wurde, ist das *Grobthema*, das sich an das Themenraster von Rössler (2010) anlehnt, hier jedoch deutlich weniger ausdifferenziert angewandt wird. Die Prozessanalyse integriert diese Kategorie in den Beitragscode, den jeder Beitrag zur Identifizierung erhält. Dabei wurde anhand des dynamischen Codebuches jeder Beitrag einem *Grobthema* zugeordnet und erhält einen fortlaufenden Beitragscode. Ohne Hinzunahme des dynamischen Codebuches, jedoch anhand desselben Themenrasters, wurde das *Grobthema* bei der Breitenanalyse codiert. Das spezifische Thema des Beitrages stellte eine weitere Kategorie zur Bestimmung des Themas dar und sollte sowohl bei der Prozessanalyse als auch bei der Breitenanalyse detaillierte Auskunft über einen Beitrag geben.

6.3.5 Codierprozess

Eine sinnvolle Erhebung war vor allem bei der Codierung der Prozessanalyse nur durch einen strikten Ablaufplan zu gewährleisten. Die Durchführung der Prozessanalyse erfolgte daher immer durch zwei Codierer gleichzeitig, um auch während der Live-Codierung bei Unsicherheiten die Möglichkeit zur Absprache einzuräumen. Jedes Codiererteam bearbeitete jeweils eine Schicht von sechs Stunden, in denen zu zwölf (bzw. in der letzten Schicht eines Tages zu 13) festgelegten Zeitpunkten ‚live' die relevanten Beiträge auf *Spiegel Online* untersucht werden mussten. Dabei wurden zu jedem Zeitpunkt immer zuerst die Überschriften der Beiträge in ihrer jeweiligen Position auf einem Hilfsblatt per Hand festgehalten, sodass mögliche Änderungen der Platzierung noch während der Codierung nicht zu Verzerrungen führen konnten, und Beiträge bei Bedarf aufgrund ihrer Überschrift mit der Suchfunktion wieder aufgerufen werden konnten. Nachdem dies abgeschlossen war, wurden die Beiträge in fester Reihenfolge (vom dritt- über den zweit- zum erstplatzierten Beitrag) codiert, damit die Wahrscheinlichkeit einer Veränderung – vor allem der zu unterst stehenden Beiträge – während der Codierung klein gehalten wurde. Einer der beiden Codierer nutzte die auf einem Computer vorhandene Eingabemaske und das dynamische Codebuch für seine Codierungen, der andere Codierer bediente sich zuerst einer separaten Eingabemaske, in die er per Hand die Codes eintrug. Nach der Codierung der neun Beiträge wurden die Codes dann in die elektronische Eingabemaske übertragen. Durch diese Strategie sollte abgesichert werden, dass die Codierer auch bei einer hohen Änderungsrate durch ihre parallele Arbeitsweise die Anzahl der zu codierenden Beiträge in den vorgeschriebenen 30 Minuten bewältigen konnten. Nach jeder beendeten Schicht wurden dem nächsten Codiererteam in einer Übergabephase die Besonderheiten der vergangenen sechs Stunden mitgeteilt und die erste Codierung des neuen Codierteams überwacht, sodass Änderungen von Beiträgen auch über die Schichtgrenzen hinweg erkannt werden konnten.

Um Codierereinflüsse zu vermeiden, wurde das Material der Breitenanalyse nach Tagen aufgeteilt, womit jeder Codierer alle drei Medien bearbeiten musste (Früh, 2007). Hierfür stand das Material allen Beteiligten in Form von Screenshots und archiviertem Videomaterial zur Verfügung.

6.3.6 Codiererschulung und Reliabilitätsprüfung

Das beschriebene Erhebungsinstrument wurde in mehreren Schritten getestet, um eine möglichst zuverlässige Codierung zu erreichen. Das gesamte Material wurde allein durch die Mitglieder der Forschungsgruppe codiert, weshalb durch die gemeinsamen Vorüberlegungen auf theoretischer und empirischer Ebene ein Verständnis für die Kategorien und ihre Anwendung bestand. Eine Gefahr dabei besteht jedoch darin, dass basierend auf diesem Vorwissen möglicherweise vorschnell eigene Interpretationen in die Codierung einfließen (Rössler, 2010). Daher wurden die erstellten Codebücher mit ihren Kategorien im zweiten Schritt von sämtlichen Codierern durchgearbeitet, kommentiert und eingeprägt. Auf Basis dieser Anmerkungen wurden nochmals sprachliche Ungereimtheiten ausgeglichen und die Codiererfreundlichkeit des Codebuchs verbessert.

Im nächsten Schritt fand – vor allem um die recht anspruchsvolle Live-Codierung der Prozessanalyse zu bewerkstelligen, aber auch um die Zuverlässigkeit der Inhaltsanalyse zu sichern – eine ausführliche Codiererschulung statt. Um sicher zu stellen, dass sämtliche Kategorien auch tatsächlich gleich angewendet werden, wurden danach Beiträge, die Besonderheiten (wie z.b. eine Bilderstrecke und einen Ticker) enthielten, gemeinsam besprochen und codiert. Anschließend wurden von jedem Codierer sechs zuvor ausgewählte und archivierte Beiträge von *Spiegel Online* selbstständig verschlüsselt. Nachdem durch einen anschließenden Übereinstimmungsabgleich die kritischen Fälle herausgearbeitet werden konnten, folgte eine weitere Anpassung der Kategorien.

Um die Reliabilität zu prüfen, wurden durch jeden Codierer dieselben 27 Beiträge (drei Aufmacherbeiträge und die jeweils drei ersten Beiträge der Top-Listen der unterschiedlichen Online-Nachrichtenseiten) anhand des überarbeiteten Codebuchs selbstständig codiert. Zur Berechnung der Reliabilität wurde die vielfach verwendete ‚Holsti-Formel' gewählt (Rössler, 2010; Früh, 2007).[67]

$$C_R = 2 * C_{\ddot{U}} / (C_A + C_B)$$

---

[67]   Der Reliabilitätskoeffizient wurde berechnet, indem die zweifache Zahl übereinstimmender Codierungen (CÜ) durch die Summe der Zahl der Codierungen von zwei Codierern (CA; CB) geteilt wird (Holsti, 1969). Für jede einzelne Kategorie wurde für alle Codierer untereinander die Reliabilität berechnet, wobei Werte von nahe 1.0 für formale Kategorien und Werte von mindestens .80 für inhaltliche Kategorien erstrebenswert sind (Rössler, 2010).

Die vorliegende Pilotstudie erreichte für die formalen Kategorien einen durchschnittlichen Wert von .95, für die inhaltlichen Kategorien .88. Dabei ist darauf hinzuweisen, dass bei den Kategorien *Einfluss, Bezug* und *Schaden/Misserfolg* mit Werten um .65 sehr niedrige Intercoder-Reliabilitäten resultierten. Andererseits sei bemerkt, dass dieses Überschneidungsmaß ein für ordinale Skalen recht strenges Verfahren darstellt, weil es normalerweise eher für rein nominale Ausprägungen verwendet wird. Außerdem kann davon ausgegangen werden, dass bei der Prozesscodierung durch die Möglichkeiten zur Absprache unter den Codierern deutlich bessere Werte erzielt wurden. Die genannten Kategorien müssen vor diesem Hintergrund bei der Auswertung dennoch besonders vorsichtig interpretiert werden. Abgesehen von diesen Kategorien wurden jedoch höchst zufriedenstellende Reliabilitäten erreicht, die auf die Zuverlässigkeit des in dieser Pilotstudie verwendeten Instruments hinweisen.

6.4 Auswertung: Stichprobenbeschreibung und formale Kategorien

Im Mittelpunkt dieses Abschnittes stehen die Beschreibung der Stichprobe und die Verteilung der verschiedenen Platzierungskategorien, bevor dann im Folgeabschnitt (s. Kap. 6.4) die Analyse der inhaltlichen Faktoren in Bezug auf die verschiedenen Platzierungskategorien anschließt.

Die Stichprobe bestand bei der Prozessanalyse aus 168 Beiträgen, bei der Anwendung der künstlichen Woche wurden 165 Beiträge codiert. Dabei verteilten sich die Beiträge recht gleichmäßig über die verschiedenen Wochentage, sodass hier keine Verzerrung vorliegen dürfte. Bei der Prozesswoche fiel lediglich der Sonntag (3. April 2011) mit nur 17 codierten Beiträgen auf, und am Dienstag (29. März 2011) wurden mit 33 Beiträgen am meisten neue Beiträge codiert (was jedoch daran lag, dass es sich um den ersten Tag der Prozesswoche handelte und somit die Beiträge vom Vortag, die eventuell noch in den verschiedenen Platzierungskategorien anzutreffen waren, zusätzlich codiert wurden – an allen anderen Tagen wurden 21 bis 26 Beiträge codiert). Auch bei der künstlichen Woche waren die Beitragsanzahlen über die Wochentage ähnlich (22 bis 26 Beiträge pro Tag), jedoch nicht gleich, da es auch hier vorkam, dass dieselben Beiträge in verschiedenen Platzierungskategorien auftraten. Die Anzahl der untersuchten Beiträge auf den verschiedenen Online-Nachrichtenseiten war insgesamt vergleichbar (*Spiegel Online*: 55 Beiträge, *Zeit Online*: 57 Beiträge, *sueddeutsche.de*: 53 Beiträge).

Unter den 168 Beiträgen der Prozessanalyse waren 65 Prozent nur unter den Aufmachern platziert; deutlich weniger Beiträge wurden ausschließlich in den Listen ‚meist gelesen' (10 Prozent) sowie ‚meist verschickt' (11 Prozent) angetroffen. Die Kombination der Platzierungsmöglichkeiten Aufmacher und ‚meist gelesen' fand sich in der Stichprobe zu 9 Prozent. Relativ betrachtet waren also 39 Prozent der Beiträge, die unter der Platzierungskategorie ‚meist gelesen' aufzufinden waren, auch unter den Aufmachern vertreten, oder umgekehrt betrachtet: 12 Prozent der Aufmacherbeiträge auch in der Top-Liste ‚meist gelesen' sichtbar. Für diese Kombination galt, dass die Platzierung unter den Aufmacherbeiträgen *immer* vor der Platzierung in den ‚meist gelesen'-Listen stattfand, was die Natur von Online-Nachrichtenseiten logischerweise mit sich bringt, da die aktuellsten Meldungen zeitlich vorangehend auf der Startseite unter den Aufmachern platziert werden, bevor sie von einer größeren Zahl von Personen gelesen werden können. Im Umkehrschluss war in der Prozessanalyse also kein einziger Beitrag zu verzeichnen, der von der Redaktion zunächst weniger prominent platziert wurde und dann aufgrund seiner Nutzerresonanz in die Aufmacher vorgerückt wäre.

Die Platzierungskombination von ‚meist gelesen' und ‚meist verschickt' machte in der Stichprobe der Prozesscodierung einen Anteil von nur 5 Prozent aus. Damit waren – wieder relativ betrachtet – 29 Prozent der Beiträge, die unter ‚meist verschickt' codiert wurden, auch in der Top-Liste ‚meist gelesen' vertreten, oder aus der Gegenperspektive 21 Prozent aller Beiträge aus der Platzierungskategorie ‚meist gelesen' auch in der ‚meist verschickt'-Liste platziert. Hier bestand allerdings ein ausgeglichenes Verhältnis zwischen dem ersten Auftauchen in einer der Listen. Dieses Ergebnis lässt sich zum einen so deuten, dass die ‚meist verschickt'-Beiträge vor dem Verschicken vom Sender und nach dem Verschicken von den Adressaten auch gelesen (bzw. angeklickt) werden, weshalb die Klickzahlen für den jeweiligen Beitrag nach oben schnellen. Andererseits kann der erwartete Zusammenhang unterstellt werden, wonach sich Nutzer in ihrem Selektions- und Rezeptionsverhalten an den Listen mit den SN-Informationen orientieren.

Die Platzierungskombination von Aufmacher und ‚meist verschickt' existierte in der Prozess-Stichprobe nur ein einziges Mal, und die Kombination von allen drei Platzierungskategorien trat im Zeitverlauf überhaupt nicht auf.[68] Die nicht vorhandene Überschneidung der Platzierungskategorien Aufmacher und ‚meist verschickt' legt zunächst die Vermutung nahe, dass die Auswahlstrategie für die Beiträge, die sehr häufig an Dritte weitergeleitet werden, nicht der journalistischen Selektionslogik für Aufmacherbeiträge folgt. Eine reliable Codierung vorausgesetzt, könnte man dieses Ergebnis so interpretieren, dass die ‚verschickt'-Funktion eine Komplementärfunktion

---

68   Daher werden die Platzierungskombinationen Aufmacher und ‚meist verschickt' sowie die Platzierungskombination aller drei Kategorien in der weiteren Analyse nicht betrachtet. Die Platzierungskombination von ‚meist gelesen' und ‚meist verschickt' muss im Folgenden, aufgrund der geringen Fallzahl, mit Vorsicht interpretiert werden.

zum Aufmacher ausübt und Menschen gerade andere Inhalte weiterleiten als solche, die Journalisten prominent für sie auswählen, nämlich ihre ‚Funde‘, von denen sie annehmen, dass andere Nutzer sie nicht entdecken. Sollte die Redaktion allerdings von vorne herein einen besonderen Algorithmus programmiert haben, der z.b. aus Vielfaltsaspekten verhindert, dass der gleiche Beitrag in beiden Kategorien auftaucht, werden solche Ergebnisse chronisch falsch interpretiert.[69]

Durch die unterschiedlichen Fallzahlen innerhalb der Platzierungskategorien kann zudem angenommen werden, dass die durchschnittliche Ersetzungsrate der Beiträge – also die Häufigkeit der Ersetzung der Beiträge auf den jeweiligen Platzierungen – unter den Aufmachern deutlich höher war als bei den sozial navigierten Beiträgen der Top-Listen. Teilt man die Beiträge ungeachtet der Kombinationsplatzierungen nun allein nach ihrem Vorkommen in die drei Kategorien auf, gab es in der Stichprobe 125 Aufmacher, 39 unter ‚meist gelesen‘ und 28 Beiträge unter ‚meist verschickt‘.

Bei der Breitenanalyse anhand der künstlichen Woche waren die verschiedenen Platzierungskategorien relativ homogen verteilt (s. Tab. 25). Einzig die Aufmacherbeiträge kamen in der Stichprobe häufiger vor, weil diese (im Gegensatz zu den einzelnen Platzierungskategorien der sozial navigierten Beiträge) bei allen drei Online-Nachrichtenseiten codiert wurden. Die Kombinationsplatzierungen werden aufgrund der geringen Fallzahlen nicht in die weitere Analyse einbezogen.

Im Durchschnitt wurde ein Beitrag während der Woche der Prozessanalyse 14-mal platziert[70] (M=13,88; SD=16,52; n=168). Die Platzierungshäufigkeit unterschied sich jedoch deutlich zwischen den Kategorien. So wurde ein Beitrag innerhalb der Aufmacher durchschnittlich 6-mal hintereinander angetroffen (M=6,22; SD=4,45; n=125), ein Beitrag in der Top-Liste ‚meist gelesen‘ 20-mal (M=19,92; SD=12,16; n=39) und ein Beitrag in der Top-Liste ‚meist verschickt‘ 28-mal (M=27,75; SD=17,32; n=28). Dieser Sachverhalt bestätigt die Annahme, dass die Substitutionsrate bei den Aufmacher-Kategorien höher war als bei den sozial navigierten Platzierungskategorien, was logischerweise eine häufigere Platzierung jedes sozial navigierten Beitrags zur Konsequenz hat. Eine mögliche Interpretation dieses Sachverhalts wäre erstens, dass Journalisten darauf achten, die Aufmacher-Platzierung regelmäßig mit den aktuellsten Informationen zu füllen, damit Beiträge

---

69 Auch auf mehrfache Anfrage in der Redaktion von *Spiegel Online* hin erhielten wir keine Antwort auf diese Frage.

70 Unter ‚platziert‘ wird bei dieser Analyse das Vorkommen eines Beitrages unter den ersten drei Beiträgen der Aufmacher, der ‚meist gelesen‘-Liste und der ‚meist verschickt‘-Liste verstanden. Dabei kann ein Beitrag auch zeitgleich in verschiedenen Platzierungskategorien vorkommen.

dort nicht zu lange stehen bleiben; und zweitens Nutzer sich tatsächlich an den Top-Listen orientieren, weshalb sich Beiträge dort länger halten.

Tabelle 25: Häufigkeiten der Platzierungsmöglichkeiten in beiden Stichproben

Platzierung	Künstliche Woche		Prozess	
	Absolute Häufig-keiten	Anteil an der Stichprobe (%)	Absolute Häufig-keiten	Anteil an der Stichprobe (%)
nur Aufmacher	51	30,9	109	64,9
nur ‚meist gelesen'	28	17,0	16	9,5
nur ‚meist verschickt'	35	21,2	19	11,3
nur ‚meist kommentiert'	28	17,0	-	-
Aufmacher und ‚meist gelesen'	4*	2,4*	15	8,9
Aufmacher und ‚meist verschickt'	-	-	1*	0,6*
Aufmacher und ‚meist kommentiert'	7*	4,2*	-	-
‚meist gelesen' und ‚meist verschickt'	5*	3,0*	8	4,8
‚meist gelesen' und ‚meist kommentiert'	5*	2,0*	-	-
‚meist verschickt' und ‚meist kommentiert'	2*	1,2*	-	-
Gesamt	165	100,0	168	100,0
* Kombinationen werden aufgrund der geringen Fallzahl nicht ausgewertet.				

Quelle: Eigene Darstellung

Auch bei der Untersuchung auf Mittelwertdifferenzen[71] zwischen den einzelnen Kombinationen (s. Tab. 26) finden sich höchst signifikante Unterschiede. Beiträge, die sowohl bei den Aufmachern als auch in der Top-Liste ‚meist gelesen' enthalten waren, wurden an rund 30 Messzeitpunkten codiert (n=15). Die weitaus größte Präsenz (M=60,5) erreichten Beiträge, die so-

---

71   Die Platzierungshäufigkeit der Beiträge ist nicht normalverteilt. Deshalb müssen die Ergebnisse des Mittelwertvergleiches mit Vorsicht betrachtet werden, auch wenn dieser robust auf die Verletzung seiner Voraussetzungen reagiert (Bortz & Schuster, 2010).

wohl unter ‚meist gelesen' als auch unter ‚meist verschickt' angetroffen wurden (n=8).

Tabelle 26: Mittlere Häufigkeiten der Platzierungsmöglichkeiten in der Prozessanalyse

Platzierung	Durchschnittliche Platzierungshäufigkeit; M (SD)	N
nur Aufmacher	5,81 (4,17)[a]	109
nur ‚meist gelesen'	17,06 (10,18)[b]	16
nur ‚meist verschickt'	25,63 (18,92)[c]	19
Aufmacher und ‚meist gelesen'	29,67 (13,83)[c]	15
‚meist gelesen' und ‚meist verschickt'	60,50 (16,88)[d]	8
Gesamt	13,90 (16,57)	167
$F_{(df)}=86,32_{(4, 162)}$, p<.001 / Platzierungshäufigkeit: min=1, max=83		
Mit unterschiedlichen Kennbuchstaben gekennzeichnete Mittelwerte unterscheiden sich laut Post-Hoc-Test Duncan signifikant voneinander.		

Quelle: Eigene Darstellung

6.5 Nachrichtenfaktoren

Die Inhaltsanalyse sollte Aufschluss darüber geben, inwiefern sich die sozial navigierten Medieninhalte bezüglich ihrer inhaltlichen Faktoren voneinander und von den Aufmacherbeiträgen unterscheiden.

FF 6: Wie unterscheiden sich – in Bezug auf inhaltliche Faktoren – die meist sozial navigierten Medieninhalte auf Online-Nachrichtenseiten voneinander? Und: Wie unterscheiden sie sich von den Medieninhalten, die als Aufmacher auf der Startseite fungieren?

Somit soll die Analyse zunächst darauf fokussiert werden, welche Unterschiede in Bezug auf *Nachrichtenfaktoren* zu finden sind, bevor später noch das *Nutzwertpotential* und das *Thema* in Bezug auf ihr unterschiedliches Vorkommen in den verschiedenen Platzierungskategorien näher betrachtet werden. In diesem Zusammenhang werden zunächst die *Nachrichtenfaktoren* in einer umfassenden Analyse betrachtet[72], um eine kürzere Darstellung der Unterschiede bei dem *Nutzwertpotential* und den *Themen* zu vollziehen[73].

6.5.1 Datenaufbereitung

Vor der Analyse der Nachrichtenfaktoren mussten zunächst einige latente Variablen rekonstruiert werden, und zwar die Nachrichtenfaktoren *Kontinuität, Status, Geografische Nähe, Nähe (kulturell, politisch, wirtschaftlich)*.

Bei der Prozessanalyse wurde der Nachrichtenfaktor *Kontinuität* auf Basis der *Meso-Themen*-Codierung konstruiert.[74] Bei der Breitenanalyse wurde der Nachrichtenfaktor *Kontinuität* immer dann vergeben, wenn der Beitragsinhalt mit einem der zuvor definierten *Meso-Themen* in Bezug stand. Die *Meso-Themen* der Breitenanalyse wurden anhand der großen aktuellen Beiträge der Print-Ausgabe von *Spiegel* zum Erhebungszeitpunkt identifiziert.

Die Nachrichtenfaktoren *Geografische Nähe, Status* und *Nähe (kulturell, politisch, wirtschaftlich)* wurden über die Kategorien *Ereignisland* und *Herkunft der Akteure* in Orientierung an Fretwurst (2008) gebildet. So wurden die Länder bezüglich der unterschiedlichen Nähebeschreibungen zu Deutschland *(geografisch, kulturell, politisch, wirtschaftlich)* in Stufen von 1 bis 4 eingeteilt. Deutschland selbst wurde immer als höchste Ausprägung (5) gesetzt. Schließlich wurde der Wert über die zwei Kategorien *(Ereignisland, Herkunft der Akteure)* für jede Nähebeschreibung gemittelt.

Die Einteilung in Stufen bezüglich der *geografischen Nähe* geschah anhand der Einordnung in an Deutschland angrenzende Länder (4), sonstige europäische Länder (3), Länder in der Nähe Europas (2) und restliche Länder (1). Die *wirtschaftliche Nähe* wurde über das Außenhandelsvolumen (in Milliarden Euro) mit Werten des Statistischen Bundesamts von 2010 ermittelt: Dementsprechend erhielten Länder mit einem Außenhandelsvolumen von 0 bis 5 Milliarden Euro mit Deutschland eine (1), Länder von 5,1 bis 15 Mil-

---

72 Obwohl in der Theorie auf das Finalmodell der Nachrichtenfaktoren nach Staab (1990) Bezug genommen wird, folgt die Auswertung dem Kausalmodell (s. Kap. 4.1.5.3), da ersteres nicht mit einer Inhaltsanalyse ausgewertet werden kann.

73 In der Analyse werden die Kategorien Tickerbezug und Hauptkomponente des Beitrages aufgrund ihrer geringen Varianz nicht ausgewertet. Auch die Kategorie Anzahl der Kommentare wird aufgrund der methodischen Herangehensweise nicht mit in die Analyse eingeschlossen (s. Kap. 6.8). Die Kategorie Änderung des Beitrages, welche exklusiv in der Prozessanalyse codiert wurde, wird ebenfalls nicht zur Beantwortung der Forschungsfrage herangezogen, da sie lediglich eine Hilfskategorie für den Codierprozess darstellte.

74 Dies mag in der Hinsicht kritisch erscheinen, als mit einer beginnenden Berichterstattung über ein Ereignis der erste Beitrag noch keine kontinuierliche Berichterstattung leistet. Allerdings war es durch die Art der Erhebung nicht möglich, diese Beiträge von den anderen zu differenzieren.

liarden Euro eine (2), solche von 15,1 bis 40 Milliarden Euro eine (3), und über 40 Milliarden Euro wurde eine (4) verteilt. Die Einteilung in Stufen für die Nachrichtenfaktoren *kulturelle Nähe* und *politische Nähe* lässt sich nicht durch eine simple Zuordnung erklären; hier wurde der für jedes Land speziell ermittelte Wert aus der Vorläuferstudie übernommen.[75] Da die Nachrichtenfaktoren *kulturelle Nähe*, *politische Nähe* und *wirtschaftliche Nähe* untereinander hochgradig korrelierten, wurden sie in die Analyse als ein Nachrichtenfaktor aufgenommen. Der *Status* eines Landes wurde durch seine internationale Macht bestimmt. Dabei erhielt die USA als einzige Supermacht den Wert (6). Alle Länder des Sicherheitsrates der Vereinten Nationen erhielten den Wert (5). Die übrigen Länder wurden entsprechend in Relation den Werten (1) bis (4) zugeordnet.

Für die Analyse mussten die Nachrichtenfaktoren teilweise unabhängig von ihren Intensitäten betrachtet werden. Hierfür wurden die Nachrichtenfaktoren dummy-codiert, indem die kleinste Intensität als 1 (,Nachrichtenfaktor vorhanden') umcodiert wurde. Bei den Nachrichtenfaktoren zur Nähe und zum Status wurde die kleinste Ausprägung (,1 = geringste Nähe/geringster Status') als Nicht-Vorhandensein des Nachrichtenfaktors interpretiert.

6.5.2 Nachrichtenfaktoren: Häufigkeiten

In der Stichprobe der Prozessanalyse kamen insgesamt die Nachrichtenfaktoren *Visualisierung, Personalisierung, Reichweite, Länderbezug, Aktualität, Nähe (kulturell, politisch, wirtschaftlich), Status* und *Ereignistyp* (unter Nicht-Beachtung der Intensität der einzelnen Nachrichtenfaktoren) sehr häufig vor, d.h. jeweils in mindestens 80 Prozent der Beiträge. Bei der künstlichen Woche galt dies auch für die Nachrichtenfaktoren *Visualisierung, Personalisierung, Reichweite, Länderbezug* und *Aktualität* sowie *Geografische Nähe*.[76] Relativ selten (also in höchstens 20 Prozent der Beiträge) waren die Nachrichtenfaktoren *Kriminalität, Tragik, Tiere, Kuriositäten, Superlative, Überraschung, Bildtechnik, Freude, Trauer, Furcht, Humor* und *Sexualität* in der Breitenanalyse vertreten. Bei der Prozesswoche kam hier noch der Nachrichtenfaktor *Ärger* hinzu.[77]

---

75 Ein herzlicher Dank an dieser Stelle gilt Herrn Dr. Benjamin Fretwurst, der unserer Forschungsgruppe seine Syntax zur Zuordnung der Länder zu den Nähedimensionen als Orientierungshilfe überlassen hat.

76 Unterschiede der Häufigkeit der Nachrichtenfaktoren in den zwei Stichproben sind möglicherweise auf die unterschiedliche thematische Situation zurückzuführen.

77 Zur Übersicht der Nachrichtenfaktoren insgesamt und ihrer Verteilung inklusive der Intensität s. Tab. A-1 u. A-2 im Online-Anhang D2.

Vernachlässigt man die Intensität der Nachrichtenfaktoren, ergeben sich einige signifikante Unterschiede zwischen den Platzierungskategorien.[78] So polarisierten in beiden Stichproben vor allem die Nachrichtenfaktoren, die eher der Unterhaltung[79] zuzusprechen sind (*Tiere, Kuriositäten, Humor*), solche, die eine Zeitdimension abbilden (*Ereignistyp, Kontinuität, Aktualität*) – sowie Nachrichtenfaktoren, die sich eher auf Personen beziehen (*Reichweite, Kontroverse, Prominenz, Einfluss*) und der Nachrichtenfaktor *Länderbezug*. Tendenziell weisen Beiträge, die als Aufmacher platziert wurden, im Verhältnis sehr häufig die Nachrichtenfaktoren mit Personen- und Zeitbezug auf, im Gegensatz zu Beiträgen aus der ‚meist verschickt'-Liste. Diese trugen dafür relativ stärker Unterhaltungsmerkmale, die bei den Aufmacherbeiträgen nur marginal auftraten. Die Beiträge aus der Platzierungskategorie ‚meist gelesen' nahmen hier eine Zwischenposition zwischen ‚meist verschickt'- und Aufmacherbeiträgen ein, was aufgrund ihrer wiederholten Kombination mit diesen nicht verwundert. So waren unter den ‚meist gelesen'-Beiträgen sowohl Unterhaltungsfaktoren als auch Nachrichtenfaktoren relevant, die auf die aktuelle Berichterstattung zurückzuführen sind (wie etwa *Aktualität*).

Die Beiträge, die die Breitenanalyse der ‚meist kommentiert'-Liste erbrachte, enthielten das höchste Aufkommen der Nachrichtenfaktoren *Kontroverse* sowie *Geografische Nähe*. Außerdem kamen verhältnismäßig oft die Nachrichtenfaktoren *Reichweite, Länderbezug, Nähe (kulturell, politisch, wirtschaftlich)* und *Status* vor. Faktoren, die eher der Unterhaltungsdimension zugesprochen werden können (z.B. *Tiere, Kuriositäten* und *Humor*) traten bei den ‚meist kommentiert'-Beiträgen nicht auf.

6.5.3 Intensitäten der Nachrichtenfaktoren in der Prozesswoche

Bezieht man nun die Intensitäten der Nachrichtenfaktoren mit in die Betrachtung ein, ergibt sich ein ähnliches Bild (s. Tab. 27)[80]: Aufmacher-

---

78   Im Folgenden werden Beiträge aus den Kombinationskategorien aufgrund ihrer geringen Fallzahl aus der Analyse ausgeschlossen. Somit reduziert sich die Fallzahl der Beiträge aus der Prozesswoche auf 144 und aus der Breitenanalyse auf 142.

79   Die Einteilung der Nachrichtenfaktoren zu Überbegriffen (wie ‚Nachrichtenfaktoren der Unterhaltung' oder ‚der Zeit') erfolgt hier rein heuristisch, und nicht durch eine empirische Beweisführung oder eine theoretische Herleitung; sie soll nur der besseren Strukturierung und Übersicht dienen.

80   Im Folgenden werden nur Tendenzen der Analyse beschrieben; zur genauen Betrachtung der Mittelwerte der Nachrichtenfaktoren-Intensitätsstufen siehe die Tabellen A-1 und A-2 im Online-Anhang D2. Wir weisen darauf hin, dass die Intensitätsstufen der Nachrichtenfaktoren kein metrisches Datenniveau und keine Normalverteilung aufweisen.Trotzdem wird die Analyse der Mittelwerte der Intensitäten vorgenommen, wie dies meist in der Nachrichtenfaktorenforschung gehandhabt wird (vgl. beispielsweise Maier et al, 2010; Fretwurst, 2008; Eilders, 1997; Schulz, 1990; Staab, 1990).

beiträge erzielten einen signifikant höheren Mittelwert bei den Nachrichtenfaktoren, die zeitliche Komponenten betreffen (*Aktualität, Ereignistyp, Kontinuität*), sowie bei den personalen Nachrichtenfaktoren (*Prominenz, Kontroverse, Reichweite, Einfluss*) und beim Nachrichtenfaktor *Länderbezug*. Eine geringere mittlere Intensitätsstufe trat bei den unterhaltungsbezogenen Faktoren (*Tiere, Kuriositäten, Humor, Sexualität*), bei den bildbezogenen Faktoren (*Bildtechnik, Visualisierung*) und dem Nachrichtenfaktor *Glück* auf.

Beiträge der ‚meist verschickt'-Liste beinhalteten höhere mittlere Intensitäten der Nachrichtenfaktoren *Glück* und *Tiere* und geringere mittlere Intensitäten bei Nachrichtenfaktoren der Zeit (*Aktualität, Ereignistyp, Kontinuität*) und der Person (*Prominenz, Kontroverse, Reichweite, Einfluss*). Damit zeigt sich hier eine Komplementarität der Nachrichtenfaktoren zwischen ‚meist verschickt'- und Aufmacherbeiträgen. Dass der Nachrichtenfaktor *Kuriosität* bei den ‚meist verschickt'-Beiträgen signifikant geringer ausgeprägt war, widerspricht diesem Muster, kann aber auch von der zum Analysezeitpunkt herrschenden Themensituation beeinflusst gewesen sein.

Tabelle 27: Nachrichtenfaktoren mit signifikant unterschiedlichen Intensitäten in den Platzierungskategorien (Prozess)

	Aufmacherbeiträge	‚Meist gelesen'-Beiträge	‚Meist verschickt'-Beiträge
Signifikant höhere Intensitäten (p<.05)	Aktualität Ereignistyp Kontinuität Prominenz Kontroverse Reichweite Einfluss Länderbezug	Aktualität Kuriositäten Humor Sexualität Bildtechnik Visualisierung	Tiere Glück
Signifikant niedrigere Intensitäten (p<.05)	Tiere Kuriositäten Humor Sexualität Bildtechnik Visualisierung Glück	Ereignistyp Kontinuität Prominenz Reichweite Einfluss Länderbezug	Aktualität Ereignistyp Kontinuität Prominenz Kontroverse Reichweite Einfluss Kuriositäten

Quelle: Eigene Darstellung

Beiträge aus der ‚meist gelesen'-Liste ähneln in ihrer Faktorenstruktur eher den ‚meist verschickt'-Beiträgen: Sie hatten eine höhere durchschnittliche Intensität bei unterhaltungsbezogenen Nachrichtenfaktoren (*Kuriositäten, Humor, Sexualität*); zudem zeichnete sie im Verhältnis eine besonders hohe

Ausprägung der bildbezogenen Nachrichtenfaktoren (*Bildtechnik, Visualisierung*) aus. Allerdings kam genauso der Nachrichtenfaktor *Aktualität* zum Zuge, der auch bei den Aufmacherbeiträgen besonders hoch ausgeprägt war.

6.5.4 Intensitäten der Nachrichtenfaktoren in der Breitenanalyse

Für die Nachrichtenfaktoren während der künstlichen Woche ergaben sich zwar ähnliche Tendenzen wie in der Prozessanalyse, allerdings kam es (vermutlich aufgrund der unterschiedlichen Themenhintergründe) auch zu teilweise unterschiedlichen Ergebnissen (s. Tab. 28).[81]

Tabelle 28: Nachrichtenfaktoren mit signifikant unterschiedlichen Intensitäten in den Platzierungskategorien (künstliche Woche)

	Aufmacher-beiträge	‚Meist Gelesen‘-Beiträge	‚Meist Verschickt‘-Beiträge	‚Meist kommentiert‘-Beiträge
Signifikant höhere Intensitäten (p<.05)	Aktualität Ereignistyp Kontinuität Prominenz Kontroverse Reichweite Einfluss Aggression Ärger Schaden	Aktualität Ereignistyp Kontinuität Prominenz Kontroverse Einfluss Aggression	Nähe (kult., polit., wirt.) Status Tiere Kuriositäten Humor	Aktualität Ereignistyp Kontinuität Kontroverse Einfluss Geografische Nähe Status Nähe (kult., polit. wirt.)
Signifikant niedrigere Intensitäten (p<.05)	Nähe (kult., polit., wirt.) Status Geografische Nähe Tiere Kuriositäten Humor	Tiere Humor	Aktualität Ereignistyp Kontinuität Prominenz Kontroverse Reichweite Einfluss Aggression Ärger Schaden	Aggression Tiere Kuriositäten Humor

Quelle: Eigene Darstellung

---

81   Erneut werden hier nur Tendenzen aufgewiesen. Für eine genauere Betrachtung sind die Tabellen im Online-Anhang D2 zu finden.

So waren bei den Aufmacherbeiträgen zwar auch die zeitbezogenen und personalisierten Nachrichtenfaktoren im Verhältnis hoch ausgeprägt, der *Länderstatus* besaß jedoch keine besondere Relevanz. Dafür waren einige Nachrichtenfaktoren, die Negativität ausdrücken (*Aggression, Ärger, Schaden*), verhältnismäßig hoch ausgeprägt, was sich durch die Ereignislage während der Breitenanalyse (Aufstände in der arabischen Welt) erklären lässt. Im Verhältnis eher geringer ausgeprägt waren wieder sowohl die Nachrichtenfaktoren zur Unterhaltung (*Tiere, Kuriositäten, Humor*) als auch solche, die sich auf das Verhältnis zwischen Deutschland und dem Berichterstattungsland beziehen (*Nähe, Geografische Nähe, Status*).

Auch die Beiträge der ‚meist verschickt'-Liste aus der Breitenanalyse ähnelten in ihrer Intensitätsausprägung denen, die in der Prozesswoche erhoben wurden. Hinzu kamen in dieser Stichprobe erneut die Nachrichtenfaktoren, die eher der Negativität zuzuschreiben sind (*Aggression, Ärger, Schaden*) und in den Beiträgen der ‚meist kommentiert'-Liste unterrepräseniert waren. Ansonsten ähneln deren Befunde den Nachrichtenfaktoren der Aufmacherbeiträge, mit Betonung von zeitbezogenen (*Aktualität, Ereignistyp, Kontinuität*) und personenbezogenen (*Kontroverse, Einfluss*) Faktoren – sowie Faktoren, die sich auf das Verhältnis zwischen Deutschland und dem Berichterstattungsland beziehen (*Geografische Nähe, Status, Nähe)*. Die Beiträge der ‚meist gelesen'-Liste unterschieden sich in ihrer Intensitätsausprägung jedoch grundlegend von denen, die während der Prozesswoche erhoben wurden. So waren hier sämtliche zeitbezogenen Nachrichtenfaktoren (*Aktualität, Ereignistyp, Kontinuität*) sehr hoch ausgeprägt, ebenso wie die zur Person (*Prominenz, Kontroverse, Einfluss*), die in der Stichprobe zur Prozessanalyse beide in verhältnismäßig geringer Intensität auftraten. Im Verhältnis eher geringere Intensitäten wiesen die Nachrichtenfaktoren der Unterhaltung (*Tiere, Humor*) auf, die in der Prozesswoche noch durch hohe Intensitäten aufgefallen waren. Dies ist sicherlich auf die zuvor angesprochene, unterschiedliche Nachrichtenlage zurückzuführen, da die Breitenanalyse Anfang 2011 auf dem Höhepunkt medialer Großereignisse wie dem Libyen-Konflikt, der Guttenberg-Affäre und dem Erdbeben und Tsunami in Japan (sowie dem darauffolgenden Reaktorunglück in Fukushima) erfolgte. Die Prozessanalyse-Woche hingegen war diesen Ereignissen nachgelagert und ließ eher Raum für Nebensächliches wie humoristische Beiträge und Tiergeschichten.

6.5.5 Nachrichtenfaktoren in beiden Erhebungen

Im Vergleich der beiden Stichproben ergaben sich gemeinsame Tendenzen (Überschneidungen), die mutmaßlich wenig von der thematischen Situation oder durch die unterschiedlichen Selektionsentscheidungen auf den verschiedenen Online-Nachrichtenseiten beeinflusst wurden (s. Tab. 29).[82] Als strukturelles Muster war erkennbar, dass sich die Aufmacherbeiträge durch eine hohe Intensitätsausprägung der zeitbezogenen und personenbezogenen Nachrichtenfaktoren auszeichneten, während unterhaltungsbezogene Nachrichtenfaktoren schwächer ausgeprägt waren. Die ‚meist verschickt'-Beiträge hingegen wiesen eine umgekehrte Logik auf: zeitbezogene und personenbezogene Faktoren wiesen geringere Intensitäten auf, der Nachrichtenfaktor *Tiere* war jedoch auffällig vertreten. Bei den Beiträgen der ‚meist gelesen'-Liste lässt sich lediglich festhalten, dass der Nachrichtenfaktor *Aktualität* in beiden Stichproben besonders hoch ausgeprägt war (s. Tab. 29).

Tabelle 29: Übereinstimmende Muster der Nachrichtenfaktoren (Intensitäten) nach Platzierungskategorien (beide Stichproben)

	Aufmacherbeiträge	‚Meist gelesen'-Beiträge	‚Meist verschickt'-Beiträge
In beiden Stichproben signifikant höhere Nachrichtenwerte (p<.05)	Aktualität Ereignistyp Kontinuität Prominenz Kontroverse Reichweite Einfluss	Aktualität	Tiere
In beiden Stichproben signifikant niedrigere Nachrichtenwerte (p<.05)	Tiere Kuriositäten Humor		Aktualität Ereignistyp Kontinuität Prominenz Kontroverse Reichweite Einfluss

Quelle: Eigene Darstellung

6.5.6 Nachrichtenfaktoren und Platzierungshäufigkeit

Die Nachrichtenwertforschung setzt die Nachrichtenfaktoren in der Regel in Zusammenhang mit dem *Beachtungsgradindex* eines Beitrags. Dieser wird üblicherweise aus einer Kombination von Merkmalen journalistischer Relevanzzuschreibung (z.B. Aufmachung, Platzierung, Beitragslänge, Verweise) eines Beitrages gebildet. Ziel ist es zu analysieren, inwiefern die Nachrich-

---

82   Da bei der Prozesswoche jedoch die Top-Liste zu den ‚meist kommentierten' Beiträgen nicht erhoben wurde, kann der Überblick lediglich für die Platzierungskategorien Aufmacher, ‚meist gelesen' sowie ‚meist verschickt' erfolgen.

tenfaktoren als unabhängige Variablen in der Lage sind, den Beachtungsgrad der Journalisten als abhängige Variable zu erklären. Bei diesem Verfahren ist der *Beachtungsgradindex* eine aus der Berichterstattung empirisch abgeleitete Operationalisierung des Nachrichtenwertes, da den verschiedenen Ausprägungen der Nachrichtenfaktoren unterstellt wird, dass sie beispielsweise die Aufmachung und Beitragslänge positiv beeinflussen (Maier et al., 2010).

In der Stichprobe der Prozessanalyse[83] hatte eine solche Herangehensweise allerdings weniger Sinn, weil im Internet einerseits die Publikationsmöglichkeiten nicht derart beschränkt sind wie bei Printmedien. Auch sind im Online-Nachrichtenbereich die Visualisierung und die Hyperverlinkung (und damit die Verweisstruktur) üblich. Daher verlieren diese Eigenschaften als Merkmale journalistischer Relevanzeinschätzung ihre Bedeutung. Außerdem ist in unserem speziellen Fall die Anlage der Studie derart ausgestaltet, dass lediglich Daten für die ersten drei Beiträge (also die bestplatzierten) der Listen und der Aufmacher erhoben wurden. Es ist also davon auszugehen, dass alle Beiträge in unserer Stichprobe einen hohen Nachrichtenwert aufweisen.

Daher musste in dieser Studie ein ‚alternativer' *Beachtungsgradindex* erstellt werden, der sich nicht auf eine *einmalige* Veröffentlichung bezieht, sondern auf die Häufigkeit der Platzierungen über *alle* (oder nur über bestimmte) Platzierungskategorien, die jedoch nicht an der Rangfolge der Platzierung gemessen wird.[84] Wird dieser ‚alternative' *Beachtungsgradindex* (BI) sowohl für alle Beiträge als auch für die spezifischen Platzierungskategorien mit den Nachrichtenfaktoren in ihren Intensitätsausprägungen korreliert[85], lassen sich eine Reihe signifikanter Ergebnisse dokumentieren (s. Tab. 30). Es geht bei der nachfolgenden Betrachtung also nicht nur darum, ob ein Beitrag vielleicht aufgrund des Vorhandenseins oder der hohen Ausprägung von bestimmten Nachrichtenfaktoren überhaupt in einer Platzierungskategorie aufscheint[86], sondern wie oft dies geschah.

---

83   Da die Platzierungshäufigkeit alleinig in der Prozessanalyse erhoben wurde, wird in der folgenden Analyse nur noch mit deren Daten gearbeitet.

84   Der ‚alternative' Beachtungsgradindex besteht aus der bloßen Anzahl der Platzierungen – entweder über alle Platzierungskategorien hinweg, ob zeitgleich oder zeitversetzt, ob in der gleichen Platzierungskategorie oder in verschiedenen (allgemeiner Beachtungsgradindex); oder nur für bestimmte Platzierungskategorien (Beachtungsgradindex für Aufmacherbeiträge; Beachtungsgradindex für ‚meist gelesen'-Beiträge; Beachtungsgradindex für ‚meist verschickt'-Beiträge).

85   Die Korrelationen wurden mit dem Rangkorrelationskoeffizient (Spearmans Rho, r_s) erstellt.

86   Rein statistisch sind zwar gerichtete Kausalzusammenhänge aufgrund von Kreuztabellen, Häufigkeitsauszählungen und Korrelationen nicht zu substantiieren; die theoretischen Überlegungen der Nachrichtenfaktorentheorie gehen allerdings von diesem Zusammenhang aus (Maier et al., 2010; Eilders, 1997; Schulz, 1990).

Es lassen sich zumindest geringe positive Korrelationen zwischen dem *Beachtungsgradindex* innerhalb der Aufmacherbeiträge mit den zeitbezogenen Nachrichtenfaktoren (*Aktualität, Ereignistyp, Kontinuität*) und dem Nachrichtenfaktor *Einfluss* finden; noch geringere positive Zusammenhänge betrafen die personalisierten Nachrichtenfaktoren *Prominenz, Reichweite, Personalisierung*); und niedrige negative Zusammenhänge mit den Nachrichtenfaktoren der Unterhaltung (*Tiere, Kuriositäten, Superlative, Humor*) sowie mit dem Nachrichtenfaktor *Überraschung*. Der *Beachtungsgradindex* der Beiträge aus den Top-Listen korrelierte tendenziell gering negativ mit den klassischen journalistischen Nachrichtenfaktoren, leicht positiv hingegen mit verschiedenen unterhaltungsbezogenen Faktoren (s. Tab. 30). Diese Befunde können auch multiplen Regressionsanalysen bestätigt, die hier nicht ausführlicher dokumentiert werden können.[87]

Tabelle 30: Signifikante Korrelationen der verschiedenen Platzierungskategorien mit den jeweiligen ‚alternativen' Beachtungsgradindizes[88]

	BI Aufmacher	BI ‚Meist gelesen'	BI ‚Meist verschickt'	BI Gesamt
Signifikant positive Korrelationen (p<.05)	Aktualität* Ereignistyp* Kontinuität* Prominenz Reichweite Einfluss* Personalisierung	Kuriositäten* Sexualität Humor Visualisierung	Tiere Humor	Kuriositäten Visualisierung Freude
Signifikant negative Korrelationen (p<.05)	Tiere Kuriositäten Superlative Humor Überraschung	Prominenz Reichweite Kontroverse Einfluss*	Aktualität* Ereignistyp* Kontinuität* Prominenz* Einfluss* Reichweite Schaden	Prominenz Einfluss* Reichweite Kontroverse Trauer
* Zusammenhänge von gerundetem r_s>.30				

Quelle: Eigene Darstellung

Allgemein zeigt sich zusätzlich ein höchst signifikanten Unterschied zwischen den verschiedenen Platzierungsmöglichkeiten bezüglich der Anzahl der Nachrichtenfaktoren ($F=10.91(4, 162)$; $p<.001$; $n=167$). So beinhalteten reine Aufmacherbeiträge die meisten Nachrichtenfaktoren (M=14; SD=1,7),

---

87   Die Regressionstabellen sind in Online-Anhang D3 dargestellt.
88   Auch hier werden die signifikanten Korrelationen nur in einer Übersicht dargestellt; für die Koeffizienten im Detail s. Tab. A-3 im Online-Anhang D2.

gefolgt von den ‚meist gelesen'-Beiträgen (M=13; SD=4), während die Beiträge aus der ‚meist verschickt'-Liste nur durchschnittlich 10 Nachrichtenfaktoren aufwiesen (SD=3).

Wird darauffolgend analysiert, inwiefern die bloße Anzahl der in einem Beitrag aufkommenden Nachrichtenfaktoren mit der allgemeinen Platzierungshäufigkeit zusammenhängt, ergibt sich ein sehr erstaunliches Ergebnis. So fand sich ein höchst signifikanter, aber gering negativer Zusammenhang zwischen beiden Variablen (r=-.30; p<.01; n=168). Je mehr Nachrichtenfaktoren ein Beitrag also beinhaltete, desto weniger häufig wurde dieser platziert. Dieser nach der Nachrichtenwerttheorie eher verwunderliche Zusammenhang hat dabei mehrere mögliche Gründe. Zum einen wurde entgegen der klassischen Nachrichtenwerttheorie der *Beachtungsgradindex* für einen Zeitverlauf ermittelt. Dieses Vorgehen könnte mehr oder weniger zu einer ‚Entkontextualisierung' der Nachrichtenwerttheorie geführt haben, da nicht mehr die einmalige Selektionsentscheidung inklusive der Relevanzzuschreibung durch formale Merkmale, wie in der klassischen Nachrichtenwertforschung angewandt, als zu erklärende Variable analysiert wird, sondern eben die Häufigkeit der Platzierung. Dabei ist das Ergebnis der Korrelationsanalyse logisch aus den vorhergegangenen Analysen zu erklären. Da gezeigt wurde, dass gerade die Aufmacherbeiträge, die im Verhältnis mit insgesamt recht vielen Nachrichtenfaktoren positiv im Zusammenhang stehen, eher weniger häufig platziert wurden und dabei die sozial navigierten Beiträge, die insgesamt mit einigen Nachrichtenfaktoren negativ korrelierten, im Verhältnis sehr viel öfter platziert wurden, lässt sich hieraus der negative Zusammenhang zwischen der Anzahl der Nachrichtenfaktoren und der Häufigkeit der Platzierung insgesamt herleiten.

Da viele Nachrichtenfaktoren Komponenten beinhalten, die mit der Aktualität einer Nachricht in Verbindung stehen, ist dies ganz einfach interpretierbar: Eine Nachricht wäre nämlich nicht mehr aktuell, wenn sie sich seit drei Tagen auf der Startseite befindet und somit verlieren manche Nachrichtenfaktoren nach einiger Zeit wieder an Gewicht, sodass der Beitrag aus den auf der Startseite von den Journalisten platzierten Artikeln verschwindet. In den Hitlisten hingegen taucht der Beitrag möglicherweise weiterhin auf, wenn einige wenige, aber möglicherweise sehr stark ausgeprägte Nachrichtenfaktoren vorhanden sind, die zu SN anregen.

Um diese Analysen zu vertiefen, wurden die Nachrichtenfaktoren aufgeteilt in solche, die eher informierenden Charakter besitzen und Nachrichtenfaktoren mit eher unterhaltender Orientierung.[89] Dabei zeigte sich ein mo-

---

89 Die Einteilung in die beiden Kategorien erfolgte nicht explizit theoriegeleitet, orientiert sich allerdings weitestgehend an den Einschätzungen von Fretwurst (2008), Höfner (2003), Eilders (1997) und Emmerich (1984). Dabei wurden zu den eher informierenden Nachrichtenfaktoren Aktualität, Altthema, Ereignistyp, Länderbezug, Geografische Nä-

derater, gleichwohl hoch signifikanter positiver Zusammenhang zwischen der Anzahl informierender Nachrichtenfaktoren und der Platzierungshäufigkeit der Aufmacherbeiträge (r=.34; p<.01; n=168). Bei den sozial navigierten Beiträgen in der ‚meist gelesen'- und der ‚meist verschickt'-Liste war dieser Zusammenhang genau anders herum gerichtet (gelesen: r=-.23; p<.01; n=168; verschickt: r=-.35; p<.01; n=168): Je mehr informierende Nachrichtenfaktoren also ein Beitrag enthielt, desto seltener wurde er in den Listen ‚meist gelesen' und ‚meist verschickt' platziert. Dies deutet darauf hin, dass Journalisten mehr wichtige politische Beiträge mit informierendem Charakter platzieren, als diese dann von den Nutzern in SN-Aktionen berücksichtigt werden, was beispielsweise die Untersuchungen von Boczkowski & Peer (2011) sowie Lee (2011) für die USA und Boczkowski et al. (2011) für Westeuropa und Lateinamerika nahelegen. Bei den eher unterhaltenden Nachrichtenfaktoren war kein systematischer Zusammenhang festzustellen.

6.6 Nutzwertpotential

Neben den *Nachrichtenfaktoren* als inhaltlichen Unterscheidungsmerkmalen der Beiträge wurde auch deren *Nutzwertpotential* (als serviceorientiertes Pendant) untersucht. Das *Nutzwertpotential* wurde als additiver Index aus den Teildimensionen *Anleitung, Problemlösung, Warnung, unmittelbare Orientierung für das praktische Leben* und *andere Ratgebungen* gebildet. Die ursprünglich dazugehörige Kategorie *weiterführender Hinweis* wurde aufgrund von methodischen Problemen ausgeschlossen (s. Kap. 6.8).

Innerhalb der Stichprobe der Prozessanalyse kam das *Nutzwertpotential* gerade bei den sozial navigierten Beiträgen deutlich häufiger vor. Unter den Beiträgen aus der ‚meist verschickt'-Liste beinhalteten sogar 25 Prozent zumindest eine leichte Ausprägung des *Nutzwertpotentials* (Aufmacherbeiträge: 1 Prozent; ‚meist gelesen'-Liste: 13 Prozent). Bei der Stichprobe der Breitenanalyse war unter den ‚meist verschickt'-Beiträgen schließlich knapp ein Drittel aufzufinden, welches das inhaltliche Merkmal des *Nutzwertpotentials* aufwies (31 Prozent). Unter den dort untersuchten Beiträgen der ‚meist kommentiert'-Liste konnte das *Nutzwertpotential* gar nicht aufgefunden werden, und auch nur 4 Prozent der ‚meist gelesen'-Beiträge waren mit diesem Merkmal versehen. Dafür besaßen 12 Prozent der Aufmacherbeiträge in der Breitenanalyse ein *Nutzwertpotential*.

---

he, Nähe (kulturell, politisch, wirtschaftlich), Status, Reichweite, Kontroverse, Aggression, Kriminalität, Nutzen, Schaden und Einfluss gezählt. Als eher unterhaltende Nachrichtenfaktoren wurden Glück, Tragik, Prominenz, Personalisierung, Tiere, Kuriositäten, Superlative, Sexualität, Überraschung, Visualisierung, Bildtechnik, Freude, Trauer, Ärger, Furcht und Humor in die Analyse einbezogen.

Höchst signifikant war jedoch in beiden Stichproben der Unterschied der jeweiligen Intensitätsausprägungsmittelwerte des *Nutzwertpotentials* zwischen den Beiträgen der ‚meist verschickt'-Liste und den anderen erhobenen Beiträgen (Prozessanalyse: $F(2, 141)=19{,}47$; $p<.001$; $n=144$; Breitenanalyse: $F(3, 138)=8{,}21$; $p<.001$; $n=142$). Die Intensitätsausprägung des *Nutzwertpotentials* war also bei den ‚meist verschickt'-Beiträgen deutlich höher als bei den anderen erhobenen Beiträgen. Auch bei Betrachtung der Platzierungshäufigkeit korrelieren die Intensität des Nutzwertpotentials positiv und höchst signifikant mit der Gesamtplatzierungshäufigkeit ($rs=.30$; $p<.001$; $n=168$), insbesondere aber mit der Positionierung innerhalb der ‚meist verschickt'-Liste ($rs=.35$; $p<.001$; $n=168$). Während es bei den ‚meist gelesen'-Beiträgen keinen Zusammenhang gab, korrelierte das *Nutzwertpotential* negativ mit der Platzierungshäufigkeit unter den Aufmachern ($r_s=-.27$; $p<.001$; $n=168$). Je höher also die durchschnittliche Ausprägung der *Nutzwertpotenti*alintensität eines Beitrages ist, desto seltener wird dieser als Aufmacher und desto häufiger in der ‚meist verschickt'-Liste platziert. Aufgrund dieser hohen Korrelationswerte erstaunt nicht, dass das *Nutzwertpotential* auch in einer Regressionsanalyse, die an dieser Stelle nicht vertieft werden kann[90], die erklärte Varianz in des Auftretens in der Platzierungskategorie ‚meist verschickt' um 10 Prozent erhöht, sodass durch das *Nutzwertpotential* und die *Nachrichtenfaktoren* die Platzierungshäufigkeit in der Kategorie zu 34 Prozent aufgeklärt werden konnte. Rezipienten leiteten also hauptsächlich Beiträge weiter, die eine praktische Relevanz für den Lebensalltag aufweisen – und eben nicht der typischen aktuellen Berichterstattung des Qualitätsjournalismus entsprechen, die sich oft um aktuelle Probleme des Zeitgeschehens dreht. Insgesamt belegen die Auswertungen zum *Nutzwertpotential*, dass es auf Seiten der Onliner neben den klassischen *Nachrichtenfaktoren* sicherlich noch weitere inhaltliche Merkmale von Mitteilungen gibt, die die Selektionshandlung und damit die Diffusion von sozial navigierten Medieninhalten beeinflussen.

6.7 Themen der Beiträge

Neben den Ausführungen zu den inhaltlichen Merkmalen der *Nachrichtenfaktoren* und des *Nutzwertpotentials* (s. o.) soll abschließend auch die *thematische Struktur* der Beiträge in den unterschiedlichen Platzierungskategorien betrachtet werden.[91] Hier fällt auf, dass Beiträge, die unter den Aufmachern

---

90 Die Regressionsanalyse befindet sich in Online-Anhang D3.
91 Da, wie schon erwähnt, die Fallzahl der Stichproben eher gering ist, kann die folgende Analyse nicht mit Signifikanztests arbeiten oder bestimmte Grobthemen oder Ressorts für sich betrachten; vielmehr werden lediglich grobe Tendenzen ausgewiesen.

platziert waren, erwartungsgemäß zu einem Großteil Themen oder Ereignisse betreffen, die dem *Ressort* und/oder *Grobthema* Politik zuzuordnen sind. Auch bei den Beiträgen aus der ,meist gelesen'-Liste fanden sich noch viele Beiträge, die sich mit Politik beschäftigten; es wurden jedoch hier auch andere Themenbereiche abgedeckt. Aber gerade bei den ,meist verschickt'-Beiträgen zeigte sich (wie die Nachrichtenfaktoren-Analysen bereits nahelegen) eine grundlegend andere Themenstruktur: Beiträge aus dem Bereich Politik kamen hier kaum vor, dafür wurde ein breites Spektrum von anderen thematischen Bereichen angesprochen, u.a. verhältnismäßig häufig Beiträge aus den *Ressorts* Kultur, Reise oder Gesellschaft.

Nachdem die einzelnen Berichtsanlässe zu *Meso-Themen* (also übergeordneten Themen der Medienberichterstattung mit mindestens drei unterschiedlichen Beiträgen im Untersuchungsmaterial) aggregiert wurden, bestätigt sich, dass Aufmacher-Beiträge hauptsächlich aus den zu der Zeit aktuellen *Meso-Themen* bestanden (s. Tab. 31). Unter den Beiträgen aus der ,meist gelesen'-Liste kamen sie ebenfalls noch vergleichsweise häufig vor, während die ,meist verschickt'-Beiträge solche Themen allerdings nur sehr selten beinhalteten.

Tabelle 31: Meso-Themen und ihre Platzierung in den Rubriken

Prozessanalyse (n=144)				
	Aufmacher	,meist gelesen'	,meist verschickt'	Gesamt
Meso-Thema	Relative Häufigkeit in Prozent			
Wahl in BW und RP	3,7	12,5	5,3	4,9
FDP und Westerwelle nach Wahldebakel	20,2	0	5,3	16,0
Fukushima und Folgen	12,8	18,3	0	11,8
Libyen	19,3	0	0	14,6
Atomausstieg D	11,0	0	0	8,3
Stuttgart 21	4,6	0	0	3,5
Afghanistan und Koranverbrennung	2,8	0	0	2,1
Finanzkrise in Europa	3,7	0	0	2,8
Kein Meso-Thema	22,0	68,8	89,5	36,1
Gesamt	100,0	100,0	100,0	100,0
Cramers-V=.419; p<.001				

Quelle: Eigene Darstellung

6.8 Anregungen zur Methodenentwicklung

Im Rückblick ist zum methodischen Aufbau dieser inhaltsanalytischen Pilot-studie von SN-Elementen auf den Webseiten klassischer Online-Nachrich-tenanbieter zunächst anzumerken, dass die gezogene Stichprobe für weitrei-chende Interpretationen zweifellos zu klein war. Einige Kategorien besaßen deswegen zu geringe Fallzahlen, als dass sie aussagekräftig hätten ausgewer-tet werden können. Außerdem bedingte die starke zeitliche Begrenzung sowohl bei der Breitenanalyse als auch bei der Prozessanalyse nicht zu ver-nachlässigende Gewichtungen innerhalb des untersuchten Themenspekt-rums. Für eine Pilotstudie ist dies sicher nicht ungewöhnlich; der Grund für die im Vergleich zu den Planungen doch kleinere Stichprobe liegt zum einen darin, dass die ursprünglich geplanten, zwei künstlichen Wochen in der Breitenanalyse aufgrund einer Änderung in der Angebotsstruktur einer Webseite auf eine Woche komprimiert werden mussten; zum anderen wurde während der Prozesswoche ein höherer Beitragsoutput erwartet.

Nahezu unvermeidlich für die SN-Forschung scheint, dass das Material durch den Forscher beeinflusst wird, weil durch die für die Codierung der Prozesswoche notwendigen Klicks möglicherweise – und dies vor allem in gering frequentierten Nutzungszeiten – die Reihenfolge der sozial navigier-ten Beiträge selbst verändert wurde. Zukünftige Studien könnten hier Wege finden, wie diese Beeinflussung aufgrund von Reaktivität begrenzt oder vollkommen eliminiert werden könnte.

Eine weitere Einschränkung besteht darin, dass die Pilotstudie aus for-schungsökonomischen Gesichtspunkten nur die jeweils ersten drei Beiträge der Startseite und der Top-Listen untersuchen konnte. Somit galt in diesem Fall auch ein Beitrag, der zuvor auf Platz vier platziert war, als ein ,neuer' Beitrag, sobald er unter den drei ersten Beiträgen auftauchte. Andererseits wurde ein Beitrag, der aus der Liste der ersten drei Beiträge herausfiel, später in der Analyse als gar nicht mehr platziert aufgefasst. Dargestellte Ergebnis-se, die beispielsweise die Reihenfolge der Platzierung beschreiben, beziehen sich deswegen ausdrücklich nur auf die jeweils ersten drei Beiträge. In einer größer angelegten Studie wäre es daher (insbesondere bei der Prozessanaly-se) interessant, Beiträge über sämtliche sichtbaren Positionen auf einer On-line-Nachrichtenseite zu verfolgen.

Speziell bei den Ergebnissen aus der Breitenanalyse sollte bedacht wer-den, dass die Codierung lediglich eine Momentaufnahme der Beitragsplatzie-rung darstellte. Die Platzierung der Beiträge hätte daher zu einem anderen Zeitpunkt – beispielsweise fünf Minuten früher oder später – eine andere sein können. Die Aussagekraft dieser Codierungen ist somit deutlich gerin-ger als im Fall der Prozessanalyse, bei der die Platzierung im Zeitverlauf codiert wurde.

Gerade die ‚meist gelesen'-Listen kamen, so der auf den Webseiten vermittelte Eindruck, allein durch ein Aggregat von Klickzahlen zustande. In diesem Fall würden diese Listen nichts über die *Intensität* der Rezeption selbst aussagen: So können hier auch Beiträge erscheinen, die von vielen Usern (etwa aufgrund einer reißerischen Überschrift) lediglich angelesen wurden, bei denen es jedoch schnell zum Abbruch der Rezeption kam. Hier würde die Untersuchung der Dauer, die ein Nutzer mit der Rezeption des Beitrages verbringt, möglicherweise eine bessere Operationalisierung dieser Variablen darstellen; dieser Wert ist den Webseiten aber normalerweiser nicht zu entnehmen.

In der vorliegenden Studie erfolgte die Analyse der Einflüsse von Nachrichtenfaktoren – im Gegensatz zu bisherigen rezipientenorientierten Nachrichtenwertstudien – anhand einer anders operationalisierten abhängigen Variablen: Betrachtet wurde in diesen anders als hier nämlich nicht die Selektion bzw. die Rezeption (hier: die SN-Aktion), sondern die Erinnerung an den Beitrag. Dies war jedoch im Hinblick auf die Fragestellungen der vorliegenden Studie nicht vorgesehen, könnte jedoch erklären, wenn sich die referierten Ergebnisse von denen früherer Studien unterscheiden.

Zu den von uns gezogenen Inferenzschlüssen ist anzumerken, dass bei dieser Inhaltsanalyse aus auf Aggregatebene erhobenen Daten Folgerungen für die Mikroebene formuliert wurden, auf der das Theoriemodell aufgebaut ist. Zukünftig sollten solche, durch Aggregation sichtbar gewordenen Beiträge, nicht die einzige Interpretationsgrundlage für modellierte Individualentscheidungen wie die des Ausführens von SN-Aktionen oder der Rezeption sozial navigierter Inhalte darstellen. Hier wären weitere methodische Zugänge (z.B. experimenteller und/oder beobachtender Natur) ergänzend vorzusehen.

Vor dem Hintergrund dieser methodischen Einschränkungen ergibt sich ein differenziertes Bild bezüglich der klassischen Qualitätskriterien von Inhaltsanalysen, insbesondere was die Validität der Ergebnisse angeht. Die *Analysevalidität* kann ganz grundlegend als gut bezeichnet werden, da die Forschergruppe gemeinsam das Instrument erstellte, selbst codierte und somit eine gemeinsame Basis in Bezug auf die Vorstellungen und Annahmen des theoretischen Modells sowie der empirischen Untersuchung unterstellt werden kann.

Die *Inhaltsvalidität* wurde dadurch abgesichert, dass zahlreiche Kategorien aus existierenden Studien übernommen wurden. Während der Codierung wurde die Kategorie für freie Kommentare insgesamt sehr wenig genutzt, weshalb zunächst davon auszugehen ist, dass die Codebücher alle wichtigen Aspekte umfassten. Allerdings sind jedoch sowohl im Codierprozess als auch bei der Betrachtung der Ergebnisse Überlegungen zur Erweiterung und Verbesserung einiger Kategorien aufgekommen, die im Folgenden ausführlicher dargelegt werden sollen, um künftigen Forschungsvorhaben diese Erfahrungen nicht vorzuenthalten:

- Die *Ressorts* hätten nicht in *Ober- und Unterressorts* unterteilt werden müssen, da für die Auswertung aufgrund der geringen Fallzahlen viele Ausprägungen wieder zusammengelegt werden mussten.
- Die Kategorie *Nutzwertpotential* hätte stärker an die Gegebenheiten des Internets angepasst werden müssen. So wurden jegliche eingebundenen Links als *weiterführende Hinweise* gewertet, was dazu führte, dass letztlich beinahe jeder Beitrag einen Hinweis enthielt. Diese Kategorie müsste daher in Zukunft stärker substantiiert werden – beispielsweise indem eingebundene Links nur dann als Hinweis gewertet werden, wenn sie sich direkt auf das Hauptthema des Beitrages beziehen oder dem Nutzer eine konkrete Hilfestellung bieten.
- Das Potential der Kategorie *Änderung des Beitrages* wurde in dieser Studie nicht erschöpfend genutzt. Laut Auswertung änderten sich 16 Prozent der Beiträge nach ihrer erstmaligen Publikation noch in irgendeiner Form (neue Überschrift, zusätzliche Bilder/Videos, Textergänzungen). Sobald innerhalb eines Beitrages Veränderungen erkennbar waren, wurden die ursprünglichen Beitragscodes verändert; somit konnten jedoch diese Veränderungen im Nachhinein nicht mehr detailliert nachvollzogen werden. Zukünftigen Erhebungen sei angeraten, die veränderten Beiträge neu zu codieren und durch eine zusätzliche Schlüsselkategorie die relative Adressierung der Beiträge zu ermöglichen (Rössler, 2001), um die Muster und die Dynamiken der Änderungen zu erfassen.
- Nicht befriedigend gelöst werden konnte die Codierung der Kommentare zu journalistischen Beiträgen auf den Nachrichtenseiten. Die nur einmalig angewendete Kategorie *Anzahl der Kommentare* war nicht in der Lage, die Dynamiken angemessen zu erfassen, da sich die Zahl in schnellem Rhythmus änderte und mindestens ebenfalls in einem 30-Minuten-Takt aufgenommen hätte werden müssen. Bei der Erhebung dieser Kategorie war ebenfalls problematisch, dass die Anbieter nicht klar erkennen ließen, worauf sich die angezeigten Kommentare tatsächlich bezogen; die gleichen Kommentare erschienen zuweilen unter verschiedenen Beiträgen zu einem Thema, weshalb es vorkam, dass selbst neue Aufmacherbeiträge bereits 600 Kommentare enthielten.
- Auch bei der Top-Liste ‚meist kommentiert' von *Zeit Online* stellten die Kommentare ein Problem dar: Hier war nicht klar erkennbar, nach welchem Algorithmus die Reihenfolge dieser Beiträge festgelegt wurde, da sie nicht immer nach der Anzahl ihrer Kommentare gelistet waren. Somit konnten diese sozial navigierten Beiträge nur eingeschränkt ausgewertet werden. Insgesamt empfehlen sich Voruntersuchungen auf den Online-Nachrichtenseiten, um mögliche beeinflussende Algorithmen zu

identifizieren und bei der methodischen Konzeption berücksichtigen zu können.

- Die Kategorie *Ticker* kann nur als erster Versuch verstanden werden, diese besondere Darstellungsform zu erfassen. Da in der Prozesswoche jedoch keine Ticker codiert wurden, können keine Aussagen über die Brauchbarkeit getroffen werden.

- Es war schon im Verlauf der Erhebung deutlich, dass Instrumente zur Erfassung von SN permanent weiterentwickelt werden müssen, weil die in schneller Folge neu implementierten, interaktiven Angebote mit existierenden Instrumenten oft nicht ausreichend beschrieben werden können. Insbesondere sollte der Codierung visueller Elemente bei der Analyse von SN zukünftig größeres Augenmerk gewidmet werden (vgl. Hoffmann, 2011); ggf. wäre sogar eine Vorstudie zur Aufmerksamkeitsverteilung bei Bilderstrecken und Videos der betreffenden Webseiten durchzuführen.

Aussagen über die *Kriteriumsvalidität* der Pilotstudie sind nur bedingt möglich, da ihre Konzeption von klassischen Nachrichtenwertstudien abweicht. Vergleichbare Tendenzen konnten jedoch für die Aufmacherbeiträge sowie für die ‚meist geklickt'-Beiträge in anderen Studien gefunden werden (Maier et al., 2010). Gerade im Hinblick auf diese bislang nur bedingte Vergleichbarkeit sollten Anschlussstudien klären, inwieweit die im Ergebnisteil aufgezeigten Tendenzen und deren Interpretationen tatsächlich Gültigkeit über diese Pilotanwendung hinaus beanspruchen können. So könnte beispielsweise ein Experiment zeigen, inwiefern die Aufmerksamkeit der Nutzer von Online-Nachrichtenseiten durch die von SN beeinflusste Platzierung der Beiträge bestimmt wird. In weiteren Befragungen wäre zu ermitteln, wie die Nutzer einzelne Bestandteile der sozial navigierten Beiträge (etwa die Nachrichtenfaktoren) tatsächlich einschätzen und bewerten.

6.9 Zwischenfazit

Trotz der eben angeführten, methodischen Kritikpunkte gibt die Piloterhebung erste Aufschlüsse über die Bedeutung von Medieninhalten und darauf bezogenen SN-Informationen im Theoriemodell auf der Mikroebene. Zwar wurden nur Medieninhalte der großen Online-Nachrichtenseiten deutscher Printmedien untersucht, aber hier zeigten sich durchweg klare Unterschiede zwischen Aufmacherbeiträgen und den sozial navigierten Beiträgen. Vor allem differierten die Aufmacherbeiträge und die ‚meist verschickt'-Listen in Bezug auf die Nachrichtenfaktoren; die Beiträge der ‚meist gelesen'-Listen hingegen wiesen eine Kombination der Merkmale der Aufmacherbeiträge und der der ‚meist verschickt'-Beiträge auf. Die ‚meist verschickten' Beiträge

und die Aufmacherbeiträge folgten somit unterschiedlichen Selektionsüber-
legungen – ein Eindruck, der sich aufgrund der Tatsache nochmals verstärkte, dass dieselben Beiträge quasi nie in beiden Rubriken vorzufinden waren.

Das Nutzwertpotential hingegen spielte nur bei den weitergeleiteten Beiträgen eine Rolle, was darauf schließen lässt, dass der in einem Beitrag
enthaltene, praktische Nutzen für den Leser ein wichtiges Kriterium zur
Ausführung der SN-Aktion Weiterleitung darstellte. Die Themen der Aufmacherbeiträge spiegelten – kaum verwunderlich – die aktuelle Ereignislage
wider und waren inhaltlich stärker auf politische Themen fokussiert, wohingegen die Beiträge der ‚meist verschickt'-Liste eher auf Themen wie Kultur,
Gesellschaft und Reise ausgerichtet waren. In einer Studie zu den Inhalten
von *Twitter* finden Neuberger, vom Hofe und Nuernbergk (2010) allerdings
eine andere Tendenz: Auf *Twitter* werden nämlich viele Links gepostet, die
zu informierenden Content führen, weshalb diese Plattform mit ihrem Konzept, das von dem eines sozialen Netzwerks deutlich abweicht, vermutlich
Nutzer anspricht, die sich von den durchschnittlichen Internetnutzern in
ihren SN-Aktivitäten unterscheiden.

In der Konsequenz dominierten zeit- und personenbezogene Nachrichtenfaktoren bei den Aufmacherbeiträgen, während unterhaltungsbezogene
Faktoren für sozial navigierte Beiträge charakteristisch waren. Aufmacher
wechselten häufiger und wurden öfter ausgetauscht, wohingegen die ‚meist
verschickten' Beiträge anscheinend länger in ihrer jeweiligen Liste platziert
blieben. Hier bestätigten sich die bisherigen Tendenzen: Bei den Beiträgen
der ‚meist gelesen'-Listen blieben solche, die von der Nachrichtenfaktoren-
struktur den Aufmachern ähnelten, kürzer sichtbar, und die ‚meist gelesenen' Beiträge, die sich von ihrer Struktur her an die der ‚meist verschickten'
Beiträge anlehnten, verweilten länger in der Liste.

Insgesamt waren bei den Aufmacherbeiträgen wie erwartet durchschnittlich mehr journalistische Nachrichtenfaktoren zu finden als unter den sozial
navigierten Beiträgen, wo eher unterhaltende Nachrichtenfaktoren dominierten. Informationsorientierte Nachrichtenfaktoren übten einen positiven
Einfluss auf die Platzierungshäufigkeit der Aufmacher, aber einen negativen
Einfluss auf die Häufigkeit der Platzierung von ‚meist gelesen'- und ‚meist
verschickt'-Beiträgen aus. Dies bestätigte erneut, dass sich die journalistisch
selektierten Beiträge von den intentional sozial navigierten Beiträgen in
vielerlei Hinsicht unterscheiden.

7. Schlussbetrachtungen

7.1 Erkenntnisinteresse der Studie

Ziel unserer Pilotstudie war es, das Phänomen ‚Social Navigation' (SN) in seinen verschiedenen Facetten zu veranschaulichen. Die theoretischen Überlegungen lassen erwarten, dass SN – u.a. durch niedrigere Schwellen in seiner Ausführung – zukünftig einen steigenden Stellenwert im Internet besitzen wird und auf diese Weise vielleicht die Selektionsmuster von Mediennutzern grundlegend verändern kann. Außerdem wurde verdeutlicht, in welch vielfältigen Ausprägungen SN ausgeführt wird: durch Orientierung am Verhalten Anderer oder das Hinterlassen eigener Spuren, nach denen sich dann weitere Nutzer richten können. Ausgehend von den vier basalen SN-Aktionen des Rezipierens, Bewertens, Weiterleitens und Produzierens lassen sich zwischenzeitlich bereits einige Mischformen identifizieren.

Täglich beteiligen sich Millionen Internetnutzer alleine durch die Rezeption von Medieninhalten an SN, womöglich ohne dass es den meisten bewusst sein wird, dass ihre Nutzungsdaten anschließend durch Algorithmen verarbeitet und aggregiert veröffentlicht werden, um später anderen Nutzern möglicherweise zur Orientierung zu dienen. Dagegen werden Bewertungen, Weiterleitungen und Produktionen gezielt aufgrund eines Beitrages ausgeführt. Weitere Beschreibungsdimensionen wie der Anonymitätsgrad, die Anzahl der Beteiligten oder die Möglichkeit der Transformation runden neben den eigentlichen Anwendungsformen die Voraussetzungen und Bedingungen von SN ab.

Auf Grundlage dieser eher anwendungsbezogenen Aspekte von SN, die das Phänomen SN zunächst nur beobachten und beschreiben und mit Hilfe der geführten Experteninterviews, lässt sich ein kommunikationswissenschaftlicher Theorierahmen für SN abstecken, der auf dem dynamisch-transaktionalen Ansatz (DTA) beruht. Ausgestaltet mit Hilfe des Gatekeeping-Ansatzes, der Nachrichtenwerttheorie sowie dem Konzept der Meinungsführerschaft, lässt er sich in ein theoretisches Modell überführen, das wesentliche Aspekte der SN-Kommunikation auf Mikroebene erfasst. Aufbauend darauf lassen sich Überlegungen anstellen, welche Konsequenzen SN für Kommunikationsprozesse sowohl auf der Meso- als auch auf der Makroebene haben könnte.

In einem zweiten Schritt galt es, zumindest wesentliche Aspekte dieses Modells auf seiner Mikroebene empirisch zu überprüfen. Hierfür wurde in einer Pilotstudie ein Mehrmethodendesign entwickelt und umgesetzt: Leitfadengestützte Interviews mit Internetnutzern bildeten eine Grundlage für die Online-Befragung nach den Mustern und Motiven von SN-Aktionen, die durch die beziehungsbezogenen Einflussfaktoren und verschiedene Randbedingungen ergänzt und von einer zweiteiligen Online-Inhaltsanalyse zu SN-Informationen auf Nachrichtenseiten flankiert wurde.

7.2 Diskussion der Ergebnisse auf Mikroebene

Die Piloterhebungen sollten erste Aufschlüsse geben, wie die theoretischen Überlegungen mit den empirischen Gegebenheiten in Beziehung stehen – ob sich also die theoretisch hergeleiteten Annahmen in der Wirklichkeit bestätigen oder so weit abweichen, dass die konzeptionelle Grundlage einer Revision bedarf.

Eine Zusammenführung beider Teilerhebungen, der Befragung und der Inhaltsanalyse, kann hier nur mit großer Vorsicht erfolgen, da beide Methoden weder den gleichen Zeitraum noch die gleichen Inhalte untersuchten: Während sich die Inhaltsanalyse auf SN im Kontext bestimmter Nachrichtenseiten beschränken musste, wurde die Untersuchung in der Befragung nicht eingegrenzt, weshalb dort auch SN auf sämtlichen anderen Plattformen (und insbesondere auf Social Networking Sites) mit eingeschlossen wurde.

Medieninhaltsbezogene Einflussfaktoren

Die Online-Inhaltsanalyse bestätigte, dass sich die Logik der Nachrichtenwerttheorie eignet, um die *Platzierung* sozial navigierter Inhalte (im Vergleich zur normalen journalistischen Platzierung) zu erklären[92]. Anscheinend spielen *Nachrichtenfaktoren* nicht nur bei der journalistischen Selektion, sondern auch bei der Ausführung der SN-Aktion des Weiterleitens eine nicht von der Hand zu weisende Rolle. Die ‚meist verschickt'-Beiträge zeichneten sich hauptsächlich durch das vermehrte Vorkommen von eher unterhaltenden Faktoren aus, die Aufmacherbeiträge beinhalteten hingegen eher Faktoren, die einen Zeitbezug (*Aktualität, Kontinuität* und *Ereignistyp)* oder Personenbezug (*Kontroverse, Reichweite, Personalisierung)* aufwiesen. Da die Platzierungshäufigkeit der sozial navigierten Beiträge weiterhin positiv mit der Anzahl unterhaltenden Nachrichtenfaktoren zusammenhing, handelte es sich bei diesen Beiträgen im wörtlichen Sinne um ‚Dauerbrenner‘, die sich nicht mit aktueller Politik, sondern beispielsweise mit Wissenswertem oder Kuriosem

---

92   Die Regressionstabellen sind in Online-Anhang D3 dargestellt.

über Reisen oder Tiere beschäftigen. Eben diese Berichte, die nicht dem aktuellen Tagesgeschehen folgen, sind gewissermaßen zeitlos, da beispielsweise ein Beitrag über Affen für Tierfreunde generell interessant ist – und nicht nur gerade dann, wenn im Leipziger Zoo eine seltene Spezies geboren wurde. Vermutlich werden gerade jene Beiträge verschickt, die sich nicht im Mainstream bewegen, weil sie womöglich als unbekannte Informationen angesehen werden, zu deren Verbreitung man beitragen möchte. Außerdem ist gerade die Weiterleitung eine deutlich personalisierte SN-Aktion, da sie meistens spezifisch sowohl auf die inhaltlichen Vorlieben des Weiterleiters als auch auf die des Empfängers abgestimmt ist. Dadurch trägt diese Form von SN zu einer individualisierten Mediennutzung bei und transportiert bzw. verstärkt eben nicht bloß die Hauptthemen der Medienagenda.

Die Unterscheidung in in eher unterhaltende und eher informierende *Nachrichtenfaktoren* war hilfreich, um die jeweiligen *Platzierungshäufigkeiten* zumindest tendenziell zu erklären. Auch die Online-Befragung legte nahe, dass gerade unterhaltende Inhalte am häufigsten bewertet und weiterverschickt werden. Die SN-Aktion der Produktion wurde primär auf aktuelle und politische Nachrichten bezogen, was sich auch mit den Ergebnissen der Online-Inhaltsanalyse für die ‚meist kommentiert'-Liste deckt. Dies könnte als Hinweis darauf gewertet werden, dass aktuelle Nachrichten von Nutzern gerne diskutiert werden und damit tatsächlich ein Meinungsaustausch und ein Beitrag zur Meinungsbildung entstehen kann. Ein ähnliches Ergebnis fanden auch Taddicken und Bund (2010): In ihrer Analyse von Kommentaren auf der Onlinepräsenz von *Zeit Online* zeigte sich, dass hauptsächlich politische Angelegenheiten und internationale Belange diskutiert werden. Weitergeleitet wurden solche Themen hingegen kaum, weil Nutzer eventuell davon ausgingen, dass ihre potentiellen Empfänger entsprechende Beiträge schon kennen und sie deswegen keinen Mehrwert mehr für sie besitzen. Es bestätigt sich, dass die verschiedenen SN-Aktionen für unterschiedliche Zwecke genutzt (und dementsprechend auch unterschiedliche Inhalte behandelt) werden.

Insgesamt sprechen die Ergebnisse der Online-Inhaltsanalyse dafür, dass sich sowohl klassische Journalisten als auch andere Gatekeeper an *Nachrichtenfaktoren* orientieren. Die Journalisten jedoch präferieren andere Faktoren als ein Rezipient für sein eigenes Selektionsverhalten – und diese Präferenzen wiederum unterscheiden sich von jenen, die ein Gatekeeper zugrundelegt, wenn er einen Beitrag an andere Personen weiterleitet.

Die Befunde zur Rolle des *Nutzwertpotentials* verdeutlichen nochmals, dass im SN-Prozess auch Alternativen zu den klassischen journalistischen *Nachrichtenfaktoren* von Bedeutung sind. Dies gilt speziell für die verschickten Inhalte, wo nicht nur aktuelle Veranstaltungstipps anzutreffen sind, sondern genauso ‚zeitlose' Beiträge wie etwa generelle Serviceinformationen. So bestätigte auch FOCUS-Redakteur Björn Sievers[93], dass der so genannte ‚Gehaltsrechner' immer wieder in den Top-Listen von FOCUS Online auftauche, da es sich hierbei um eine dauerhaft interessante und nützliche Information handele. In der Online-Befragung gaben Befragte allerdings nur selten an, solche Serviceinformationen weiterzuleiten, was angesichts der Ergebnisse der Online-Inhaltsanalyse erstaunt. Gründe dafür könnten sein, dass das *Nutzwertpotential* ein eher vielschichtiges Konstrukt ist, welches sich nicht nur in einer bestimmten Sparte von Beiträgen (wie eben den Serviceinformationen) wiederfindet. Freizeitinformationen hingegen, bei denen auch ein gewisses *Nutzwertpotential* vermutet werden kann, wurden gerade bei der Rezeption weitergeleiteter Beiträge – ebenso wie bei der Ausführung von Bewertungen – sehr häufig genutzt.

Das vorgestellte Modell bestätigt folglich Annahmen der Nachrichtenwerttheorie und die Bedeutung des *Nutzwertpotentials*: Die medieninhaltsbezogenen Faktoren nehmen einen Einfluss auf die SN-Aktion. Allerdings können nur Teile des Selektionsprozesses durch die *Nachrichtenfaktoren* und das *Nutzwertpotential* erklärt werden; auch andere medieninhaltsbezogene Aspekte (wie die SN-Information selbst oder formale Faktoren) sind hierfür wichtig. Darüber hinaus hängt die Entscheidung zur Ausführung einer SN-Aktion, wie das entwickelte Mikromodell verdeutlicht, gerade nicht nur von rein medieninhaltsbezogenen Faktoren ab, sondern ergibt sich aus dem dynamisch-transaktionalen Zusammenspiel von u.a. den Kontextfaktoren, der Beziehungsebene sowie der Persönlichkeit.

Beziehungsbezogene Einflussfaktoren

Im Hinblick auf die beziehungsbezogenen Einflussfaktoren scheint die Ergebnislage recht eindeutig: Wie erwartet spielte die *Nähe der Beziehung* dahingehend eine Rolle, als dass die Nutzer eher in Bezug auf näher stehende Personen weiterleiteten oder sich an weitergeleiteten Beiträgen orientierten. Auch die *vorhergegangene Kommunikation* beförderte SN, ebenso wie es den Befragten hinsichtlich des *Anonymitätsgrads* wichtig war, ihren jeweiligen Interaktionspartner zu kennen. Je stärker ein *sozialer Druck* empfunden wurde, desto eher wurde eine Weiterleitung ausgeführt oder sich daran orientiert. Insgesamt war also die soziale Komponente sowohl für die Ausführung als auch bei der Rezeption von SN entscheidend, was bereits Norman und Russell (2006) nahelegten: „[A] structural condition is fulfilled when a social relation between individuals is present so that information can be transmitted" (S. 1090). Durch die Implementierung von SN-Funktionen und

---

93   Experteninterview mit Björn Sievers am 29.01.2011.

deren recht hohe Durchdringung im Internet – in Kombination mit der Wirkung von beziehungsbezogenen Einflussfaktoren – werden vermutlich allgemeine Mediennutzungsmuster zunehmend durch soziale Gefüge (und insbesondere durch das engere soziale Umfeld) determiniert.

Darüber hinaus lassen sich aufgrund dieser Erkenntnisse auch weitere Elemente des Modells diskutieren, die in den Pilotstudien nicht explizit empirisch erhoben wurden. So spielte beispielsweise das Para-Feedback eine Rolle, wenn Personen von anderen Interaktionspartnern erwarteten, dass ihre Links geöffnet werden. Auch das Beziehungswissen besaß zumindest in der Vorstudie einen erheblichen Stellenwert, wenn Personen bei ihrer SN-Entscheidung abwogen, ob der Beitrag auch für andere Personen sinnvoll und interessant (oder zumindest unterhaltsam) sein könnte. Außerdem wurde diese Wissenskomponente dadurch getragen, dass generell eher Personen sozial navigiert wurden, die einem näher standen und über die man folglich mehr wusste. Ausschlaggebend ist demnach nicht nur, dass der Inhalt dem Weiterleiter bzw. Produzenten bedeutungsvoll erscheint – sondern dass er als potentiell relevant für den Empfänger angesehen wird; daher war bei Weiterleitungen auch vor allem das *Nutzwertpotential* wichtig. Gerade hinsichtlich der Beziehungsnähe der Interaktionspartner kann SN ein sehr zielgerichteter und effizienter Selektionsmechanismus sein.

Motive für SN

Die abgefragten Motivdimensionen konnten – anders als dies insbesondere qualitative Studien (vgl. Altmann, 2011, Springer, 2011) erwarten ließen – nicht im erhofften Maße die Ausführung und Rezeption von SN erklären. In der Gesamtstichprobe beeinflussten das *Interesse* und der *Informationsaustausch* die Bewertung, und der Wunsch nach *Informationsaustausch* die Weiterleitung positiv; manche Motive besaßen hingegen einen negativen Einfluss. Jedoch reichen die Befunde bei weitem nicht aus, um diesen theoretischen Baustein zu erhellen. Bedenklich stimmt, dass zwar die beziehungsbezogenen Einflussfaktoren bei SN eine Rolle spielten, gerade jene Motive jedoch, die sich auf soziale Komponenten beziehen, nicht aussagekräftig waren. Mögliche Ursachen für die geringe Erklärungskraft der abgefragten Motivdimensionen können sowohl in der gewählten Methodik als auch in den theoretischen Überlegungen gesucht werden. In methodischer Hinsicht wurde bereits ausführlich auf mögliche Schwachpunkte sowohl in der Fragebogenkonstruktion als auch in der allgemeinen Vorgehensweise hingewiesen. Einerseits waren einige der verwendeten Skalen nicht geprüft, auf der anderen Seite wurden die Motive im Online-Fragebogen unabhängig von der Situation abgefragt. Möglicherweise besitzen unterschiedliche Motivationkonstellationen je nach situativem Kontext eine hohe Erklärungskraft, aber eben nicht für SN generell; in diesem Fall wäre die motivationale Komponente im Modell beizubehalten, müsste jedoch in Abhängigkeit von anderen, situationsspezifischen Einflüssen betrachtet werden. Hier würden sich dann flexiblere Untersuchungsdesigns anbieten, bei denen eine Messung an irgendeinem zufälligen Zeitpunkt während (aber möglicherweise auch außerhalb) der Nutzung erfolgt (Scherer & Schlütz, 2002).

Die mangelnde Erklärungskraft der Motive könnte allerdings auch theoretische Ursachen haben, denn die Motive wurden in unserem Modell innerhalb der Intratransaktionen, also dem Abgleich von Aktivation und Wissen verortet. Motive können an dieser Stelle relevant sein, vielleicht sind jedoch andere theoretische Ansätzen hilfreicher, die Verhaltensweisen nicht als rational, sondern als eher affektiv oder habitualisiert betrachten. Generell lässt sich beim derzeitigen Stand der Forschungs schwer sagen, welches Konzept angemessener sein könnte; an dieser Stelle sei lediglich auf diese mögliche, alternative Herangehensweise hingewiesen.

Persönlichkeitsmerkmal Meinungsführerschaft

In den empirischen Daten fanden sich Belege dafür, dass auch der Grad der Meinungsführerschaft eine gewisse Erklärungskraft für SN-Aktionen besitzt. Die im Theoriemodell verortete Persönlichkeitsdimension der Meinungsführerschaft lässt sich also bestätigen, da Meinungsführer deutlich häufiger SN nutzten. In der Zusammenschau scheint damit die Kombination aus der eigenen Position im sozialen Umfeld gemeisam mit den wahrgenommenen Beziehungen zu Anderen (s. o.) die Ausführung von SN zu beeinflussen. Laut Meinungsführer-Konzept geben diese ergänzende Informationen generell häufiger weiter, was sich in der Befragung in einer vermehrten Weiterleitung durch Meinungsführer niederschlug. Dieser Sachverhalt wird auch durch die Online-Inhaltsanalyse gestützt, wo die weitergeleiteten Beiträge meist nicht der Thematik typischer Aufmacherbeiträge entsprachen. Insgesamt scheinen Meinungsführer auch im Internet aktiver als Andere, was vermuten lässt, dass sie ebenfalls SN als Instrument für ihre Handlungen nutzen.

Abschließend sei erneut festgestellt, dass die Relevanz der theoretischen Bausteine der Meinungsführerschaft, der beziehungsbezogenen und der medieninhaltsbezogenen Einflussfaktoren von unseren Pilotstudien bestätigt wurden. Auf abstraktem Niveau lassen sich diese theoretischen Bausteine in die von Schmidt (2009) bezeichneten Handlungskomponenten der Social-Web Praktiken einordnen: Dabei dient SN zunächst dem Informationsmanagement, da bestimmte Informationen selektiert und weitergegeben werden (medieninhaltsbezogene Einflussfaktoren); außerdem der Pflege von Kontakten, also dem Beziehungsmanagement (beziehungsbezogene Einflussfaktoren) – aber genauso der Profilierung der eigenen Persönlichkeit, d.h. dem Identitätsmanagement (die beispielsweise durch die Meinungsführerschaft geschieht).

7.3 Relevanz der aufgefundenen Nutzungsmuster

Gerade die Online-Befragung bestätigte, dass SN im Internet in seinen diversen Ausprägungen und Kombinationen durchaus häufig ausgeführt wird. Zusätzlich orientierten sich viele Personen an SN, gerade hinsichtlich der Weiterleitungen. Auch auf den Startseiten der klassischen Online-Nachrichtenanbieter ist die vermehrte Beachtung von SN durch die Implementierung verschiedener Anwendungen und die Präsentation von SN-Informationen durchaus erkennbar. Die Online-Inhaltsanalyse belegt zudem, dass sich sozial navigierte Inhalte von Aufmacherbeiträgen, die von Journalisten prominent platziert werden, unterscheiden, womit hier andere Kriterien für die Relevanzeinschätzungen zu greifen scheinen. Dies verändert auch die Inhalte auf der Startseite, wodurch möglicherweise andere Themen in das Blickfeld der Nutzer gelangen.

Deswegen kann tatsächlich von einer veränderten Mediennutzung durch SN im Internet ausgegangen werden, obwohl SN schon immer eine Rolle im Alltagsleben (Stichwort Spuren im Schnee, Trampelpfade) und bei der Kommunikation (Stichwort ausgeschnittener Artikel) gespielt hat. Nun wird SN aber auch auf anderen, digitalen Wegen viel einfacher ausgeführt – eine Veränderung der Mediennutzung ergibt sich freilich nicht alleine durch neue technische Strukturen, sondern wird stärker durch soziale Gegebenheiten beeinflusst. Die Daten weisen darauf hin, dass SN eine individualisierte Mediennutzung fördert, weil durch die vielfältigeren Informationsflüsse eine breitere Auswahl an Medieninhalten und Themen zustande kommen. Hinzu kommt, dass sich die Nutzer nicht nur an neuen Relevanzindikatoren – den SN-Informationen – orientieren, sondern selbst den Selektionsprozess für viele andere mitbestimmen. Beispielsweise zeigt die Studie von Olmstead, Mitchell und Rosenstiel (2011), dass ein stetig wachsender Anteil der Leser der größten US-amerikanischen Nachrichtenplattformen über Weiterleitungen von *Facebook* auf diese Seiten gelangt.

Die erweiterten Möglichkeiten der Medienselektion sind inzwischen zu einem Hauptcharakteristikum des neuen Informationszeitalters avanciert (Holbert, Garrett & Gleason, 2010; Neuberger, 2009). Aufmerksamkeit gilt als die Währung des Internets – oder wie Franck (1998) schon in den 90er Jahren nicht unumstritten formulierte, scheint zur „generell wichtigsten

Quelle der Wertschöpfung geworden" (S. 13) zu sein. Diese Idee erhält in der Ära des Internets eine vollkommen neue Perspektive, denn nicht nur die Aufmerksamkeitsverteilung auf Medieninhalte wird wegen der ‚Informationsflut' schwieriger (Beck & Schweiger, 2001). Das Internet bietet die Möglichkeit, seine sozialen Kreise auszuweiten, was das knappe Gut Aufmerksamkeit auf immer mehr potentielle Kontakte verteilt. SN dient dabei als Mechanismus für die Aufmerksamkeitsverteilung, und durch die Aufmerksamkeitslenkung hin zu bestimmten Medieninhalten wird auch der Person, die navigiert, selbst Aufmerksamkeit zuteil; beide Aufmerksamkeitsdimensionen beeinflussen sich dabei sozusagen gegenseitig.

Neuartige Entwicklungen, bei denen Nutzerhandlungen echtzeitbasiert im Offline-Bereich eingesetzt werden (so beispielsweise während der TV-Castingshow ‚Unser Star für Baku', bei der die Anrufe für die einzelnen Kandidaten ständig aktualisiert für die Zuschauer ersichtlich waren) zeigen ebenfalls, dass die Orientierung an anderen ein wichtiges Instrument zur Lenkung von Aufmerksamkeit darstellt. In diesem Sinne werden also Konzepte wie beispielsweise SN, die erst durch das Internet und das dort vorhandene Angebot an Nutzerspuren in der Breite möglich wurden, von ihrer Logik her wieder in die Offline-Umgebung rückübertragen und die neue Sichtbarkeit von Handlungen instrumentalisiert. All dies verdeutlicht die hohe Relevanz, die dem Phänomen SN zukommt und unterstreicht gleichzeitig, weshalb weitere kommunikationswissenschaftliche Forschung in diesem Bereich geboten erscheint.

7.4 Diskussion der Ergebnisse auf Meso- und Makroebene

Über den Horizont der beiden empirischen Pilotstudien hinaus erstreckten sich die theoretischen Überlegungen auch auf die Bedeutung von SN auf einer gesellschaftlichen Meso- und Makroebene (s. Kap. 3.2 und 3.3). Daher scheint es angebracht, die Erkenntnisse auch aus dieser Perspektive zu diskutieren, wenngleich einige dieser Anmerkungen – mangels Datengrundlage – eher spekulativ verbleiben müssen. Gesichert scheint allerdings, dass dem Konstrukt der Sozialen Gruppe (Meso-Ebene) durch die beziehungsbezogenen Faktoren eine hohe Bedeutung beizumessen ist, da SN häufiger in Bezug auf Freunde, Familie und Partner ausgeführt wurde. Von unbekannten Personen verschickte Inhalte wurden dagegen selten rezipiert, ebenso wie (aggregierte) unpersönliche Weiterleitungen. Es ist folglich wichtig, in welcher Sozialen Gruppe und in welcher Stellung sich die SN-Interaktionspartner befinden.

Außerdem stellt SN nicht nur die bloße Verbreitung von Inhalten dar, sondern auch eine Kommunikation. Es könnte vermutet werden, dass die vermehrte Nutzung von SN innerhalb einer Gruppe u.a. dazu führt, dass die Kommunikation über Medieninhalte (und somit auch die Mediennutzung selbst) einen immer größeren Schwerpunkt innerhalb der Gruppe einnimmt. Somit könnte es mittelfristig – neben der eher individualisierten Mediennutzung – auch zu einer gruppenzentrierten Mediennutzung kommen, deren Zweck darin läge, Kommunikation und Bindungen in der Gruppe zu erhalten und zu festigen.

Auf Makroebene sind hier zum einen die Diffusion und zum anderen die Integrationsfunktion unter Einfluss von SN zu betrachten. Allgemein wäre zu prüfen, ob die steigende Durchdringung mit SN zu einer allgemeinen Demokratisierungstendenz im Internet führt, da der hierarchische Fluss von den Massenmedien zu ihrem Publikum dadurch verstärkt aufgebrochen wird und sich eher zu einem Meinungsaustausch entwickelt, der durch diese veränderte Mediennutzung zustande kommt.

Konkret weisen die Daten darauf hin, dass die SN-Aktion des Weiterleitens die *Platzierungshäufigkeit* auf der Startseite der aktuellen Aufmacherbeiträge auf *Spiegel Online* vermutlich nicht veränderte, da diese äußerst selten weiterverschickt wurden. Jedoch scheinen gerade andere Beiträge, die nicht aktuell und daher nicht prominent platziert waren, durch SN auf die Startseite gelangt zu sein. Die Platzierungsänderung aufgrund von SN-Informationen der aggregierten Klickzahlen und Weiterleitungen fand demnach von weniger beachteten Bereichen in *Spiegel Online* hin zu einer prominenteren Position auf der Startseite statt, auf der sich einige Beiträge dann sogar länger halten konnten. Auch kamen einige Beiträge sowohl in der ‚meist gelesen'- als auch der ‚meist verschickt'-Liste vor, wodurch die Aufmerksamkeit für die Beiträge erhöht wurde und die Chance stieg, dass die Beiträge durch ihrer Platzierung in der einen später auch in die andere Liste gelangten. Die Pilotstudie gibt also Hinweise darauf, dass vor allem ‚Zeitloses' und (da die Aufmacherbeiträge meist klassische Nachrichtenthemen wie Politik enthielten) weniger informationsorientierte Beiträge durch SN diffundieren können.

Aus demokratietheoretischer Sicht ergeben sich hieraus interessante Denkanstöße: Wie angedeutet, könnte zunächst angenommen werden, dass die verstärkte Rezeption sozial navigierter Inhalte dazu führt, dass die Vielfalt verfügbarer Informationen eingeschränkt würde.[94] Aus der Analyse der ‚meist verschickt'-Listen konnte jedoch geschlossen werden, dass über alle Nutzer hinweg ein inhaltlich breites Spektrum von Nachrichten weitergeleitet wurde – vor allem Beiträge, die keine Aufmacher waren; seltener Politik und Wirtschaft, öfter jedoch Themen wie Reisen und Kultur. Dass erfreuli-

---

94   Eine genaue Betrachtung des Vielfaltsaspekts würde hier zu weit führen, vergleiche daher TLM (2000); Rössler (2000, 2002, 2006).

cher Weise auch weniger prominent platzierte Beiträge bedacht wurden, erscheint aus Vielfaltssicht vordergründig positiv. Kritisch mag man demgegenüber einwenden, dass es sich hierbei aber nicht um die ‚großen‘, integrierenden Beiträge zur politischen Meinungsbildung handelte. Daher ist schwer abzuschätzen, inwieweit SN zukünftig zu einer Fokussierung der Aufmerksamkeit des einzelnen Nutzers führen wird (vgl. ausf. Donsbach & Mothes 2012). Zu beachten ist sicherlich, dass die verschiedenen Filterprozesse im Netz unsere Selektionsmuster verändern werden: Die medienseitige Auswahl durch Algorithmen und die soziale Filterung durch persönliche Netzwerke, die im Mittelpunkt von SN stehen, sind dabei nur zwei Mechanismen (Lehr, 2012); die breite Verfügbarkeit medialer Nischenangebote, selbstverstärkende Suchfunktionen aufgrund von ‚Tagging-Spiralen‘ und individualisierte, ‚lernende‘ Suchprofile der Aggregatoren unterstützen diese Effekte (Scheufele & Nisbet, 2012). Die viel diskutierte These von der individuellen ‚Filterblase‘, in der wir uns bei der Informationsaufnahme im Netz befänden, weil personalisierte Suchergebnisse zu einem ‚Echokammer-Effekt‘ führen (Pariser 2012), ist im Lichte von SN differenziert zu betrachten: Einerseits würde diese konsonante Auswahl verstärkt, wenn wir Empfehlungen nur von gleichgesinnten Freunden erhalten; andererseits bieten Weiterleitungen auch die Chance auf einen Kontakt mit Inhalten, die von meinem Suchmaschinen-Algorithmus ansonsten herausgefiltert werden.

Ob bei der Online-Nutzung tatsächlich eine Verschiebung der Aufmerksamkeit weg von den klassischen Aufmachern hin zu anderen Beiträgen stattfindet, kann hier nicht klar beantwortet werden, weil derartige Beiträge vermutlich immer schon rezipiert wurden, sie jedoch erst jetzt explizit ausgewiesen werden können. Durch die nun mögliche Visualisierung werden zwar vermutlich noch mehr Nutzer auf sie aufmerksam – das bedeutet jedoch nicht, dass diese Personen darüber hinaus nicht auch politische und wirtschaftliche Themen wahrnehmen. Dass dies nach wie vor der Fall ist, darauf weisen die Analysen der ‚meist gelesen‘-Listen hin, die Aufschluss darüber geben, welche Inhalte tatsächlich genutzt werden (vorausgesetzt, sie spiegeln tatsächlich die Klickzahlen ohne weitere Manipulation wieder). Da hier inhaltlich eine Mischung aus den Kategorien Aufmacher und ‚meist verschickt‘ (neben weiteren Beiträgen) vorgefunden wurde, liegt der Schluss nahe, dass SN durch die Weiterleitung und die aggregierten Klickzahlen eher eine Erweiterungs- und Ergänzungsfunktion bisheriger Rezeptionsmuster wahrnimmt. Es könnte sich daher um eine Art ‚Best of‘ sowohl aus den Aufmacher- als auch aus den weniger prominent platzierten Beiträgen handeln und damit die Relevanzzuschreibungen auf Seiten der Nutzer treffend illustrieren. Jan-Hinrik Schmidt[95] meint in diesem Sinne: „Auch da gilt, glau-

---

95   Experteninterview mit Dr. Jan-Hinrik Schmidt am 08.02.2011.

be ich, wieder dieser Satz, dass diese neuen Formen des Filterns alte etablier-
te Modelle, [wie] das professionell journalistische Filtern, auch nicht ersetzen
werden."

Es ist nicht davon auszugehen, dass SN zur einzigen Quelle für Informationen wird, sondern eher komplementär zur Versorgung durch klassische
Medienanbieter erfolgt. Befürchtungen, wonach diese partizipativen Elemente, die den Nutzer im Online-Bereich einbinden, einen Angriff auf den
professionellen Journalismus darstellen könnten (Neuberger & Nuernbergk,
2010), sind auch hier unwahrscheinlich. Es handelt sich somit eher um eine
Ergänzung denn um eine Substitution, so wie Online-Kommunikation auch
allgemeiner als eine Erweiterung der Handlungsspielräume massenmedialer
und interpersonaler Kommunikationsräume fungiert. Trotzdem bleibt die
Diskussion um die Änderung der Berufsrollen des Journalismus (oder auch
des journalistischen Selbstverständnisses) durch das Mitmachweb immer
noch relevant; allerdings kann auch der Journalismus von SN (jenseits der
zusätzlichen Verbreitungsmöglichkeiten) profitieren, da er sich durch die
Transparenz von Nutzerentscheidungen an ihnen als Feedback orientieren
kann (vgl. beispielsweise Meier & Tüshaus, 2006). Problematisch wird diese
neue Sichtbarkeit allerdings in jenem Moment, in dem die Frage gestellt
werden muss, ob sich der Journalist nur noch am Nutzer orientiert und
dementsprechend primär Medieninhalte produziert, die den Interessen der
vermuteten Leserschaft angepasst sind. Sieht man die Ergebnisse der Inhaltsanalyse in dem Kontext, bestätigen sich frühere Befunde. wonach die
Medieninhalte dann viel weniger aus politischen Nachrichten und viel mehr
aus ‚soft news‘ (Boczkowski & Mitchelstein, 2011) bestehen würden. Inwiefern eine solche hochgradige Orientierung am Nutzer wieder mit dem
Selbstverständnis eines unabhängigen Journalismus korrespondieren kann,
ist nur eine der Fragen, die in Zukunft der Betrachtung lohnt.

7.5 Ausblick

Auf Grundlage des theoretischen Modells und aufbauend auf den ersten
Befunden der Pilotstudien lassen sich verschiedene Perspektiven für die
zukünftige SN-Forschung aufzeigen. Einen ersten Ansatzpunkt bieten dabei
die Motivlagen für SN, die in der vorliegenden Arbeit keine Erklärungskraft
erlangten – vielleicht weil über die getesteten Motive hinaus weitere (in der
Tradition des Uses and Gratifications-Ansatzes nach Katz und Foulkes,
1962 oder Katz, Blumler & Gurevitch, 1974), insbesondere situationsspezi-
fische Items hilfreich sein könnten.

Aus anderer Perspektive könnte SN als ein inzwischen habitualisierter
Ablauf aufgefasst werden, den viele Nutzer unbewusst ausführen, weshalb

unsere Befragten auch keine Motive nennen konnten (Berger & Luckmann, 1969; Gehlen, 1986). Diese Annahme wird dadurch bekräftigt, dass bereits in der Vorstudie einige Befragte nicht begründen konnten, *warum* sie sozial navigieren. Tägliche *Facebook*-Nutzer etwa könnten schon verinnerlicht haben, alles, was ihnen gefällt, mit dem ‚Gefällt mir'-Button auszudrücken – ohne sich darüber weitere Gedanken zu machen. Im Zuge der Einbindung von SN in den Alltag, die mit der hohen Durchdringung von SN-Funktionen im Internet (in Kombination mit dem geringen Aufwand, diese auszuführen) einhergeht, ist eine solche theoretische Herangehensweise gut denkbar. Aufgrund des kognitiven Aufwands erscheint es jedoch wiederum unwahrscheinlich, dass beispielsweise eine Produktion habitualisiert abläuft (Springer, 2011).

In Bezug auf die Meinungsführerschaft, die sich im vorliegenden Zusammenhang als fruchtbarer Ansatz erwiesen hat, wäre es sicherlich interessant, dieses Konzept mit Blick auf SN noch differenzierter zu beleuchten (z.B. bzgl. der Unterscheidungen monomorph/polymorph bzw. lokal/kosmopolitisch). Gerade weil die Meinungsführerschaft als Persönlichkeitsdimension offensichtlich für SN von Relevanz ist und selbst in Zusammenhang mit der individualisierten Mediennutzung steht, könnte man für vertiefte Untersuchungen auch auf Erkenntnisse der Persönlichkeitsforschung zurückgreifen. Möglicherweise würden psychologische Ansätze weiterhelfen, um z.B. die Wirkung eines eher introvertierten oder extrovertierten Charakters auf die Ausführung von SN-Aktionen zu untersuchen.

Da Gruppenmechanismen im SN-Prozess durchaus eine Rolle zukommt, wäre es methodisch wie theoretisch interessant, die Funktionen zu ermitteln, die SN in einzelnen Netzwerken zukommt – und wie SN die Mediennutzung innerhalb dieser Netzwerke beeinflusst. Insbesondere hinsichtlich der in der Literatur gut belegten Annahme, wonach es zwischen festen Gruppen ‚Marginale' gibt, die eine Art Informationsübermittler zwischen Gruppen repräsentieren können, wäre das Potential von SN zur Aufrechterhaltung dieser Mechanismen und deren mögliche Folgen zu analysieren. Eine besondere Herausforderung wäre es dann allerdings, die theoretische Modellierung auf Grundlage des Dynamisch-transaktionalen Ansatzes weiter zu entwickeln. Denn dort sind vor allem die Transaktionsprozesse innerhalb von Gruppen konzeptionell nicht vorgesehen.

Empirisch von wachsendem Interesse wäre derzeit eine Untersuchung der SN-Inhalte auf Social Networking Sites wie *Facebook*, die der vorliegenden Pilotstudie verschlossen blieben, obwohl vermutlich nirgendwo so viel sozial navigiert wird wie dort. Hier ließe sich u.a. ermitteln, welche Inhalte (abgesehen von den Nachrichtenbeiträgen dieser Studie) durch SN verbreitet werden, und jenseits von *Facebook* auch auf Seiten wie *YouTube* oder *Flickr* gelangen, gerade weil dafür unterhaltungsorientierte Faktoren bedeutsam sein dürften. Ob in solchen Fällen privater Nachrichtenübermittlung überhaupt noch von klassischen Nachrichtenfaktoren gesprochen werden sollte, oder dort nicht Ansätzen aus der Unterhaltungsforschung weiter führen, bliebe zu zeigen – insbesondere da sich die eher unterhaltenden Komponenten auch schon in der vorliegenden Online-Inhaltsanalyse als erklärungskräftig erwiesen haben.

Schließlich ist zu erwarten, dass sich die SN-Tools in andere bzw. zusätzliche Richtungen weiter entwickeln. Software-Engineer Florian Leibert[96] wies hier auf nur auf ein Potential ausdrücklich hin: „Es gibt ziemlich wenig Möglichkeiten, den [Content] in Verbindung mit anderem Content zu bringen, also zu sagen ‚Das mag ich lieber zum Beispiel als das‘." Aber auch jenseits dieser konkreten Angebotsentwicklung wäre zu beobachten, wie die scheinbar neutralen ‚technischen Vermittler‘ (also die Systeme die hinter den SN-Aktionen stehen) selbst Einfluß auf den SN-Prozess nehmen. Die Algorithmen hinter den Aggregatoren sind in der Regel nämlich weder für den Nutzer noch für den Forscher nachvollziehbar, und auch die Redaktionen der Online-Nachrichtenseiten, die SN-Orientierungshilfen (wie z.B. Hitlisten) verwenden, wissen auf Nachfrage wenig über deren Entstehung. Ohnehin auf der Agenda der Journalismusforschung steht die Untersuchung von SN im institutionalisierten Bereich, d.h. inwiefern Journalisten sich an SN-Informationen (im Sinne von Feedback oder neuen Quellen) orientieren, und welche praktischen Konsequenzen dies für ihren Arbeitsalltag hat.

Letztendlich sei erneut betont, dass der DTA (und auf seiner Logik beruhende Modellierungen) bekanntlich in seiner Komplexität nur schwer erforscht werden kann (Wirth, Stiehler & Wünsch, 2007). In den Pilotstudien wurden viele Teile unseres Modells – wie beispielsweise die Kontextfaktoren, über die Meinungsführerschaft hinausgehende Persönlichkeitseigenschaften und zusätzliche beziehungsbezogene Einflussfaktoren – noch nicht untersucht. Unser Ziel war, in einem ersten Schritt das Phänomen SN theoretisch und empirisch auf Mikroebene anzugehen; darauf aufbauend ließen sich vielerlei Anknüpfungspunkte für weiterführende Forschung finden. Angesichts der möglichen Bedeutung dieser veränderten Selektionsmuster für die zukünftige Medienentwicklung halten wir weitere kommunikationswissenschaftliche Forschung im Bereich Social Navigation für durchaus lohnenswert – auch um damit ein Gegengewicht zur kommerziellen Perspektive des ‚Web-Monitoring‘ (Brauckmann 2010) zu schaffen.

---

96   Experteninterview mit Florian Leibert am 04.02.2011.

Vier Jahre später:

Marie: „Hey Peter, kannst du dich noch an die Plagiatsaffäre von Guttenberg erinnern?"

Peter: „Natürlich, wie könnte ich das bei der Flut an Links zu Beiträgen von dir vergessen?"

Marie: „Das stimmt. Das Thema hat mich damals schon gefesselt, sodass ich mir jetzt überlegt habe, meine Dissertation darüber zu schreiben."

Peter: „Klingt gut. Was genau hast du denn vor?"

Marie: „Ich möchte klären, ob die Plagiatsaffäre durch die Aktivitäten der Nutzer im Internet ins Rollen kam. Ich beschäftige mich dabei vor allem mit einem Phänomen: Social Navigation."

Literaturverzeichnis

Altmann, M.-N. (2011). User Generated Content im Social Web. Warum werden Rezipienten zu Partizipienten? Münster: Lit.

Arndt, J. (1967). Word of Mouth Advertising and Informal Communication. In D. F. Cox (Hrsg.), Risk Taking and Information Handling in Consumer Behavior (S. 188–239). Boston: Harvard University.

Auswärtiges Amt (2011). Länderverzeichnis. http://www.auswaertiges-amt.de/cae/servlet/contentblob/373538/publicationFile/150248/Laenderverzeichnis.pdf

Baier, T., Weinreich, H. & Wollenweber, F. (2004). Verbesserung von Social Navigation durch Identitätsmanagement. In R. Keil-Slawik, H. Selke & G. Szwillus (Hrsg.), Mensch & Computer 2004. Allgegenwärtige Interaktion; Tagungsbeiträge der vierten Konferenz Mensch & Computer 2004 in Paderborn (S. 189–198). München: Oldenbourg.

Barnes, S. B. (2001). Online connections. Internet interpersonal relationships. Cresskill: Hampton Press.

Barzilai-Nahon, K. (2005). Network Gatekeeping. In K. E. Fisher, S. Erdelez & L. McKechnie (Hrsg.), Theories of Information Behavior: A Researcher's Guide (S. 247-258). Medford: Information Today.

Barzilai-Nahon, K. (2006). Gatekeepers, Virtual Communities and their Gated: Multidimensional Tensions in Cyberspace. International Journal of Communications, Law and Policy 11, 1-28. [http://www.ijclp.net/files/ijclp_web-doc_9-11-2006.pdf]

Barzilai-Nahon, K. (2008). Toward a theory of network gatekeeping: A framework for exploring information control. Journal of the American Society for Information Science and Technology, 59(9), 1493–1512.

Bass, A. Z. (1969). Refining the 'gatekeeper' concept: A UN radio case study. Journalism Quaterly, 46, 69-72.

Batinic, B. & Moser, K. (2005). Determinanten der Rücklaufquote in Online-Panels. Zeitschrift für Medienpsychologie, 17, 64-74.

Baur, N. & Florian, M. J. (2009). Stichprobenprobleme bei Online-Umfragen. In N. Jackob, H. Schoen & T. Zerback (Hrsg.), Sozialforschung im Internet. Methodologie und Praxis der Online-Befragung (S. 109–128). Wiesbaden: VS.

Beck, K. (2010). Soziologie der Online-Kommunikation. In W. Schweiger & K. Beck (Hrsg.), Handbuch Online-Kommunikation (S. 15–35). Wiesbaden: VS.

Beck, K. & Schweiger, W. (2001)(Hrsg.). Attention please! Online-Kommunikation und Aufmerksamkeit. Müchen: Reinhard Fischer.

Berelson, B. (1952). Content analysis in communication research. Foundations of communications research. Glencoe: Free Press.

Berger, P. & Luckmann, T. (1969). Die gesellschaftliche Konstruktion der Wirklichkeit. Frankfurt am Main: Fischer.

Blasius, J. & Brandt, M. (2009). Repräsentativität in Online-Befragungen. In M. Weichbold, J. Bacher & C. Wolf (Hrsg.), Umfrageforschung. Herausforderungen und Grenzen. Österreichische Zeitschrift für Soziologie, Sonderheft 9, 157-177.

Bondad-Brown, B., Rice, R. E. & Pearce, K. E. (2011). A Uses and gratifications and social media approach to understanding online video use and content recommendations. Vortrag, 61. Jahrestagung der International Communication Association (ICA) (Boston, 26.-31.05.).

Boczkowski, P. J. & Mitchelstein, M. E. (2011). The Prosumption Practices of Monitorial Citizens Accounting for the Most Commented Stories on Leading Online News Sites During and After the U.S. 2008 Presidential Election. Vortrag, 61. Jahrestagung der International Communication Association (ICA) (Boston, 26.-31.05.).

Boczkowski, P. J., Mitchelstein, E. & Walter, M. (2011). Convergence Across Divergence: Understanding the Gap in the Online News Choices of Journalists and Consumers in Western Europe and Latin America. Communication Research, 38(3), 376–396.

Boczkowski, P. J. & Peer, L. (2011). The Choice Gap: The Divergent Online News Preferences of Journalists and Consumers. Journal of Communication, 61(5), 857–876.

Bortz, J. & Schuster, C. (2010). Statistik für Human- und Sozialwissenschaftler (7. Aufl.). Berlin: Springer.

Brauckmann, P. (Hrsg., 2010). Web-Monitoring: Gewinnung und Analyse von Daten über das Kommunikationsverhalten im Internet. Konstanz: UVK.

Brosius, H.-B., Haas, A. & Koschel, F. (2009). Methoden der empirischen Kommunikationsforschung: Eine Einführung (5. Aufl.). Wiesbaden: VS.

Bruns, A. (2003). From Blogs to open news: Notes towards a Taxonomy of P2P Publications. Brisbane: ANZCA03 conf. [http://eprints.qut.edu.au/193/1/bruns_Blogs.pdf]

Bruns, A. (2005). Gatewatching: collaborative online news production. New York: Lang.

Bryant, J. & Davies, J. (2008). Selective Exposure. In W. Donsbach (Hrsg.), The International Encyclopedia of Communication, Vol. X (S. 4544-4550). Malden, Mass. [u.a.]: Blackwell.

Bucher, H.-J. & Büffel, S. (2005). Vom Gatekeeper-Journalismus zum Netzwerk-Journalismus. Weblogs als Beispiel journalistischen Wandels unter den Bedingungen globaler Medienkommunikation. In M. Behmer, B. Blöbaum, A. Scholl & R. Stöber (Hrsg.), Journalismus im Wandel. Analysedimensionen, Konzepte, Fallstudien. (S. 85-121). Wiesbaden: VS.

Burkart, R. (2002). Kommunikationswissenschaft. Wien (u.a.): Böhlau.

Busemann, K, Fisch, M. & Frees, B. (2012). Dabei sein ist alles – zur Nutzung privater Communitys. Media Perspektiven, (5), 258-266.

Busemann, K. & Gscheidle, C. (2010). Web 2.0: Nutzung steigt – Interesse an aktiver Teilhabe sinkt. Media Perspektiven, (7-8), 359-368.

Busemann, K., & Gscheidle, C. (2011). Web 2.0: Aktive Mitwirkung verbleibt auf niedrigem Niveau. Media Perspektiven, (7-8), 360-369.

BVerfGE 31, 314 – 2. Rundfunkentscheidung.

Coleman, J., Katz, E. & Menzel, H. (1957). The Diffusion of an Innovation among Physicians. Sociometry, 20(4), 253-270.

Cook, C., Heath, F. & Thompson, R. L. (2000). A Meta-Analysis of Response Rates in Web- or Internet-Based Surveys. Educational and Psychological Measurement, 60, 821-836.

Coser, R. L. (1999). Soziale Rollen und soziale Strukturen. Graz (u.a.): Nausner & Nausner.

Dehm, U. & Storll, D. (2003). TV-Erlebnisfaktoren. Ein ganzheitlicher Forschungsansatz zur Rezeption unterhaltender und informierender Fernsehangebote. Media Perspektiven, (9), 425-433.

Deluliis, D. (2011). The Social Dynamics of Network Gatekeeping. Vortrag auf der 61. Jahrestagung der International Communication Association (ICA) (Boston, 26.-31.05.2011).

Deutschmann, P.J. & Danielson, W.A. (1960). Diffusion of Knowledge of the Major News Story. Journalism Quarterly, 37, 345-355.

Diehlmann, N. A. (2010). Selektionskriterien bei Fernsehnachrichten. Studie zur Entwicklung eines medienspezifischen Nachrichtenwertmodells am Beispiel der Berichterstattung über „Nachhaltige Entwicklung". (Dissertation, Friedrich-Schiller-Universität Jena).

Dillman, D. A. (2007). Mail and Internet Surveys. The Tailored Design Method. Hoboken: Wiley.

Donsbach, W. (1991). Medienwirkung trotz Selektion: Einflussfaktoren auf die Zuwendung zu Zeitungsinhalten. Köln: Böhlau.

Donsbach, W. & Mothes, C. (2012). The Dissonant Self: Contributions from Dissonance Theory to a New Agenda in Studying Political Communication. In C. Salmon (Hrsg.), Communication Yearbook, Vol. 36 (S. 3-43). New York: Routledge.

Döring, N. (2003). Sozialpsychologie des Internet. Die Bedeutung des Internet für Kommunikationsprozesse, Identitäten, soziale Beziehungen und Gruppen (2. Aufl.). Göttingen (u.a.): Hogrefe.

Dourish, P. & Chalmers, M. (1994). Running Out of Space: Models of information navigation. HCI, Glasgow. [http://www.dcs.gla.ac.uk/matthew/papers/hci94.pdf].

Downs, A. (1972). Up and downs with ecology – the "issue-attention cycle". Public Interest, 28(2), 38-50.

Dressler, M. & Telk, G. (2009). Meinungsführer in der interdisziplinären Forschung: Bestandsaufnahme und kritische Würdigung. Wiesbaden: GWV Fachverlage.

Dudenredaktion (2007). Duden – Deutsches Universalwörterbuch (6. Aufl.). Mannheim (u.a.): Dudenverlag.

Ebersbach, A., Glaser, M. & Heigl, R. (2008). Social Web. Konstanz: UVK.

Eble, M. (2011). Perspektiven zur Anschlußkommunikation 2.0: Soziodemografie und Abläufe von Interaktion im Social Web am Beispiel von YouTube. In M. Anastasiadis & C. Thimm (Hrsg.), Social Media. Theorie und Praxis digitaler Sozialität (S. 345-374). Frankfurt a. M. usw.: Peter Lang.

Eickelkamp, A. (2005). Qualität von Ratgeberseiten in der deutschen Regionalpresse. Projektbericht – Kurzfassung. [http://www.nutzwertjournalismus.de/Ratgeberseiten-ProjektberichtCodebuch2005.pdf]

Eickelkamp, A. (2011). Der Nutzwertjournalismus: Herkunft, Funktionalität und Praxis eines Journalismustyps. Köln: Halem.

Eilders, C. (1997). Nachrichtenfaktoren und Rezeption: Eine empirische Analyse zur Auswahl und Verarbeitung politischer Information. Opladen: Westdeutscher Verlag.

Eilders, C. (1999). Zum Konzept der Selektivität: Auswahlprozesse bei Medien und Publikum. In W. Wirth & W. Schweiger (Hrsg.), Selektion im Internet (S. 13-42). Wiesbaden: Westdeutscher Verlag.

Eilders, C. (2004). Nachhaltige Nachrichtenfaktoren. Politische Informationsauswahl unter Bedingungen von Netzkommunikation. Medienheft, (22), 31-36.

Eilders, C. & Wirth, W. (1999). Die Nachrichtenwertforschung auf dem Weg zum Publikum: Eine experimentelle Überprüfung des Einflusses von Nachrichtenfaktoren bei der Rezeption. Publizistik, 44(1), 35-57.

Eisenstein, C. (1994). Meinungsbildung in der Mediengesellschaft: eine theoretische und empirische Analyse zum Multi-Step-Flow of Communication. Opladen: Westdeutscher Verlag.

Emmer, M., Kuhlmann, C., Vowe, G. & Wolling, J. (2002). Der 11. September – Informationsverbreitung, Medienwahl, Anschlusskommunikation. Ergebnisse einer Repräsentativbefragung zu einem Ereignis mit extremem Nachrichtenwert. Media Perspektiven, (4), 166-177.

Emmerich, A. (1984). Nachrichtenfaktoren: Die Bausteine der Sensation. Eine empirische Studie zur Theorie der Nachrichtenauswahl in den Rundfunk- und Zeitungsredaktionen. Saarbrücken: Verlag der Reihe.

Engelmann, I. (2012). Nachrichtenfaktoren und die organisationsspezifische Nachrichtenselektion. Eine Erweiterung der Nachrichtenwerttheorie um die Meso-Ebene journalistischer Organisationen. Medien & Kommunikationswissenschaft, 60(1), 41-63.

Engelmann, K., Günther, F., Heise, N., Hohmann, F., Irrgang, U. & Schmidt, S. (2010). Muslimische Weblogs: Der Islam im deutschsprachigen Internet. Berlin: Frank & Timme.

Farzan, R. (2009). A Study of Social Navigation Support under different Situational and Personal Factors. (PhD Dissertation, University of Pittsburgh). [http://etd.library.pitt.edu/ETD/available/etd-04222009-134348/unrestricted/FarzanRostaApril2009.pdf]

Fasel, C. (2004). Nutzwertjournalismus. Konstanz: UVK.

Faulstich, W. (2004). Grundwissen Medien (5. Aufl.). München: Wilhelm Fink Verlag.

Feick, L. & Price, L. (1987). The market maven: A diffuser of marketplace information. Journal of marketing, 51(1), 83-97.

Field, J. (2003). Social Capital. London [u.a.]: Routledge.

Forsberg, J. M. (1998). Social Navigation: An Extended Definition. Uppsala. [http://www.nada.kth.se/~forsberg/Documents/SocNav.pdf]

Forsyth, B. H., Rothgeb, J. M. & Willis, G. (2004). Does Questionnaire Pretesting Make a Difference? An Empirical Test Using a Field Survey Experiment. In S. Presser, J. M. Rothgeb, M. P. Couper, J. T. Lessler, E. Martin, J. Martin & E. Singer (Hrsg.), Methods for Testing and Evaluating Survey Questionnaires (S. 525-546). Hoboken: Wiley.

Franck, G. (1998). Ökonomie der Aufmerksamkeit. Ein Entwurf. München: Carl Hanser.

Frees, B. & Fisch, M. (2011). Veränderte Mediennutzung durch Communitys? Ergebnisse der ZDF-Studie Community 2010 mit Schwerpunkt Facebook. Media Perspektiven, (3), 154-164.

Fretwurst, B. (2008). Nachrichten im Interesse der Zuschauer: Eine konzeptionelle und empirische Neubestimmung der Nachrichtenwerttheorie. Konstanz: UVK.

Freyne, J., Farzan, R., Brusilovsky, P., Smyth, B. & Coyle, M. (2007). Collecting community wisdom: integrating social search & social navigation. IUI '07: Proceedings of the 12th international conference on Intelligent user interfaces (S. 52-61). New York: ACM.

Früh, W. (1991). Medienwirkungen: das dynamisch-transaktionale Modell. Theorie und empirische Forschung. Opladen: Westdeutscher Verlag.

Früh, W. (2007). Inhaltsanalyse: Theorie und Praxis (6. Aufl.). Konstanz: UVK.

Früh, W. (2008). Dynamisch-transaktionaler Ansatz. In U. Sander, F. von Gross & K.-U. Hugger (Hrsg.), Handbuch Medienpädagogik (S. 179-184). Wiesbaden: VS.

Früh, W. & Schönbach, K. (1982). Der dynamisch-transaktionale Ansatz: Ein neues Paradigma der Medienwirkungen. Publizistik, 27(1), 74–88.

Früh, W. & Schönbach, K. (2005). Der dynamisch transaktionale Ansatz III: Eine Zwischenbilanz. Publizistik, 50(1), 4-20.

Galtung, J. & Ruge, M. H. (1965). The Structure of Foreign News: The Presentation of the Congo, Cuba and Cyprus Crises in Four Norwegian Newspapers. Journal of Peace Research, 64(2), 64-90.

Gans, H. J. (1979). Deciding what's news. New York: Pantheon.

Gehlen, A. (1986). Urmensch und Spätkultur. Philosophische Ergebnisse und Aussagen. Wiesbaden: Aula Verlag.

Girdwood, J. (2009). Challenging traditional Gate-keeping power & control: How new media transcended conventional mass media roles. [http://academia.edu.documents.s3. amazonaws.com/598222/CAS_992_Final.pdf]

Gleich, U. (ARD-Forschungsdienst) (2011). Nutzung und Funktionen von Social Communitys. Media Perspektiven, (2), 115-120.

Goertz, L. (1995). Wie interaktiv sind Medien? Auf dem Weg zu einer Definition von Interaktivität. Rundfunk und Fernsehen, 43(4), 477-493.

Goode, L. (2009). Social news, citizen journalism and democracy. New Media & Society, 11(8), 1287-1305.

Granovetter, M. S. (1973). The Strength of Weak Ties. The American Journal of Sociology, 78(6). 1360-1380.

Groh, G. & Ehmig, C. (2007). Recommendations in Taste Related Domains: Collaborative Filtering vs. Social Filtering. Proceedings of the 2007 international ACM conference on Supporting group work. New York: ACM, 127-136.

Halavais, A. (2009). Search engine society. Digital media and society series. Cambridge: Polity Press.

Hartmann, M. & Krotz, F. (2010). Online-Kommunikation als Kultur. In W. Schweiger & K. Beck (Hrsg.), Handbuch Online-Kommunikation (S. 234–256). Wiesbaden: VS.

Hartmann, T. & Dohle, M. (2005). Publikumsvorstellungen im Rezeptionsprozess. Publizistik, 50(3), 287-303.

Henning-Thurau, T., Gwinner, K. P., Walsh, G. & Gremler, D. D. (2004). Electronic word-of-mouth via consumer-opinion platforms: What motivates consumers to articulate themselves on the Internet? Journal of interactive Marketing, 18(1), 38-52.

Herzig, B. (2010). Medienkompetenz und Web 2.0. Wiesbaden: VS.

Himelboim, I. McCreery, S. & Smith, M. (2011). Birds of a Feather Tweet Together: Integrating Network and Content Analyses to Examine Cross-Ideology Exposure on Twitter. Vortrag, 61. Jahrestagung der International Communication Association (ICA) (Boston, 26.-31.05.).

Ho, J.Y.C. & Dempsey, M. (2010). Viral marketing: Motivations to forward online content. Journal of Business Research, 63(9-10), 1000-1006.

Höfner, C. (2003). Sind Nachrichtenfaktoren Unterhaltungsfaktoren? (Dissertation, Ludwig-Maximilians-Universität, München, 2003).

Hoffmann, O. (2011). Bilderboulevard. Eine quantitative (Bild-)Inhaltsanalyse von Fotostrecken auf Startseiten deutscher Online-Nachrichtensites überregionaler Printmedien. (Bachelorarbeit, HMTM Hannover).

Holbert, R. L., Garrett, R. K. & Gleason, L. S. (2010). A New Era of Minimal Effects? A Response to Bennett and Iyengar. Journal of Communication, 60(1), 15-34.

Holsti, O. R. (1969). Content analysis for the social science and humanities. Reading: Addison-Wesley.

Holtz-Bacha, C. & Peiser, W. (1999). Verlieren die Massenmedien ihre Integrationsfunktion? Eine empirische Analyse zu den Folgen der Fragmentierung des Medienpublikums. In U. Hasebrink & P. Rössler (Hrsg.), Publikumsbindungen. Medienrezeption zwischen Individualisierung und Integration (S. 41-53). München: Fischer.

Homans, G. C. (1972). Theorie der sozialen Gruppe (6. Aufl.). Köln (u.a.): Westdeutscher Verlag.

Hooffacker, G. (2010). Online-Journalismus: Texten und Konzipieren für das Internet - ein Handbuch für Ausbildung und Praxis (3. Aufl.). Berlin: Econ.

Houston, J.B., Hansen, G. & Nisbett, G.S. (2011). Influence of user comments on perceptions of media bias and third-person effect in online news. Electronic News, 5, 79-92.

IVW (2011). Online-Nutzungsdaten im Januar 2011. [http://ausweisung.ivw-online.de/].

Katz, E. (1957). The Two-Step Flow of Communication: An Up-To-Date Report on an Hypothesis. The Public Opinion Quarterly, 21(1), 61-78.

Katz, E. & Foulkes, D. (1962). On the use of the mass media as ‚escape' – Clarification of a concept. Public Opinion Quarterly, 26, 377-388.

Katz, E. & Lazarsfeld, P. F. (2005 [1955]). Personal Influence. The Part Played by People in the Flow of Mass Communications. New Brunswick: Transaction Publishers.

Katz, E., Blumler, J.G. & Gurevitch, M. (1974). Utilization of mass communication by the individual. In J.G. Blumler & E. Katz (Hrsg.), The uses of mass communications. Current perspectives on gratifications research (S. 19-32). Beverly Hills: Sage.

Katz, E., Levin, M. L. & Hamilton, H. (1963). Traditions of Research on the Diffusion of Innovation. American Sociological Review, 28(2), 237-252.

Kepplinger, H. M. (1992). Ereignismanagement. Wirklichkeit und Massenmedien. Osnabrück: Fromm.

Kepplinger, H. M. (2008). News Factors. In W. Donsbach (Hrsg.), The international Encyclopedia of Communication. Vol. 7. Media corporations, forms of objectivity in reporting. (S. 3245-3248). Malden: Blackwell.

Klebl, M. & Borst, T. (2010). Risikokompetenz als Teil der Medienkompetenz – Wissensformen im Web 2.0. In B. Herzig, D. M. Meister, H. Moser & H. Niesyto (Hrsg.), Jahrbuch Medienpädagogik 8 – Medienkompetenz und Web 2.0 (S. 239-254). Wiesbaden: VS.

Kneidinger, B. (2010). Facebook und Co: Eine soziologische Analyse von Interaktionsformen in Online Social Networks. Wiesbaden: VS.

Knobloch-Westerwick, S., Sharma, N., Hansen, D. L. & Alter, S. (2005). Impact of Popularity Indications on Readers: Selective Exposure to Online News. Journal of Broadcasting & Electronic Media, 49(3), 296-313.

Kolb, S. (2005). Mediale Thematisierung in Zyklen: theoretischer Entwurf und empirische Anwendung. Köln: Halem.

Kolo, C. & Unger, V. (2009). Meinungsführer in Online-Social-Networks. i-cod-Studie (01). München: i-cod ltd.

Kromrey, H. (2009). Empirische Sozialforschung. Modelle und Methoden der standardisierten Datenerhebung und Auswertung. Stuttgart: Lucius & Lucius, UTB.

Kurz, K., Prüfer, P. & Rexroth, M. (1999). Zur Validität von Fragen in standardisierten Erhebungen: Ergebnisse des Einsatzes eines kognitiven Pretests. ZUMA-Nachrichten, 23(44), 83-107.

Laughlin, J. D. & MacDonald, J. B. (2010). Identifying market mavens online by their social behaviors in community-generated media. Academy of Marketing Studies Journal (Januar 2010). [http://findarticles.com/p/articles/mi_hb6167/is_1_14/ai_n55040678/]

Larsson, A. O.(2011). Interactive to me – Interactive to you? A study of use and appreciation of interactivity on Swedish newspaper web sites. New Media & Society, 13(7), 1180-1197.

Lazarsfeld, P. F., Berelson, B. & Gaudet, H. (1944). The people's choice: How the voter makes up his mind in a presidential campaign. New York: Duell, Sloan, and Pearce.

Lee, S. H. (2011). The end of the traditional gatekeeper? The function of the most popular news feature on the web in intermedia agenda setting. Vortrag auf der 61. Jahrestagung der International Communication Association (ICA) (Boston, 26.-31.05.2011).

Lehr, S. (2012). Zwischen Relevanz und Filterblase. Digitale Öffentlichkeit im Zeitalter des "Gefällt mir"-Buttons. Digitaltrends LfM, (1), 28-31.

Lerman, K. (2006). Social Networks and Social Information Filtering on Digg. ArXiv Computer Science e-prints. [http://arxiv.org/abs/cs.HC/0612046]

Lewin, K. (1947). Frontiers in group dynamics II. Channels of group life: Social Planning and action research. Human Relations, 1(2), 143-153.

Lippmann, W. (1964 [1922]). Die öffentliche Meinung. München: Rütten & Loening.

Lünich, M, Hautzer, L. & Rössler, P. (2012). Die Nutzung dynamisch generierter Online-Inhalte auf Basis von Algorithmen: Herausforderungen für standardisierte Befragungen und Inhaltsanalysen. In Naab, T. K., Schlütz, D., Möhring, W. & Matthes, J. (Hrsg.), Probleme der Standardisierung und Flexibilisierung (In Vorbereitung). Köln: Halem.

Lyons, B. & Henderson, K. (2005). Opinion leadership in a computer-mediated environment. Journal of Consumer Behaviour, 4(5), 319-329.

Madden, M. (2007). Online Video: 57% of internet users have watched videos online and most of them share what they find with others. Washington: Pew Research Center.

Maier, M., Ruhrmann, G. & Stengel, K. (2006). Der Wert von Nachrichten im deutschen Fernsehen. Inhaltsanalyse von TV-Nachrichten in 2007. Düsseldorf: LfM.

Maier, M., Stengel, K. & Marschall, J. (2010). Nachrichtenwerttheorie. Baden-Baden: Nomos.

Maletzke, G. (1963). Psychologie der Massenkommunikation: Theorie und Systematik. Hamburg: Verlag Hans-Bredow-Institut.

Manning White, D. (1950). The 'gate keeper': A case study in the selection of news. Journalism Quaterly, 27, 383-390.

Mathes, R. & Pfetsch, B. (1991). The role of the Alternative Press in the Agenda-Building Process: Spill-over Effects and Media Opinion Leadership. European Journal of Communication, 6(1), 33-62.

Maurer, M., & Jandura, O. (2009). Masse statt Klasse? Einige kritische Anmerkungen zu Repräsentativität und Validität von Online-Befragungen. In N. Jackob, H. Schoen & T. Zerback (Hrsg.), Sozialforschung im Internet. Methodologie und Praxis der Online-Befragung (S. 61–73). Wiesbaden: VS.

McNelly, J. T. (1959). Intermediary communicators in the international flow of news. Journalism Quarterly, 36(1), 23-26.

McQuail, D. (2010). McQuail's mass communication theory. London (u.a.): Sage.

Meier, K. (2007). Journalistik. Konstanz: UVK.

Meier, K. & Tüshaus, B. (2006). Echtzeit-Quoten. Klickzahlen im Online-Journalismus. epd medien, 19.7. (56), 3-7.

Menzel, H. & Katz, E. (1955). Social Relations and Innovation in the Medical Profession. Public Opinion Quarterly, 19, 337-352.

Merten, K. (1995). Inhaltsanalyse: Einführung in Theorie, Methode und Praxis. Opladen: Westdeutscher Verlag.

Merton, R. K. (1957). Patterns of influence: Local and cosmopolitan influentials. In R. K. Merton (Hrsg.), Social theory and social structure (S. 387-420). Glencoe: Free Press.

Millen, D. R. & Feinberg, J. (2006). Using Social Tagging to Improve Social Navigation. Workshop on the Social Navigation and Community-Based Adaptation Technologies (AH'06), Dublin. [http://citeseerx.ist.psu.edu/viewdoc/download?doi=10.1.1.92.5563&rep=rep1&type=pdf]

Miller, D. C. (1945). A research note on mass communication. American Sociological Review, 10(5), 691-694.

Mitchell, A.; Rosenstiel, T. & Christian, L. (2012). The State of the News Media 2012: What Facebook and Twitter Mean for News. Washington: Pew Research Center.

MMB – Institut für Medien- und Kompetenzforschung (2010). Tagesschau und FAZ vs. Facebook und Twitter. Alte und neue Mediennutzung: Verdrängung oder Symbiose? MBB-Trendmonitor, 1. [http://www.mmb-institut.de/monitore/trendmonitor/MMB-Trendmonitor_2010_I.pdf]

Morris, M. & Ogan, C. (1996). The Internet as Mass Medium. Journal of Communication, 46(1), 39-50.

Mühlenfeld, H.-U. (2004). Der Mensch in der Online-Kommunikation. Zum Einfluss webbasierter audiovisueller Fernkommunikation auf das Verhalten von Befragten. Wiesbaden: VS.

Munro, A., Höök, K. & Benyon, D. (1999). Footprints in the Snow. In A. J. Munro, K. Höök & D. R. Benyon (Hrsg.), Computer supported cooperative work. Social Navigation of Information Space (S. 1–14). London: Springer.

Neuberger, C. (2009). Internet, Journalismus und Öffentlichkeit: Analyse des Medienumbruchs. In C. Neuberger, C. Nuernbergk & M. Rischke (Hrsg.), Journalismus im Internet. Profession – Partizipation – Technisierung (S. 19-105). Wiesbaden: VS.

Neuberger, C., Vom Hofe, H. J. & Nuernbergk, C. (2010). Twitter und Journalismus: Der Einfluss des „Social Web" auf die Nachrichten. Düsseldorf: Landesanstalt für Medien Nordrhein-Westfalen (LfM).

Neuberger, C. & Nuernbergk, C. (2010). Competition, complementarity or integration? Journalism Practice, 4(3), 319–332.

Norman, A. & Russell, C. (2006). The pass-along Effect: Investigation Word of Mouth Effects on Online Survey Procedures. Journal of Computer-Mediated Communication 11(4), 1085-1103.

Olmstead, K., Mitchell, A. & Rosenstiel, T. (2011). Navigating News Online: Where people Go, How They Get There and What Lures Them Away. [http://www.journalism.org/analysis_report/navigating_news_online]

Papacharissi, Z. & Rubin, A. M. (2000). Predictors of Internet Use. Journal of Broadcasting & Electronic Media, 44(2), 175-196.

Pariser, E. (2012). Filter Bubble: Wie wir im Internet entmündigt werden. München: Hanser.

Petermann, F. (1996). Psychologie des Vertrauens (3. Aufl.). Göttingen (u.a.): Hogrefe.

Pfeil, C. M. (2009). Anreizmechanismen und Weiterempfehlungen: eine institutionenökonomische Analyse. (Habilitation, Universität Leipzig).

Phelps, J., Lewis, R., Mobilio, L., Perry, D. & Raman, N. (2004). Viral Marketing or Electronic Word-of-Mouth Advertising: Examining Consumer Responses and Motivations to Pass Along Email. Journal of Advertising Research, 45 (4), 333-348.

Purcell, K. (2010). The state of online video. Washington: Pew Research Center.

Purcell, K;. Rainie, L.; Mitchell, A.; Rosenstiel, T. & Olmstead, K. (2010). Understanding the participatory news consumer. How internet and cell phone users have turned news into a social experience. Washington: Pew Research Center.

Quiring, O. (2009). What do users associate with 'interactivity'?: A qualitative study on user schemata. New Media & Society, 11(6), 899–920.

Rafaeli, S., Raban, D. & Kalman, Y. (2005). Social cognition online. In Y. Amichai-Hamburger (Hrsg.), The Social Net. Human behavior in cyberspace (S. 57-90). New York: Oxford University Press.

Rhee, J., Kim, E. & Kim, H. (2007). Exploring online opinion leadership. Korean Journal of Journalism & Communication Studies, 51(3), 358-384.

Riedel, A. (2012). Nachrichtenfaktoren in Blogs – Journalistische Avantgarde oder Nachrichten zweiter Hand? Zur Anwendbarkeit der Nachrichtenwert-Theorie auf die politische Blogosphäre im deutschsprachigen Raum. (Dissertation, Universität der Künste Berlin).

Riegner, C. (2007). Word of Mouth on the Web: The Impact of Web 2.0 on Consumer Purchase Decisions. Journal of Advertising Research, 47(4), 436-447.

Rogers, E. (2003). Diffusion of Innovations (5. Aufl.). New York: Free Press.

Rogers, E. M. & Cartano, D. G. (1962). Methods of Measuring Opinion Leadership. Public Opinion Quarterly, 26(3), 435–441.

Rössler, P. (1999). „Wir sehen betroffen: die Netze voll, und alle Schleusen offen...". NETSELEKT – eine Befragung zur Auswahl von Webinhalten durch Onlinegatekeeper. In W. Wirth & W. Schweiger (Hrsg.), Selektion im Internet. Empirische Analysen zu einem Schlüsselkonzept (S. 97–124). Opladen: Westdeutscher Verlag.

Rössler, P. (2000). Vielzahl = Vielfalt = Fragmentierung? Empirische Anhaltspunkte zur Differenzierung von Medienangeboten auf der Mikroebene. In O. Jarren, K. Imhof & R. Blum (Hrsg.), Zerfall der Öffentlichkeit? (S. 168-186). Opladen: Westdeutscher Verlag.

Rössler, P. (2001). Visuelle Codierung und Vielfalts-Analysen auf Mikroebene. Kategorisierungs- und Auswertungsstrategien für die ikonographische Untersuchung journalistischer Berichterstattung. In: W. Wirth & E. Lauf (Hrsg.), Inhaltsanalyse. Perspektiven, Probleme, Potentiale (S. 140-156). Köln: Halem.

Rössler, P. (2002). Viele Programme, dieselben Themen? Vielfalt und Fragmentierung: Konvergenz und Divergenz in der aktuellen Berichterstattung – eine Inhaltsanalyse internationaler TV-Nachrichten auf der Mikroebene. In K. Imhof, O. Jarren & R. Blum (Hrsg.), Integration und Medien (S. 148-167). Opladen: Westdeutscher Verlag.

Rössler, P. (2005). The Myth of the re-invented journalism: Why gatekeepers do not disappear in the internet environment: Functional and normative gatekeeping of web communicators. In P. Rössler & F. Krotz (Hrsg.), Mythen der Mediengesellschaft – The media society and its myths (S. 177-203). Konstanz: UVK.

Rössler, P. (2006). „Erst mal sehen, was die anderen machen." Vielfalt als Qualitätsmerkmal vs. mediale Koorientierung im journalistischen Alltag. In S. Weischenberg, W. Loosen & M. Beuthner (Hrsg.), Medien-Qualitäten. Öffentliche Kommunikation zwischen ökonomischem Kalkül und Sozialverantwortung (S. 223-244). Konstanz: UVK.

Rössler, P. (2008). Media Content Diversity: Conceptual Issues and Future Directions for Communication Research. In: C. Beck (Hrsg.), Communication Yearbook 31 (S. 447-514). Mahwah: Lawrence Erlbaum.

Rössler, P. (2010). Inhaltsanalyse (2. Aufl.). Konstanz: UVK.

Rössler, P. & Scharfenberg, N. (2004). Wer spielt die Musik? Kommunikationsnetzwerke und Meinungsführerschaft unter Jugendlichen – eine Pilotstudie. Kölner Zeitschrift für Soziologie und Sozialpsychologie, 56(3), 490-510.

Rössler, P., Haschke, J. & Marquart, F. (2010). Zur Selektion und Wirkung von Pressefotos. Eine rezipientenorientierte Untersuchung auf Basis von Fotonachrichtenfaktoren. In C. Schemer, W. Wirth & C. Wünsch (Hrsg.), Politische Kommunikation: Wahrnehmung, Verarbeitung, Wirkung (S. 71-97). Baden-Baden: Nomos.

Roth, P. & Wiese, J. (17. Juli 2012). Facebook Nutzerdaten Deutschland. [http://www.facebookmarketing.de/userdata/]

Ruhrmann, G. & Göbbel, R. (2007). Veränderung der Nachrichtenfaktoren und Auswirkungen auf die journalistische Praxis in Deutschland. [http://www.netzwerkrecherche.de/ files/nr-studie-nachrichtenfaktoren.pdf]

Ruhrmann, G., Maier, M. & Klietsch, K. (2006). Der Wert von Nachrichten im deutschen Fernsehen. Ergebnisse einer Inhaltsanalyse 1992-2004. [http://www.lfm-nrw.de/fileadmin/ lfm-nrw/Aktuelle_Forschungsprojekte/nachrichtenanalyse_1992-2000.pdf]

Ruhrmann, G., Woelke, J., Maier, M. & Diehlmann, N. (2003). Der Wert von Nachrichten im deutschen Fernsehen: Ein Modell zur Validierung von Nachrichtenfaktoren. Opladen: Leske + Budrich.

Ryan, B. & Gross, N. (1943). The Diffusion of Hybrid Seed Corn in Two Iowa Communities. Rural Sociology, 8(1), 15-24.

Sader, M. (2002). Psychologie der Gruppe (8. Aufl.). Weinheim (u.a.): Juventa-Verlag.

Schenk, M. (2007). Medienwirkungsforschung. Tübingen: Mohr Siebeck.

Schenk, M. & Scheiko, L. (2011). Meinungsführer als Innovatoren und Frühe Übernehmer des Web 2.0 : Ergebnisse einer internetrepräsentativen Befragung. Media Perspektiven, (9), 423-431.

Scherer, H. & Schlütz, D. (2002). Gratifikation à la minute: Die zeitnahe Erfassung von Gratifikationen. In P. Rössler, S. Kubisch & V. Gehrau (Hrsg.), Empirische Perspektiven der Rezeptionsforschung (S. 133–151). München: Reinhard Fischer.

Scheufele, D. & Nisbet, M. (2012). Commentary: Online News and the Demise of Political Disagreement. In C. Salmon (Hrsg.), Communication Yearbook, Vol. 36 (S. 45-53). New York: Routledge.

Schmidt, J. (2009). Das neue Netz. Merkmale, Praktiken und Folgen des Web 2.0. Konstanz: UVK.

Schmidt, J. (2012). Das Social Web und seine Metriken. Systematisierung, Einordnung, Bewertung. (Unveröff. Forschungsbericht; Hamburg: Hans-Bredow-Institut).

Schmidt, J., Frees, B. & Fisch, M. (2009). Themenscan im Web 2.0: Neue Öffentlichkeiten in Weblogs und Social-News-Plattformen. Media Perspektiven, (2), 50–59.

Schmidt, T. (2007). Social Naviation – Möglichkeiten und Grenzen. [http://users.informatik. haw-hamburg.de/~ubicomp/projekte/master06-07/schmidt/report.pdf].

Schnorf, S. (2008). Diffusion in sozialen Netzwerken der Mobilkommunikation. Konstanz: UVK.

Schönbach, K., & Früh, W. (1984). Der dynamisch-transaktionale Ansatz II: Konsequenzen. Rundfunk und Fernsehen, 32(3), 314-329.

Schulz, W. (1990). Die Konstruktion von Realität in den Nachrichtenmedien. Analyse der aktuellen Berichterstattung. Freiburg: Alber.

Schulz, W. (1999). Fernsehen und sozialer Wandel: Untersuchungen zur Integrations- und Fragmentierungsthese. In J. Wilke (Hrsg.) Massenmedien und Zeitgeschichte (S. 90-105). Konstanz: UVK.

Schweibenz, W. & Thissen, F. (2003). Qualität im Web: Benutzerfreundliche Webseiten durch Usability Evaluation. Berlin (u. a.): Springer.

Schweiger, W. (2001). Hypermedien im Internet: Nutzung und ausgewählte Effekte der Linkgestaltung. München: R. Fischer.

Schweiger, W. (2007). Theorien der Mediennutzung. Eine Einführung. Wiesbaden: VS.

Schweiger, W. & Beck, K. (Hrsg.). (2010). Handbuch Online-Kommunikation. Wiesbaden: VS.

Schweiger, W. & Weihermüller, M. (2008). Öffentliche Meinung als Online-Diskurs – ein neuer empirischer Zugang. Publizistik, 53(4), 535-559.

Seibold, B. (2002). Klick-Magnete: Welche Faktoren bei Online-Nachrichten Aufmerksamkeit erzeugen. München: R. Fischer.

Shirky, C. (2008). Here comes everybody. The power of organizing without organizations. New York: Penguin.

Shoemaker, P. J. & Reese, S. D. (1996). Mediating the message: Theories of influences on mass media content. New York: Longman.

Shoemaker, P. J. & Vos, T. P. (2009). Gatekeeping Theory. New York: Routledge.

Sommer, D. (2010). Nachrichten im Gespräch. Wesen und Wirkung von Anschlusskommunikation über Fernsehnachrichten. Baden-Baden: Nomos.

Sommer, K. & Hofer, M. (2011). Influence of Online Comments on the Perceptual and Behavioral Component of the Third-Person Effect. Vortrag, 61. Jahrestagung der International Communication Association (ICA) (Boston, 26.-31.05.).

Socio-Scientific Panel (2011). https://www.soscisurvey.de/index.php?page=panel

Springer, N. (2011). Suche Meinung, biete Dialog? Warum Leser die Kommentarfunktion auf Nachrichtenportalen nutzen. In J. Wolling, A. Will & C. Schumann (Hrsg.), Medieninnovationen (S. 247-262). Konstanz: UVK.

Springer, N. & Pfaffinger, C. (2012). Why Users Comment on Online News and Why They Don't. Vortrag, 62. Jahrestagung der International Communication Association (ICA) (Phoenix, 24.-28.05.).

Springer, N. & Wolling, J. (2008): Recherchooglen. Wie Zeitungsjournalisten das Internet für ihre Arbeit nutzen. In T. Quandt & W. Schweiger (Hrsg.), Journalismus online – Partizipation oder Profession? (S. 45-59) Wiesbaden: VS.

Staab, J. A. (1990). Nachrichtenwert-Theorie: formale Struktur und empirischer Gehalt. Freiburg: Alber.

Starsetzki, T. (2007). Rekrutierung von Befragungsteilnehmern in der Online-Marktforschung. In M. Welker & O. Wenzel (Hrsg.), Online-Forschung 2007. Grundlagen und Fallstudien (S. 77–84). Köln: Halem.

Statistisches Bundesamt (2011). Außenhandel. http://www.destatis.de/jetspeed/portal/cms/ Sites/destatis/Internet/DE/Content/Statistiken/Aussenhandel/Handelspartner/ Tabellen/Content100/RangfolgeHandelspartner,property=file.pdf

Stegbauer, C. & Häußling, R. (Hrsg.). (2010). Handbuch Netzwerkforschung. Wiesbaden: VS.

Stelter, B. (27. März 2008). Finding Political News Online, the Young Pass It On. The New York Times. [http://www.nytimes.com/2008/03/27/us/politics/27voters.html?_r=2]

Svensson, M. (2000). Defining and Designing Social Navigation. Licentiate Thesis. Stockholm: Stockholm University. [http://eprints.sics.se/88/1/thesis.pdf]

Taddicken, M. (2009). Methodeneffekte von Web-Befragungen: Soziale Erwünschtheit vs. Soziale Entkontextualisierung. In M. Weichbold, J. Bacher & C. Wolf (Hrsg.), Umfrageforschung. Herausforderungen und Grenzen (S. 85-104). Wiesbaden: VS.

Taddicken, M. & Bund, K. (2010). Ich kommentiere, also bin ich. Community Research am Beispiel des Diskussionsforums der ZEIT Online. In M. Welker & C. Wünsch (Hrsg.), Die Online-Inhaltsanalyse: Forschungsobjekt Internet (S. 167-190). Köln: Halem.

Theilmann, R. (1999). Individuell, aber unverständlich? Eine Untersuchung zur Rezeption von Onlinenachrichten In W. Wirth & W. Schweiger (Hrsg.), Selektion im Internet (S. 199-220). Wiesbaden: Westdeutscher Verlag.

Thorson, E. (2008). Changing patterns of news consumption and participation. Information, Communication & Society, 11(4), 473-489.

Thorson, K., Vraga, E. & Ekdale, B. (2010). Credibility in context: How uncivil online commentary affects news credibility. Mass Communication and Society, 13(3), 289-313.

TLM – Thüringer Landesmedienanstalt (Hrsg.). (2000). Vielfalt oder Beliebigkeit?: Integrationsangebote und Massenattraktivität im Zeitalter individueller Mediennutzung. München: KoPäd.

Trepte, S. & Scherer, H. (2010). Opinion leaders. Do they know more than others about their area of interest? Communications, 35(2), 119-140.

Troldahl, V. C. & van Dam, R. (1965). Face to Face Communication about Major Topics in the News. Public Opinion Quarterly, 29(4), 626-634.

Trost, K. E. & Schwarzer, B. (2012). Social Web auf Online-Portalen deutscher Zeitungen. Eine empirische Untersuchung des Nutzungsverhaltens. Baden-Baden: Nomos.

Tsang, A. S. L. & Zhou, N. (2005). Newsgroup participants as opinion leaders and seekers in online and offline communication environments. Journal of Business Research, 58(9), 1186-1193.

Tuchman, G. (1978). Making news: A study in the construction of reality. New York: Free Press.

Uzler, C. & Schenk, M. (2011). Wandel der Struktur persönlicher Netzwerke durch die Web-2.0-Nutzung? In J. Wolling, A. Will & C. Schumann (Hrsg.), Medieninnovationen (S. 333-347). Konstanz: UVK.

Valente, T. (2005). Network Models and Methods for Studying the Diffusion of Innovations. In J. Carrington, J. Scott & S. Wassermann (Hrsg), Models and Methods in Social Network Analysis (S. 98-116). New York: Cambridge University Press.

Van Eimeren, B. & Frees, B. (2010). Fast 50 Millionen Deutsche online – Multimedia für alle?. Media Perspektiven, (7-8), 334-349.

Vlasic, A. (2004). Die Integrationsfunktion der Massenmedien. Begriffsgeschichte, Modelle, Operationalisierung. Wiesbaden: VS.

Von Pape, T. & Quandt, T. (2010). Wen erreicht der Wahlkampf 2.0? Eine Repräsentativstudie zum Informationsverhalten im Bundestagswahlkampf 2009. Media Perspektiven, (9), 390–398.

Waldherr, A. (2008). Innovationsdiskurse in Medien und Politik. Theoretisches Rahmenkonzept für eine vergleichende Analyse von Themenkarrieren. In E. Aydin, M. Begenat, C. Michalek, J. Schemann & I. Stefes (Hrsg.), Düsseldorfer Forum Politische Kommunikation. Schriftenreihe DFPK. Band 3 (S. 291-312). Berlin: Lit Verlag.

Walther, J. B., DeAndrea, D., Kim, J. & Anthony, J. (2010). The influence of online comments on perceptions of anti-marijuana public service announcements on Youtube. Human Communication Research, 36, 469-492.

Weber, P. (2012). Nachrichtenfaktoren & User Generated Content: Die Bedeutung von Nachrichtenfaktoren für Kommentierungen der politischen Berichterstattung auf Nachrichtenwebsites. Medien & Kommunikationswissenschaft, 60(2), 218–239.

Webster, J.G. (2011). The Duality of Media: A Structurational Theory of Public Attention. Communication Theory, 21(1), 43–66.

Weimann, G. (1982). On the Importance of Marginality: One More Step into the Two-Step Flow of Communication. American Sociological Review, 47(6), 764-773.

Welker, M. & Wünsch, C. (2010). Die Online-Inhaltsanalyse: Forschungsobjekt Internet. Köln: Halem.

Wexelblat, A. & Maes, P. (1999). Footprints: history-rich tools for information foraging. CHI '99: Proceedings of the SIGCHI conference on Human factors in computing systems (S. 270-277). New York: ACM.

Wirth, W. & Brecht, M. (1999). Selektion und Rezeption im WWW: Eine Typologie. In W. Wirth & W. Schweiger (Hrsg.), Selektion im Internet (S. 149-180). Wiesbaden: Westdeutscher Verlag.

Wirth, W. & Lauf, E. (2001). Inhaltsanalyse: Perspektiven, Probleme, Potentiale. Köln: Halem.

Wirth, W. & Schweiger, W. (Hrsg.). (1999). Selektion im Internet. Empirische Analyse zu einem Schlüsselkonzept. Opladen: Westdeutscher Verlag.

Wirth, W., Stiehler, H.-J. & Wünsch, C. (Hrsg.). (2007). Dynamisch-transaktional denken – Theorie und Empirie der Kommunikationswissenschaft. Für Werner Früh. Köln: Halem.

Witschge, T. (2012). Changing audience, changing journalism? In P. Lee-Wright, A. Phillips & T. Witschge (Hrsg.), Changing journalism (S. 117-134). New York: Routledge.

Yoo, C.Y. (2011). Modeling Audience Interactivity as the Gratification-Seeking Process in Online Newspapers. Communication Theory, 21(1), 67–89.

Ziegele, M. & Quiring, O. (2011). In Search for an Online Discussion Value - Assessing Media-Initiated User Communication from a News Value Perspective. Vortrag, 61. Jahrestagung der International Communication Association (ICA) (Boston, 26.-31.05.).

Zillmann, D. (1988a). Mood management through communication choices. American Behavioral Scientist, 31(3), 327-340.

Zillmann, D. (1988b). Mood management: Using entertainment to full advantage. In L. Donohew, H. E. Sypher & E. T. Higgins (Hrsg.), Communication, social cognition, and affect (S. 147-171). Hillsdale: Lawrence Erlbaum.